VAZA JATO

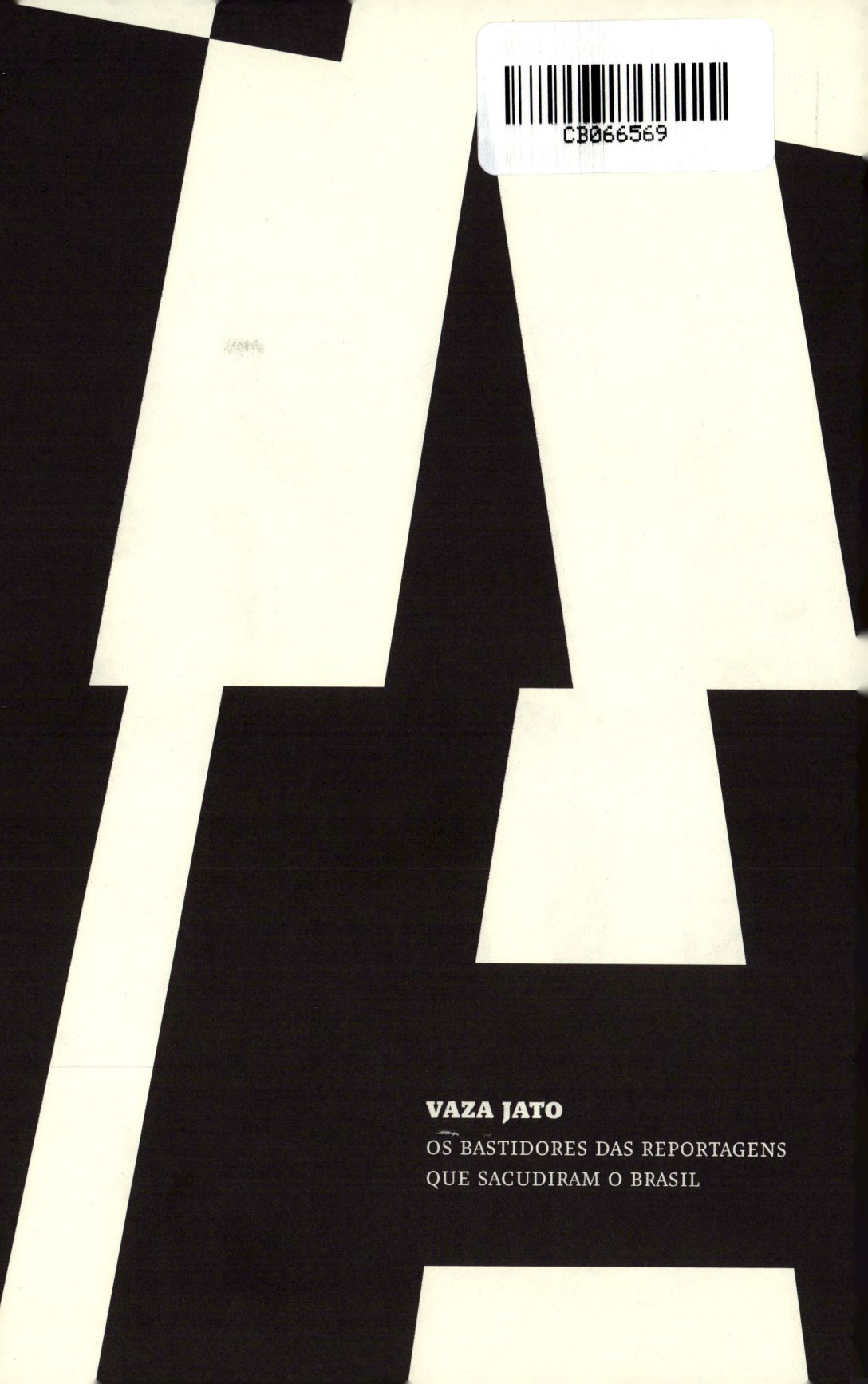

OS BASTIDORES DAS REPORTAGENS
QUE SACUDIRAM O BRASIL

VAZA JATO

**LETÍCIA DUARTE
THE INTERCEPT BRASIL**

OS BASTIDORES DAS REPORTAGENS QUE SACUDIRAM O BRASIL ✓✓

Copyright© Letícia Duarte e Intercept Brasil.
Todos os direitos desta edição reservados
à MV Serviços e Editora Ltda.

COORDENAÇÃO EDITORIAL
Vitor Castro

EDIÇÃO
Ana Lima Cecilio
Vitor Castro

PREPARAÇÃO DO ORIGINAL
Marília Gonçalves

REVISÃO
Suzana Correa
Natalia von Korsch

DESIGN
Patrícia Oliveira

CIP-BRASIL. CATALOGAÇÃO NA PUBLICAÇÃO
SINDICATO NACIONAL DOS EDITORES DE LIVROS, RJ
Elaborado por Camila Donis Hartmann — CRB 7/6472

D872v

Duarte, Letícia
    Vaza Jato : os bastidores das reportagens que sacudiram o Brasil / Letícia Duarte, The Intercept Brasil. - 1. ed. - Rio de Janeiro: Mórula, 2020.
    320 p. ; 23 cm.

    ISBN 978-65-86464-23-8

    1. Jornalismo - Brasil. 2. The Intercept Brasil - Entrevistas. 3. Lavagem de dinheiro - Brasil. 4. Corrupção na política - Brasil. 5. Fraude - Investigação - Brasil. I. The Intercept Brasil (Firma). II. Título.

20-66867   CDD: 364.13230981
                               CDU: 328.185(81)

Rua Teotônio Regadas 26 sala 904
20021_360 _ Lapa _ Rio de Janeiro _ RJ
www.morula.com.br _ contato@morula.com.br
/morulaeditorial   /morula_editorial

NOTA DOS EDITORES | O leitor notará que este livro se divide em duas partes. A primeira é uma extensa reportagem da jornalista Letícia Duarte. Escolhemos uma repórter experiente, que não faz parte do time editorial do The Intercept Brasil, para que pudesse contar os bastidores do trabalho do TIB durante a Vaza Jato. Letícia realizou entrevistas com a equipe e ouviu outras fontes para construir a história humana e eletrizante por trás da série de reportagens sobre as conversas entre integrantes da operação Lava Jato.

Na segunda parte, há uma seleção de matérias publicadas pelo Intercept durante a Vaza Jato. Não escolhemos as melhores ou as mais importantes, mas aquelas que acreditamos ser fundamentais para um entendimento pleno do significado deste trabalho. Por isso, estão ali também o editorial que abriu a série e um guia que explica o procedimento adotado pelo Intercept para confirmar a identidade das pessoas que aparecem nos chats. Esta parte conta ainda com duas matérias inéditas, editadas com exclusividade para este livro.

SUMÁRIO

OS BASTIDORES DAS REPORTAGENS QUE SACUDIRAM O BRASIL	**09**
12 DE MAIO DE 2019	**10**
14 DE MAIO DE 2019	**25**
15 DE MAIO DE 2019	**32**
16 DE MAIO DE 2019	**35**
23 DE MAIO DE 2019	**41**
5 DE JUNHO DE 2019	**45**
7 DE JUNHO DE 2019	**49**
8 DE JUNHO DE 2019	**51**
9 DE JUNHO DE 2019	**56**
10 DE JUNHO DE 2019	**64**
16 DE JUNHO DE 2019	**67**
17 DE JUNHO DE 2019	**70**
FINAL DE JUNHO DE 2019	**73**
25 DE JUNHO DE 2019	**77**
28 DE JUNHO DE 2019	**80**
29 DE JUNHO DE 2019	**89**
30 DE JUNHO DE 2019	**90**
8 DE JULHO DE 2019	**93**
23 DE JULHO DE 2019	**96**
26 DE JULHO DE 2019	**99**
30 DE JULHO DE 2019	**101**

119	**AS REPORTAGENS**
121	'MAFIOSOS!!!!!!!!!!!!!!!!!!!!!!'
131	'ATÉ AGORA TENHO RECEIO'
143	'NÃO É MUITO TEMPO SEM OPERAÇÃO?'
161	'A DEFESA JÁ FEZ O SHOWZINHO DELA'
171	'TEM ALGUMA COISA MESMO SÉRIA DO FHC?'
187	'CARAAAAACA'
201	'ISSO É UM PEPINO PRA MIM'
214	'CONSEGUE AINDA O ENDEREÇO DO TOFFOLI?'
227	'INTERCEPTA ELA'
235	'EUA ESTÃO COM FACA E QUEIJO NA MÃO'
242	'PQP. MATÉRIAS FURADAS NA INTERNET'
264	'UM TRANSATLÂNTICO'
301	COMO E POR QUE O INTERCEPT ESTÁ PUBLICANDO CHATS PRIVADOS SOBRE A LAVA JATO E SERGIO MORO
307	COMO O INTERCEPT BRASIL CONFIRMA A IDENTIDADE DAS PESSOAS QUE APARECEM NOS CHATS DA #VAZAJATO
313	**AGRADECIMENTOS**

OS BASTIDORES DAS REPORTAGENS QUE SACUDIRAM O BRASIL

SOBRE ESTA REPORTAGEM | Sem a pretensão de ser um capítulo definitivo sobre a Vaza Jato e suas implicações históricas sobre a Lava Jato, esta reportagem revela os bastidores de uma das coberturas mais impactantes da história do jornalismo brasileiro, a partir dos relatos dos seus protagonistas.

Por meio das histórias da redação do Intercept e de seus parceiros jornalísticos, é possível testemunhar como nasce uma grande cobertura, com todas as dores e expectativas de um parto. Desde os contatos iniciais com a fonte, que dizia ter invadido os celulares de procuradores da Lava Jato, aos desdobramentos sociais e jurídicos que as revelações desencadearam, o leitor vai entender como foram tomadas decisões jornalísticas cruciais, passando por conflitos internos, pelos erros e acertos que fizeram da Vaza Jato um marco.

Aqui não estão todas as respostas sobre a conduta dos hackers, nem sobre a atuação dos procuradores da Lava Jato. Este tampouco é um livro de teorias, ou de análise política. O foco é o jornalismo e suas consequências. Como em qualquer obra jornalística, essa também é fruto de seu tempo: a reportagem foi escrita durante a pandemia do coronavírus, o que restringiu o acesso a parte do acervo. Apesar das limitações de tempo e espaço, o objetivo foi reconstituir momentos cruciais do primeiro ano da Vaza Jato, para levar o leitor ao centro dos acontecimentos.

Bem-vindos ao lado de dentro da Vaza Jato. O lado que ainda não tinha vazado.

LETÍCIA DUARTE

Jornalista, já recebeu os principais prêmios de jornalismo do país, incluindo três Esso e um Vladimir Herzog de Direitos Humanos. Trabalhou por 13 anos no jornal Zero Hora, onde foi repórter especial. É mestre em Sociologia pela UFRGS e em Política e Assuntos Internacionais pela Universidade de Columbia, em Nova York, onde mora desde 2018. Seus trabalhos recentes incluem a série global Democracy Undone, em que investigou os efeitos sociais da ascensão da extrema-direita no Brasil para The GroundTruth Project e para a revista The Atlantic, e o Global Migration Project, ligado à Universidade de Columbia.

12 DE MAIO DE 2019

> "Eu entrei no Telegram de todos os membros da força-tarefa da Lava Jato" ✓✓

NO FINAL DA MANHÃ DE DOMINGO, Manuela D'Ávila arrumava a mesa para o almoço de Dia das Mães no seu apartamento, em Porto Alegre, quando recebeu um alerta no seu celular. Era do Telegram. A mensagem dizia que sua conta havia sido acessada a partir do estado da Virgínia, nos Estados Unidos.

A ex-deputada do PCdoB não deu muita importância. Ela raramente usava o aplicativo. Durante a campanha presidencial de 2018, quando concorreu à vice-presidência da República na chapa do petista Fernando Haddad, abria-o esporadicamente para repassar materiais de campanha. "Tentaram invadir meu Telegram, mas não tem nada ali", comentou com o marido, o músico Duca Leindecker.

Manuela havia encomendado um brunch da *boulangerie* Alban, uma das mais prestigiadas da vizinhança, e seguiu com os preparativos para a reunião familiar. Os convidados estavam prestes a chegar. Seriam 12 pessoas, incluindo três de seus quatro irmãos. A mãe, Ana Lúcia, havia tido alta hospitalar um dia antes, após uma cirurgia para a retirada de um tumor. Em meio à batalha materna contra o câncer de mama, a filha queria que aquele dia fosse especial, dedicado exclusivamente à família.

Mas, em seguida, recebeu uma segunda mensagem atípica no Telegram, e teria sua atenção desviada da mesa. Era o senador Cid Gomes, dizendo que precisava falar com ela com urgência. Manuela estranhou. Imaginou que algo tivesse acontecido ao irmão dele, Ciro. Tentou ligar para ele, mas o número estava ocupado. Na mesma hora, outra mensagem chegou pelo aplicativo.

"Consegue confiar em mim?", Cid escreveu, às 12h14.

"Sim. 100%".

No mesmo minuto, veio a resposta que resolvia o primeiro mistério e inaugurava outro maior:

"Olha, eu não sou o Cid. Eu entrei no Telegram dele e no seu", começou. "Mas eu tenho uma coisa que muda o Brasil hoje. E preciso contar com você. Eu entrei no Telegram de todos os membros da força-tarefa da Lava Jato. Peguei todos os arquivos".

Manuela ficou olhando para a tela, sem saber como reagir.

Como se adivinhasse seu ceticismo, o interlocutor enviou um print de uma conversa dela no Telegram com Jean Wyllys. Era um diálogo de janeiro de 2019, em que Manuela dizia que estava "morrendo de saudades" do amigo, e ele respondia no mesmo tom, descrevendo estar "feliz e livre" fora do Brasil. O conteúdo em si parecia irrelevante, mas o recado era claro.

"Prova que eu entrei aí", o hacker escreveu.

Manuela reconheceu o diálogo. Antes que se manifestasse, o interlocutor saiu do perfil de Cid e passou a enviar mensagens de um novo usuário, identificado como "@BrazilBaronil":

"Não precisa ficar com medo, não vou te invadir mais", prometeu. "Muito pelo contrário, vou te ajudar e muito. E ajudar o país. Se quiser ajuda, me avisa".

Sem esperar resposta, ele começou a mandar prints de conversas aleatórias, incluindo documentos da força-tarefa *Greenfield*, que pediu a prisão de Temer em 2019, acusando-o de recebimento de propina de empresas do setor portuário. "Estou em todas as forças-tarefas", ele explicou.

O hacker prometia ter muito mais. Garantia ter provas do "motivo da prisão do Lula", "do impeachment", "de corrupção deles TOTAL". "Tenho áudios. Eles são uma milícia", escreveu. No fluxo constante de mensagens, dizia frases desconexas, como se estivesse tão ansioso que não conseguisse completá-las. "Tenho provas pra prender o Orlando. O Deltan".

Os convidados estavam prestes a chegar para o brunch do Dia das Mães. Manuela se dividia entre a sala e a cozinha, tensa, com o celular na mão. As mensagens seguiam entrando ininterruptamente no aplicativo.

"Se quiser confiar em mim, me liga aqui do Telegram, tenho cinco anos de conversas deles".

Manuela não respondeu. Temeu que fosse uma armadilha. Pensou que podiam estar jogando uma isca para envolvê-la em algo ilícito. Ao mostrar as mensagens ao marido, Duca sugeriu que ela buscasse orientação jurídica imediatamente. Melhor estar bem assessorada antes de enviar qualquer resposta.

Enquanto mantinha o Telegram aberto no seu celular, Manuela ligou, então, do telefone de Duca, para seu advogado, o petista José Eduardo Cardozo.

O ex-ministro da Justiça, e também ex-namorado de Manuela, concordou que aquilo tinha cara de armação. Recomendou prudência. Como Manuela não tinha mais imunidade parlamentar desde que deixara o cargo de deputada estadual para concorrer à vice-presidência, poderia ser presa se fosse envolvida em qualquer ilegalidade.

Em outras circunstâncias, Manuela imaginou que deveria avisar à polícia. Mas e se aquilo tudo fosse verdade? Se a denúncia podia envolver até a autoridade máxima da Polícia Federal, o então ministro da Justiça Sergio Moro, qual a chance de o caso ser investigado pela própria polícia?

Enquanto tentava decidir o que fazer, Manuela enviou uma resposta evasiva ao hacker:

"Estou com minha mãe doente num almoço de Dia das Mães, não tenho como ligar".

"Nem por um minuto, pra eu dar play em um áudio que vai mudar tudo?", ele insistia.

Manuela achou mais seguro manter a comunicação por escrito, para poder ter uma prova do diálogo.

"Eu não tenho ideia do que fazer!", contornou ela, para ganhar tempo.

"Podemos pensar juntos", sugeriu o hacker.

A ex-deputada seguia em contato com Cardozo. Ainda na dúvida se aquilo era uma arapuca, chegou à conclusão de que a melhor alternativa seria repassar o caso para a imprensa. Se as mensagens fossem verdadeiras, pensou, deveriam ser investigadas de forma independente. Cardozo ligou, então, para o advogado criminalista Alberto Toron, sem citar o nome de Manuela, para confirmar se o repasse seria adequado do ponto de vista jurídico. A resposta foi positiva.

"Eu deveria ligar para algum jornalista!", Manuela propôs, então, a @BrazilBaronil no Telegram, testando sua reação.

O hacker não gostou da ideia. Disse que a maioria dos jornalistas estava "com eles", os membros da força-tarefa da Lava Jato. "Eles manipulam a mídia, manipulam tudo". Desapontado, ameaçou criar uma conta no Twitter e postar todo o material. "Melhor coisa. Desculpa incomodar", ele escreveu, como quem retira a oferta.

"Acho que é um caminho", reagiu Manuela, cautelosa.

Por alguns segundos, ela ficou imaginando os efeitos de arquivos aparentemente explosivos como aqueles caírem na internet sem qualquer filtro, e como isso poderia aumentar o caos institucional do país.

Até que na sua tela do celular entrou um "kkkk". O hacker parecia estar se divertindo.

Ele seguiu insistindo para que ela fizesse algo, até que Manuela perguntou: "Mas o que você quer com isso?".

"Ué, quero justiça hahaha", ele respondeu. "Mais nada. Não quero dinheiro. Nada. Nem moro mais aí. Hahaha".

Suas mensagens oscilavam entre o tom messiânico e o galhofeiro, como se achasse graça das próprias pretensões. Dizia que estava "estudando e investigando" os arquivos há meses. Que tinha em seu poder "oito teras [terabytes] de coisa errada". Que aquilo iria mudar o destino da nação.

O hacker escrevia freneticamente. Enviava prints com diálogos aleatórios mencionando processos judiciais. E fazia previsões: "Te garanto que o Lula é posto em liberdade amanhã". Chegou a dizer que seus documentos seriam capazes de provocar a decretação de "estado de sítio" no Brasil.

Aquela menção a estado de sítio, uma medida de exceção que suspenderia direitos dos cidadãos e concentraria poderes na presidência da

República, fez Manuela reforçar sua convicção de que seu interlocutor não devia ser um militante de esquerda. "Quem é que quer isso?", questionava-se, tentando entender o que estava por trás daquilo tudo. "E por que ele me escolheu? Será que estão fazendo isso pra tentar me prender?".

Diante da hesitação de Manuela, o hacker tentava instigá-la de diferentes formas. "Estou pesquisando seu nome nas conversas deles", escreveu a certa altura. "Lute como uma menina, e derruba eles!", apelou depois, invocando o slogan que a ex-deputada costuma estampar em suas camisetas. "Ou encontra alguém aí de extrema confiança que consiga usar tudo isso".

Reunida na sala, a família de Manuela só sabia que seu Telegram havia sido invadido e que ela estava tentando resolver.

"Pensei no Gleen, jornalista do Caso Snowden", sugeriu finalmente ao hacker, tropeçando na grafia do nome do escolhido.

Manuela diz que pensou em Glenn Greenwald pela sua experiência na histórica cobertura de documentos vazados pelo ex-técnico da CIA Edward Snowden sobre o sistema massivo de espionagem dos Estados Unidos, em 2013. Imaginou que o jornalista teria condições de investigar o caso e avaliar se aquilo era sério. "Eu estava tendo que convencer o hacker a passar para uma outra pessoa. Então, pensei: se ele for um hacker como diz que é, vai se sentir o Snowden. Se não for, o Glenn vai ter condições de me dizer. Tinha muito medo de que aquilo caísse na mão de alguém que levantasse as informações sem apurar, como espuma no vento", lembra.

O hacker, enfim, concordou.

"Pode ser. Fala com ele. Explica. Mas tem que ser alguém que tem coragem", sublinhou.

"Ok", respondeu Manuela, já acomodada na poltrona ao lado da janela de seu quarto, com a porta fechada, para fazer a ligação que marcaria o início de uma das coberturas mais impactantes da história do jornalismo brasileiro.

"Porque você deve imaginar: isso vai mudar tudo. O país vai mudar do dia pra noite", sonhava @BrazilBaronil.

Eram 12h45.

"Português ou inglês?"

SENTADO DIANTE DO COMPUTADOR em sua casa na zona sul do Rio de Janeiro, em frente a uma parede vermelha que emoldurava mais de uma dezena de prêmios de jornalismo, incluindo um Pulitzer, o jornalista Glenn Greenwald ouviu o telefone tocar no início da tarde daquele domingo, mas não atendeu. Como o número era desconhecido, achou melhor ignorar.

Obcecado por medidas de segurança desde o Caso Snowden, quando denunciou a espionagem cibernética dos Estados Unidos, em 2013, o jornalista americano estava ainda mais cauteloso nos últimos meses. Sua família passara a andar com seguranças e carro blindado após uma série de ameaças de morte, iniciadas quando seu marido, David Miranda, assumiu como deputado federal, em fevereiro de 2019. Miranda herdou o rancor de apoiadores de Bolsonaro ao ocupar a cadeira de Jean Wyllys, após o colega do PSOL, homossexual e defensor de minorias como ele, anunciar a desistência de assumir o terceiro mandato e sair do país, também em razão de ameaças.

Da mesa de seu escritório, ao lado de um porta-retrato com a cara de um cachorro, Greenwald podia ver um monitor dividido em 16 telas. Eram imagens em tempo real das câmeras do sistema de monitoramento da residência, cobrindo desde a piscina até a rua arborizada de acesso à propriedade.

Um minuto depois da ligação perdida, Greenwald recebeu uma mensagem no WhatsApp.

"Preciso falar com você com urgência".

Dessa vez ele reconheceu a autoria. Era Manuela, usando o próprio telefone, depois de tentar ligar pelo aparelho do marido. Embora a ex-deputada do PCdoB não fosse uma pessoa próxima, Greenwald tinha salvo seu número desde que a entrevistara, durante a campanha eleitoral de 2018, para um podcast do Intercept. Na mensagem, Manuela pediu que ele retornasse sua ligação assim que possível. Adiantou que se tratava de um material jornalístico "importante e complicado".

"Posso te ligar com o David junto?", respondeu o jornalista, surpreso pelo tom de urgência da mensagem.

Greenwald deixou o escritório e desceu as escadas rumo ao quarto do casal, onde o marido descansava. "Queria que ele participasse da ligação para me ajudar com o português, não queria perder nenhuma palavra", explica. Apesar de morar no Brasil há mais de uma década, o jornalista ainda escreve todas as suas reportagens em inglês e pede ajuda aos mais próximos para garantir a tradução precisa de conteúdos importantes para o português.

Na ligação em viva-voz, Manuela contou o que havia acontecido e perguntou se ele estava disposto a investigar o material.

"Obviamente estou interessado", Greenwald respondeu.

Sentados na cama ao desligar o telefone, Greenwald e o marido ficaram imaginando os possíveis impactos de uma cobertura como aquela para suas vidas e para o país, em meio às tensões sociais e políticas que o Brasil atravessava. "Se hackearam mesmo o telefone do Moro, isso parece bem grave", Greenwald raciocinava, ainda sem saber que tipo de informações receberia.

Como juiz responsável pela operação Lava Jato, Moro havia se transformado em um dos homens mais poderosos do país, e causara furor em seus críticos alguns meses antes, quando abandonou a magistratura para aceitar o cargo de ministro da Justiça do governo Bolsonaro, sob acusação de ter favorecido a eleição do ex-capitão militar, conhecido pela apologia à Ditadura Militar e à tortura. Episódios como o explosivo vazamento de grampos telefônicos da ex-presidente Dilma Rousseff com o ex-presidente Lula, em 2016, sem embasamento legal, e a divulgação da delação premiada do ex-ministro petista Antonio Palocci a seis dias do primeiro turno das eleições presidenciais de 2018 alimentavam as especulações de que Moro atuava politicamente. Mas, até aquele momento, ele seguia como o ministro mais popular do governo Bolsonaro. Greenwald sabia que investigá-lo representaria enfrentar não apenas um símbolo de combate à corrupção, mas a fúria de um governo que desde o início estava em guerra declarada contra a imprensa.

"Ficamos pensando em toda a cautela que seria necessária. O Moro estava comandando quase todos os aparatos do Estado, incluindo a espionagem, a Polícia Federal", lembra Greenwald, que começou a esboçar um plano de ação com base na sua experiência do Caso Snowden.

Enquanto isso, Manuela passava o contato dele para o hacker, apresentando o jornalista como "o maior do mundo".

"Eu seiiii, obrigado!", @BrazilBaronil entusiasmou-se, escrevendo em letras garrafais, "eu não via a hora de mudar o brasil. kkkkkk".

Greenwald nunca havia usado o Telegram antes — "O Snowden falava que Telegram não é seguro" — e chegou a sugerir, ainda via Manuela, que conversassem pelo Signal. O hacker rejeitou a oferta.

"Signal não é nem um pouco seguro. Telegram é. Eu consigo porque sou amigo do fundador da Rússia ahaha", zombou na resposta à Manuela, num blefe fanfarrão.

Minutos depois, já de volta a seu escritório, Greenwald baixou o aplicativo e puxou conversa com o usuário repassado pela ex-deputada.

"Oi, sou Glenn Greenwald".

Advogado constitucionalista de formação, Greenwald, com 52 anos à época, tornou-se um dos mais influentes colunistas de opinião nos Estados Unidos depois de lançar seu próprio blog, Unclaimed Territory, em 2005 — mesmo ano em que se apaixonou por David Miranda e se mudou para o Brasil. Começou escrevendo sobre segurança nacional, alarmado com as medidas repressivas que seu país vinha adotando após os atentados de 11 de Setembro. Sete anos depois, alcançaria reputação internacional ao ser escolhido por Snowden para receber os documentos secretos sobre o estado de vigilância implementado pelo governo americano sobre seus cidadãos e outros países. Em 2014, cofundaria o site The Intercept nos Estados Unidos, ao lado de colegas americanos: a documentarista Laura Poitras e o repórter investigativo Jeremy Scahill. Em 2016, o site ganharia sua versão brasileira.

"Quer falar em português ou inglês?", perguntou o hacker.

@BrazilBaronil disse que estava nos Estados Unidos. Que era formado em Direito e fazia pós-graduação em Harvard.

"Tanto faz para mim", Greenwald respondeu.

"Eu prefiro português".

O hacker continuava empolgado, ansioso para compartilhar tudo o que tinha, como havia feito com Manuela. Dizia-se indignado com a "corrupção" de membros da Lava Jato, e prometia ter provas contra o procurador Deltan Dallagnol e o ex-juiz Sergio Moro. Como se oferecesse um aperitivo, começou a enviar documentos. Um dos primeiros mostrava diálogos de procuradores do Ministério Público Federal discutindo manobras para acobertar irregularidades aparentemente cometidas por um procurador lavajatista em Curitiba. Como a reportagem do Intercept confirmaria meses depois, Diogo Castor de Mattos foi afastado da função depois de pagar ilegalmente por um *outdoor* para promover a operação Lava Jato — mas a Corregedoria do MPF abafou o caso na época, sob a justificativa de que ele havia sido desligado por recomendação médica.

Naquele momento, Greenwald sequer fazia ideia de quem era Mattos. E descobrir não era prioridade. Sua preocupação era entender se aqueles documentos eram verdadeiros. O jornalista deu uma olhada rápida nas primeiras informações e ficou bem impressionado. A linguagem era técnica, repleta de termos jurídicos. Reafirmou que estava interessado no material, medindo as palavras: tentava falar pouco e assertivamente. "Como não tinha uma ideia muito clara da situação, não queria falar muito pra não assustar a pessoa, nem perder a oportunidade", conta.

Menos de 15 minutos depois do início das mensagens de texto, o hacker pediu que fizessem uma ligação de voz. Greenwald hesitou. Lembrava que Snowden tinha muita cautela em suas comunicações. O motivo era óbvio: se uma ligação vazasse, seria fácil obter uma prova da identidade da fonte. Tanto que Greenwald teve de atravessar o mundo para conversar com o hacker americano pela primeira vez. Ele nunca havia ouvido a voz de Snowden antes de se encontrar com ele em Hong Kong, em 2013, para a entrevista que daria início à série sobre a espionagem dos Estados Unidos. O fato de o hacker brasileiro insistir em falar por voz desde o início, sem maiores cuidados, deu a Greenwald a impressão de que ele não seria uma fonte tão responsável ou sofisticada como tentava parecer.

Greenwald também temia pela própria segurança. Sabia que não conseguiria gravar a conversa pelo aplicativo sem pedir autorização ao interlocutor, mas preferia evitar o pedido para não despertar qualquer suspeita.

"Tudo bem", limitou-se a dizer, optando por não contrariar a fonte no momento em que tentava ganhar sua confiança.

Na ligação, @BrazilBaronil começou a conversa se autoelogiando. "Eu consigo invadir qualquer conta", gabava-se. E propôs invadir o Telegram do jornalista para mostrar que tinha essa capacidade.

"Eu acredito, você não precisa hackear meu telefone", respondeu Greenwald, arqueando os lábios finos num riso nervoso. Estava ansioso para encerrar aquela conversa e voltar para as mensagens de texto, que dariam chance de documentar os diálogos, caso um dia viesse a ser investigado por sua conduta.

Antes de desligar, Greenwald aconselhou seu interlocutor a ter cuidado com a sua segurança online. O hacker minimizou os riscos. Garantiu estar bem protegido e fora do país, longe do alcance das autoridades. Repetiu ser amigo dos fundadores do Telegram, tentando convencer Greenwald de que essa amizade teria lhe conferido acesso privilegiado ao aplicativo.

A história soava pouco crível. "Como os fundadores do Telegram iriam dar acesso a um hacker que iria destruir o próprio Telegram?", desconfiou Greenwald. Ficou com a impressão de que seu interlocutor tinha um complexo de grandeza. Cogitou que talvez gostasse de inventar histórias para contar vantagem ou, quem sabe?, fosse até desequilibrado.

Apesar das suspeitas, avaliou que a motivação de @BrazilBaronil era o que menos importava naquele momento. "Eu não queria entender as razões da fonte, eu simplesmente queria saber se os documentos eram autênticos", recorda. "Eu não sou policial".

Essa seria mais uma diferença do Caso Snowden. Enquanto o ex-agente da CIA oferecia conhecimento técnico privilegiado para contribuir com a análise dos documentos que havia vazado a Greenwald e seus colegas jornalistas, o hacker brasileiro seria apenas um caminho para chegar até as informações.

Durante toda a apuração, o jornalista nunca se encontraria com a fonte, nem confirmaria a identidade de quem digitava por trás de @BrazilBaronil.

Em seguida, os arquivos começaram a chegar pelo Telegram.

"Cara, pega um avião e vem pra cá"

A CINCO QUILÔMETROS DALI, em Ipanema, o jornalista Leandro Demori, editor executivo do Intercept Brasil, estava arrumando a mala quando o telefone tocou. Em poucas horas, deveria embarcar para Estocolmo, onde participaria de um evento sobre democracia digital.

"Tá sentado?", Greenwald perguntou do outro lado da linha.

Demori achou graça. "Senta, preciso falar uma coisa, você não vai acreditar", ele insistiu, esticando os 'érres' com seu sotaque americano.

Demori sentou-se contrariado na lateral da cama, ao lado da mala: "Fala".

Apesar de Greenwald ser editor, cofundador e colunista do Intercept, é Demori quem gerencia a redação e as decisões editoriais do site no Brasil. Os dois chegam a passar meses sem se falar. Como tem pouca paciência para funções burocráticas e prefere manter sua independência para trabalhar em projetos autorais, que incluem comentários na rede de TV conservadora Fox News, nos Estados Unidos, Greenwald atua como um colaborador remoto, sem participação no dia a dia do site, seja no Brasil ou nos Estados Unidos. Eventualmente, quando tem uma sugestão de pauta, ele liga para discutir alguma matéria, como naquela tarde de domingo.

"Recebi um material com conversas no Telegram de procuradores da Lava Jato!", anunciou Greenwald, saboreando cada palavra.

Não era a primeira vez que Demori o ouvia empolgado com alguma história. "Parecia uma criança com um brinquedo novo", lembra. Pela conversa inicial, Demori lembrou-se de uma reportagem que havia sido publicada quando ele ainda trabalhava como editor assistente no site da revista piauí. Em 2017, o repórter Bruno Abbud havia conseguido, por intermédio de uma fonte, acesso a diálogos de um grupo do WhatsApp do MBL. Demori imaginou que Greenwald havia recebido algo parecido, dessa vez com conversas de um grupo de procuradores da Lava Jato.

Greenwald garantia ter em mãos algo muito maior e mais explosivo, com múltiplos arquivos e documentos. Disse que precisavam analisar aquilo o mais rapidamente possível.

"Cara, eu tô indo viajar hoje à noite", Demori interrompeu.

Depois do evento na Suécia, ele emendaria mais uma semana de férias com a família. Seriam duas semanas longe.

Natural de São Miguel do Oeste (SC) e criado no Rio Grande do Sul, Demori não foge de briga. Forjado nas interações espontâneas e combativas dos blogs políticos, onde começou a escrever ainda nos anos 1990, o jornalista de 39 anos costuma dizer o que pensa, sem se preocupar com hierarquia. Especializou-se em jornalismo investigativo, com ênfase em máfia, pela Associação de Jornalismo Investigativo de Roma, e é autor do livro *Cosa Nostra no Brasil — a história do mafioso que derrubou um império*.

Foi seu perfil crítico e impetuoso que levou à sua contratação no Intercept Brasil, em dezembro de 2017. Para que ele aceitasse a vaga, Greenwald e o *managing editor* Andrew Fishman lhe deram a garantia de que teria total liberdade para trabalhar, montar sua equipe e tomar decisões editoriais, sem interferências.

Greenwald disse que não poderia esperar.

"Temos que encontrar alguém com níveis extremos de conhecimento sobre Lava Jato, um especialista", insistiu, lembrando que tinha acompanhado a cobertura, mas nunca escrito sobre ela.

Demori se convenceu a levar adiante a apuração. Depois de falar com Greenwald, fez duas ligações. A primeira para o editor do Intercept em Brasília, Rafael Moro Martins, o maior especialista em Lava Jato da equipe: "Cara, pega um avião e vem pra cá", pediu.

A segunda para Alexandre de Santi, o editor que ficaria encarregado do site enquanto Demori estivesse de férias. Os dois eram amigos há mais de uma década, desde o início de suas carreiras no Rio Grande do Sul, e já tinham trabalhado juntos antes em projetos independentes de jornalismo, quando Demori era editor da plataforma Medium no Brasil. Paciente e diplomático, Santi, que é autor do livro *Meditação: pare, respire e mude a sua vida*, era um contraponto à impulsividade do amigo e chefe.

"Preciso que tu administre esse negócio", disse Demori a Santi, antes de terminar de arrumar a mala.

Ao desligar, Santi lembrou de ter lido notícias nas semanas anteriores sobre a invasão de celulares de procuradores da Lava Jato. Acostumado a receber releases de gente tentando emplacar histórias o tempo todo, não ficou muito entusiasmado com o que ouviu, mas achou a coincidência interessante. "Vamos ver se isso é quente mesmo".

Alto e esguio, com ar distraído e cabelo preto volumoso sobre a testa, Santi estava num deque no Jardim Botânico quando baixou o Signal para falar com Demori. Um dos editores mais experientes do site, Santi já trabalhou para veículos como Zero Hora e Rádio Bandeirantes. Como fundador da agência de conteúdo Fronteira, escreveu e editou reportagens para algumas das principais revistas do país, como Superinteressante, Galileu e piauí. Havia se mudado de Porto Alegre para o Rio com a mulher e os dois filhos pequenos um ano antes para assumir a vaga de *deputy editor* no Intercept, espécie de editor adjunto. Minutos antes do telefonema, contemplava a vista da Floresta da Tijuca pensando em como a vida estava tranquila.

O download do novo aplicativo, considerado mais seguro do que o WhatsApp, simbolizava o início de uma série de mudanças que a partir daquele dia afetaria não só o trabalho, mas a vida de todos os jornalistas do Intercept.

"Eu não estava absolutamente esperando um troço desses".

"Muito irônico, porque vou estar em Curitiba essa semana para entrevistar Lula"

NA CASA DE GREENWALD, os arquivos continuavam chegando pelo Telegram. O hacker tinha avisado que a transferência dos arquivos poderia demorar. Estimou que seriam necessárias pelo menos dez horas para o download de todos os documentos. "Lembrando que cada parte de documento vazado é um crime!", sublinhou, no início da remessa.

Ainda sem conhecer a extensão do material, Greenwald só conseguia pensar que as informações chegavam num momento singular. Depois de quase um ano de negociações, ele havia finalmente conseguido agendar uma entrevista com o ex-presidente Luiz Inácio Lula da

Silva na prisão. O encontro seria dali a três dias, na quarta-feira. A prisão de Lula era, então, um dos maiores trunfos da Lava Jato, que alcançou sucesso internacional como a maior operação contra a corrupção da história do país. A investigação era celebrada como uma quebra de paradigma — finalmente havia chegado a hora de os engravatados também irem para a cadeia. Por mais que críticos questionassem os métodos da força-tarefa e a acusassem de perseguir a esquerda, sua legitimidade acabava sempre referendada por números que pareciam um incontestável sinônimo de eficiência: em cinco anos, a Lava Jato havia resultado em mais de 300 inquéritos abertos no STF, com pelo menos 600 réus, 285 condenações e R$ 13 bilhões recuperados em acordos de cooperação. Quem ousasse questionar esses resultados era imediatamente acusado de ser a favor da corrupção. Moro, que ganhou projeção nacional como o juiz responsável pelo julgamento dos processos da Lava Jato em primeira instância, era celebrado como herói nacional, sendo frequentemente representado vestido de Super-Homem — nas resdes sociais, nas ruas e nas capas de revista —, antes de trocar a magistratura pelo gabinete de ministro do presidente Jair Bolsonaro.

Agora, os arquivos que Greenwald estava recebendo ofereciam uma oportunidade única de passar a limpo as dúvidas que pairavam sobre a investigação.

"Muito irônico, porque vou estar em Curitiba essa semana para entrevistar Lula", Greenwald escreveu para o hacker.

No diálogo, o jornalista mencionou que havia falado com Dallagnol dias antes. A ideia era aproveitar a viagem a Curitiba para entrevistá-lo sobre a Lava Jato, mas o procurador e coordenador da força-tarefa havia recusado o pedido, alegando conflitos de agenda. "Isso é muito melhor do que uma entrevista", celebrou.

Mais do que por empolgação, Greenwald compartilhava as informações dos bastidores de seu trabalho como parte de uma estratégia para estreitar a relação com a fonte. Pensou que, em vez de só demandar documentos, deveria oferecer algo em troca.

@BrazilBaronil, que se dizia um cidadão indignado querendo justiça, pareceu lisonjeado. E aprumou seu vocabulário para a resposta, substituindo por um momento seus "kkkks" por conjunções adverbiais: "É um tanto quanto inteligente recusar uma entrevista a você neste momento. Porque a popularidade do Lula daria abertura a uma comparação entre ele e Deltan. Quando coisas próximas são comparadas, tende a construir uma hierarquia entre elas. Tal hierarquia teria repercussão no STF, na PGR, e principalmente na população em geral. Em um momento como esse, o MPF jamais poderia estar submisso a algo ou alguém".

Envaidecido da própria resposta, copiou o que escreveu e colou no chat com Manuela, como se quisesse aprovação. "Mandei pra ele", escreveu. "Espero que tudo esteja andando ok", ela respondeu. "Está sim, é que tem milhões de arquivos, já foi uns 5%".

Preocupado em garantir a segurança dos arquivos, Greenwald ligou para um amigo na Califórnia. Diretor de Segurança da Informação do The Intercept nos Estados Unidos, Micah Lee também participou do Caso Snowden e foi quem ensinou Greenwald a usar criptografia digital. A ideia era criar canais seguros para o arquivamento do material, além de fazer um backup nos Estados Unidos, mantendo uma cópia de segurança longe do território brasileiro.

Pela descrição de Greenwald, Lee entendeu que eram arquivos importantes, mas até aquele momento não tinha a menor ideia do que a operação Lava Jato — ou *operation Car Wash*, como na tradução para o inglês — significava. "Eu nem sabia quem era Lula", lembra o americano.

Depois da conversa com Lee, Greenwald voltou para dar satisfações à fonte: "Acabei de falar com nossa pessoa da segurança digital nos EUA para garantir que esses documentos estejam seguros lá e aqui comigo também".

"Perfeito. Eu tenho dez cópias deles", disse o hacker, acrescentando ter cópias inclusive em arquivos na Coreia.

Quanto mais seu interlocutor falava, menos confiança Greenwald tinha em seu discurso megalômano. Mas o interesse pelos arquivos só aumentava.

Na manhã seguinte, mais de mil arquivos já haviam chegado no Telegram de Greenwald, e outros continuavam chegando. Ao longo da semana, a previsão de dez horas se provaria largamente subestimada.

14 DE MAIO DE 2019

> "Fudeu" ✓✓

RAFAEL MORO MARTINS SE DESPEDIU DOS DOIS GATOS, Frapê e Tirica, na Asa Norte de Brasília, antes do amanhecer. Pegou um Uber e chegou ao aeroporto quando os cafés ainda estavam fechados, às cinco da manhã daquela terça-feira. Tinha dormido menos de três horas, mas estava desperto, ansioso pela reunião que teria no Rio. Seria a primeira vez que encontraria Greenwald pessoalmente, e aquela história de arquivos secretos que Demori havia relatado pelo telefone o deixara intrigado. "Tava muito cabreiro", lembra Rafael, que tem olhar desconfiado e mania de falar puxando a barba do queixo, salpicada de fios grisalhos, com uma das mãos.

Ele não esperava viajar tão cedo. Tinha se mudado para Brasília havia apenas três meses para assumir o cargo de editor do Intercept e vinha trabalhando para estabelecer contato com fontes no Congresso. Mas era sua experiência prévia o que mais importava no momento.

Martins vinha de Curitiba e era o mais experiente em Lava Jato da equipe. Antes de se juntar ao Intercept Brasil, já havia escrito sobre a investigação para veículos como UOL, Valor Econômico e a revista piauí. No Paraná, morava a cinco minutos da sede da Justiça Federal, onde o juiz Sergio Moro despachava. O sobrenome em comum, porém, era mera coincidência: enquanto o ex-juiz é descendente de um ramo italiano da família Moro, o avô materno do repórter, Valeriano Moro Cuevas, veio da Espanha, fugindo da Primeira Guerra.

Na chegada ao Rio, Martins pegou um café americano no Starbucks do aeroporto e seguiu direto para o hotel em Ipanema. Por orientação de

Demori, sua viagem deveria ser mantida em sigilo. Ninguém da redação deveria saber que ele estava no Rio.

A exceção era o editor adjunto Alexandre de Santi, que o acompanharia na reunião com Greenwald. Como combinaram, Santi saiu da redação, que funcionava então num prédio ao lado da famosa Escadaria Selarón, na Lapa, sem avisar os colegas. Apanhou Martins no caminho, de Uber, e chegaram ao endereço de Greenwald às 11h10.

Após se identificarem na guarita envidraçada que dá acesso à rua de paralelepípedos sem saída, o segurança liberou a cancela amarela. A casa estava à esquerda, a poucos metros da entrada, protegida por um muro alto de pedra, encimado por uma cerca de arame farpado circular.

O assistente de Greenwald, Victor Pougy, abriu o portão de madeira, convidando-os a entrar. Formado em Relações Internacionais, o carioca de 26 anos à época, loiro com biotipo de modelo, tinha entre suas funções rotineiras traduzir as matérias de Greenwald para o português, e já o vinha ajudando na leitura dos arquivos desde domingo.

Martins e Santi cruzaram o pátio de lajotas com cachorros pulando em suas pernas. Quase 30 vira-latas adotados moram na casa, e o cheiro de urina e fezes caninas impregnava o ar. Atravessando uma porta imponente de madeira talhada, chegaram à sala de estar, um ambiente amplo com piso de tabuão e decoração minimalista. Obras de arte enfeitavam as paredes, que encerravam poucos móveis espaçados, parecendo amplificar o vão central. Aos pés da escada de madeira que dá acesso ao escritório de Greenwald, uma rocha natural maciça, preservada do terreno onde a casa foi construída, substituía a parede com imponência.

Greenwald já os esperava, entusiasmado: "Que bom que vocês estão aqui. Temos um grande trabalho a fazer!".

Antes de começar a explicar os detalhes da história, pediu que os visitantes entregassem seus celulares e laptops. Pougy os recolheu e guardou em outra sala. Em uma história que envolvia hackeamento telefônico e vazamentos, precauções de segurança eram chave para garantir o sigilo da cobertura até a publicação. O receio era de que os celulares fossem usados como escutas telefônicas.

Sentados em volta de uma mesa de vidro, com cachorros ainda circulando entre seus pés, Santi e Martins ouviram Greenwald por mais de uma hora.

"Isso pode ser maior do que o Caso Snowden!", emocionava-se.

Entre os primeiros diálogos que Greenwald e Pougy tinham identificado até ali, havia uma conversa em que procuradores ironizavam a morte da ex-primeira-dama Marisa Letícia, em fevereiro de 2017, e o luto do ex-presidente Lula. O assunto era tratado por diferentes procuradores, em frases como: "Quem for fazer a próxima audiência do Lula, é bom que vá com uma dose extra de paciência para a sessão de vitimização". Em outro grupo, em janeiro de 2019, também disseram que "o safado só queria passear" quando o ex-presidente pediu para ir ao enterro do irmão Vavá. "Esses caras não têm filtro nenhum", impressionou-se Pougy, ao constatar a maneira como falavam abertamente sobre suas preferências políticas.

Por mais que os comentários parecessem inadequados, todos concordaram que eles deveriam seguir analisando os arquivos em busca de indícios mais fortes de crimes ou desvios éticos. "Aquilo parecia meio fofoca, não sabíamos se valia a pena entrar nisso", lembra Santi.

Ao final da explanação, Greenwald mostrou o computador onde estava arquivando as mensagens. Era um laptop Samsung, que Pougy havia comprado dias antes exclusivamente para receber os arquivos.

Era essa a parte que Martins e Santi mais aguardavam. Os chats estavam chegando numa pasta com o nome original salvo pelo hacker: "fudeu".

"Meu canecoooo!"

ANTES DE VASCULHAR OS ARQUIVOS, Santi e Martins saíram em busca de pen drives nas redondezas. Pagaram R$ 90 por dois pen drives de plástico na primeira loja de informática que encontraram. Os dispositivos de 16 GB da Multilaser guardariam, a partir daquele dia, parte dos arquivos mais confidenciais da República. Na saída, comeram bacalhau num buffet a quilo ao lado da loja, ainda digerindo o que tinham acabado de ouvir.

Ao retornarem ao escritório de Greenwald, prontos para copiar os arquivos, perceberam que o processo seria mais complicado do que previam. Como tinham laptops da Apple, precisariam aprender como criptografar os pen drives para que pudessem ser reconhecidos pelo computador Windows onde estava salvo o arquivo original. Enquanto Martins pesquisava na internet como compatibilizar os sistemas, Santi se concentrava no próximo desafio: os áudios. Eles haviam chegado desconectados das mensagens de texto na transferência dos arquivos. Descobrir quais diálogos pertenciam a cada chat era como montar um quebra-cabeça com milhares de peças desencontradas. Também seria preciso compactar os arquivos para que pudessem ser acessados fora da casa de Greenwald. Mas como fazer isso de forma segura? Mais do que questões técnicas, eram decisões estratégicas. Deveriam circular por aí carregando pen drives contendo potenciais áudios do ministro da Justiça nos bolsos?

Em busca das respostas, Santi e Pougy mais uma vez recorreram a Micah Lee, o especialista em segurança digital do The Intercept americano, apelidado por Pougy de "Jedi nerd".

Nesse meio tempo, Greenwald trabalhava no andar de baixo com outra equipe. Sentado numa mesa comprida de madeira escura e vista para a área verde que cerca a propriedade, lia em voz alta as perguntas que havia preparado para Lula, impressas em uma folha de papel. A seu lado, na cabeceira, um professor de português corrigia sua pronúncia. Greenwald fazia anotações como um aluno dedicado e repetia as palavras em que tropeçava diversas vezes, até acertar a entonação: "Níu-lí-beralll... Neo-li-be-rá-o... Neoliberal".

Agendada para o dia seguinte, a entrevista seria gravada em vídeo. Tatiana Dias, editora do Intercept em São Paulo, havia chegado ainda no dia anterior para ajudar na preparação das perguntas e revisava em seu computador as últimas questões. Ela embarcaria com Greenwald para Curitiba dali a algumas horas, mas ainda não sabia nada sobre os arquivos secretos.

"O que vocês estão fazendo aqui?", perguntou, quando os colegas desceram para tomar um café na cozinha.

Santi deu uma resposta genérica, dizendo que estavam olhando uns materiais que Greenwald havia recebido. De volta ao escritório, quando finalmente conseguiram examinar os arquivos, Santi e Martins tiveram a impressão de que estavam entrando em um labirinto indecifrável. Eram centenas de chats. Cada um deles, identificado por um código numérico em formato html. Quando clicavam em algum, era possível ver o nome do chat original no topo da primeira página, acompanhado das datas de criação e conclusão dos diálogos. Examinando os primeiros da lista, perceberam que havia basicamente dois tipos de conversas: privadas e em grupo. O que mais impressionava era o volume. Alguns arquivos tinham mais de 80 partes. E cada uma dessas partes podia conter centenas de páginas. Um único grupo, intitulado *Terra de Brutos*, por exemplo, reunia 623 mil caracteres de texto entre março e junho de 2015. Em apenas três meses de duração, o chat produzira conteúdo equivalente a um livro de mais de 300 páginas.

@BrazilBaronil havia repassado tudo sem qualquer organização ou hierarquia. Os arquivos eram como uma mina a ser garimpada. Antes de buscar possíveis pautas, os repórteres queriam descobrir se aquela suposta mina era mesmo de ouro. Como ter certeza de que as mensagens eram autênticas? Em busca de pistas, começaram a abrir arquivos aleatoriamente.

Num dos primeiros arquivos em que clicou, Martins deparou com uma conversa em que um grupo de procuradores combinava um almoço no Bistrô Passeio, no Centro de Curitiba. Ele conhecia bem o lugar — "um bistrô metido a besta naquela região" —, que ficava a cinco minutos a pé da Procuradoria de Curitiba. A logística parecia fazer sentido.

"Cara, isso aqui parece verdade", Martins comentou, imaginando que era o tipo de informação trivial demais para ter sido inventada.

Seguindo a leitura, deteve-se no usuário identificado como Deltan Dallagnol. "Meu canecoooo!", ele escrevia a certa altura no chat. Martins já tinha entrevistado Dallagnol inúmeras vezes, e aquele jeito de escrever combinava com a personalidade carola que conhecia. A expressão "Meu caneco!" é típica de Curitiba — o equivalente a "Caralho!", em outras partes do país. "Quase conseguia ouvir a voz dele falando", lembra. Se alguém tivesse inventado os diálogos, ele pensou, teria sido, no mínimo, eficiente em recriar maneirismos e referências factíveis.

Em busca de mais indícios, Martins fez uma pesquisa no próprio nome. O primeiro resultado que lhe chamou atenção foi uma conversa de 31 de agosto de 2017. Os chats mostravam que Dallagnol havia enviado o link de uma reportagem assinada por Martins no grupo *Filhos do Januario 2*. Era um perfil do procurador Carlos Fernando dos Santos, intitulado "O pugilista", que Martins havia publicado naquele mesmo dia no site da revista piauí. O título era uma referência ao perfil combativo adotado pelo procurador no seu Facebook para contra-atacar críticos da Lava Jato. Junto ao link da publicação, Dallagnol postou a seguinte observação: "Esse Rafael Moro é o mesmo que falou das palestras do Moro com tom crítico nas entrelinhas".

O repórter imediatamente recordou de uma conversa privada que tivera com Dallagnol quatro meses antes daquele chat — em função de outra reportagem. Foi em 26 de abril, quando o procurador lançava em Curitiba o livro *A luta contra a corrupção: a Lava Jato e o futuro de um país marcado pela impunidade*. Martins estava lá para fazer a cobertura. Assim que ele desligou o gravador, ao final da entrevista, Dallagnol inverteu os papéis e começou a lhe fazer perguntas. O assunto era uma reportagem que Martins e dois colegas tinham publicado dois dias antes no UOL. Com base na lei de acesso à informação, eles descobriram que Moro havia percorrido ao menos 13 cidades de nove estados brasileiros e outras seis no exterior para realizar 46 palestras nos três primeiros anos da Lava Jato.

"Ah, foi você quem fez aquela matéria das viagens do Moro..." — começou Dallagnol. Diante do aceno positivo do repórter, continuou: "Não entendi por que vocês se interessaram por isso".

"Olha, vocês se tornaram figuras públicas", Martins explicou, argumentando que a imprensa tem o dever de fiscalizar o exercício do poder.

"Mas a gente tá do lado certo, vocês deveriam apoiar", reagiu o procurador.

Na época, Martins ficou pensando o quanto aquela cobrança era inusitada partindo de um agente público que tem justamente a função de fiscalizar o poder. Ao ler a referência ao episódio nas mensagens com outros procuradores, reforçou sua percepção de que os arquivos eram reais. "Quem mais poderia saber disso, se só estávamos eu e ele?", perguntava-se.

Mais adiante, Martins reparou na dúbia reação do procurador Carlos Fernando, o perfilado, nas conversas. No chat com Dallagnol, ele aparentemente endossava as críticas do chefe à imprensa. "Essas fábricas de calúnia são comuns", escreveu. Mas, duas horas antes, naquele mesmo dia, em outro chat, com assessores de imprensa, havia feito uma avaliação diferente da reportagem de Martins sobre ele. "Ficou justo", elogiou, ao compartilhar o link com um grupo de assessores. A ironia fez o repórter sorrir para o computador.

Já era fim da tarde quando finalmente terminaram de copiar a primeira remessa do arquivo nos pen drives. Não tinham conseguido tudo o que queriam, mas tinham por onde começar, com os arquivos de texto já enviados pelo hacker. Na Califórnia, Lee seguiria trabalhando em um programa criptografado que facilitasse a integração do conteúdo multimídia aos chats e também permitisse busca por palavras-chave, o que levaria mais algumas semanas.

Quando se preparavam para sair, Santi e Martins descobriram que estavam presos. Greenwald havia partido minutos antes rumo a Curitiba e tinha levado o controle remoto do portão quando saiu de carro para o aeroporto. O funcionário encarregado da casa não encontrava a chave reserva.

"Estamos com problemas na saída da casa, por favor nos espere", Santi escreveu ao motorista do Uber que já os esperava do lado de fora.

Depois de 15 minutos de tentativas, acabaram arrombando o portão. Com uma pedra, Santi conseguiu afrouxar o pino que conecta o braço do portão ao motor que o levanta.

Dali para frente, os obstáculos seriam maiores.

15 DE MAIO DE 2019

> "E se a gente olhar essa porra toda e concluir que eles não fizeram nada de errado?" ✓✓

CURITIBA AMANHECEU CHUVOSA naquela quarta-feira, e as árvores pareciam dançar sob o vento gelado do outono. Greenwald chegou à superintendência da Polícia Federal antes das 8h, acompanhado de cinco produtores carregados de câmeras, microfones e laptops. Dois minutos antes de o ex-presidente Lula entrar na sala, escoltado por seguranças, todos os auxiliares tiveram de se retirar. Apenas Greenwald e o câmera poderiam permanecer.

Lula chegou sorridente, de paletó cinza sobre uma malha preta de gola alta, visivelmente mais magro do que nas imagens de antes da prisão, ocorrida havia pouco mais de um ano e um mês. Caminhando na direção do jornalista, o ex-presidente projetou o corpo sobre a mão estendida de Greenwald para um abraço ao cumprimentá-lo, dando tapinhas nas suas costas.

Condenado por Moro a nove anos e seis meses de prisão por corrupção e lavagem de dinheiro — com a pena ampliada a doze anos e um mês pelo Tribunal Regional Federal da 4ª Região —, o ex-presidente repetiu o discurso de que toda a Lava Jato seria uma manobra para evitar que ele disputasse a presidência e o PT voltasse ao poder. Seguindo o roteiro de questões na tela de seu laptop, erguido à sua frente sobre uma torre improvisada de livros, Greenwald lembrou que a Lava Jato vinha mirando também os adversários do petista, com processos contra o ex-presidente da Câmara Eduardo Cunha, que liderou o processo de impeachment contra Dilma; contra o sucessor da presidente no cargo,

Michel Temer; e até contra o tucano Aécio Neves, adversário de Dilma na eleição de 2014.

"Depois de tudo isso, você ainda acha que a Lava Jato foi criada só para destruir o PT?".

Lula insistiu que havia sido condenado sem provas no caso do triplex — a acusação é que tenha recebido como presente um apartamento na praia do Guarujá após favorecer a empreiteira OAS em contratos com a Petrobras. Repetindo a linha de sua defesa, de que a força-tarefa da Lava Jato havia se transformado em uma "máquina política", sugeriu que Greenwald deveria investigar.

"Quero te prometer que já estamos trabalhando com essas questões, investigando esses...".

A frase acabaria interrompida por Lula antes de completada, e Greenwald seguiu com sua lista de perguntas. Foi a única referência aos arquivos secretos da Lava Jato na entrevista.

Naquele momento, na brisa da Zona Sul do Rio, Santi e Martins avançavam na leitura do material. Não queriam ir para a redação para não ter de explicar aos colegas o que estavam fazendo, então se sentaram num café Starbucks em Ipanema, ao lado do hotel onde Martins estava hospedado.

Depois de terem aberto vários chats em seus pen drives, perceberam que alguns eram significativamente maiores do que outros. Decidiram começar pelos mais robustos. A aposta era que, quanto maior o engajamento, maior seria o potencial de revelações. Quando encontravam menção a fatos conhecidos e fases da Lava Jato, pesquisavam notícias na internet para verificar se as datas e os nomes coincidiam. Também procuravam menções a capítulos conhecidos da história da Lava Jato, como a polêmica divulgação dos áudios entre Dilma e Lula e entre o empresário Joesley Batista e o então presidente Michel Temer.

Antes que encontrassem algo significativo, perceberam que precisariam de um espaço mais privado para trabalhar. Santi falou com amigos que tinham um escritório de *branded content* em Copacabana, sem explicar o que estavam fazendo, e perguntou se poderiam emprestar uma sala.

"A gente só precisa de uma sala silenciosa".

Foram para lá e passaram a tarde lendo as conversas. No fim do dia, o balanço parecia positivo. Pelo menos até ali, não viam qualquer indício de fraude. Encontraram referências nos diálogos a fatos conhecidos, e todas as datas mencionadas nas conversas corroboravam as notícias da época. A fonte não havia apontado nenhum diálogo específico para que explorassem o material. Em meio a dezenas de gigas de conversas, parecia pouco provável que tivesse feito adulterações pontuais de conteúdo apostando que fossem encontradas ao acaso. A confiança no arquivo só crescia. Mas Santi e Martins começavam a sentir um novo tipo de angústia. Tomadas em conjunto, as conversas até ali eram majoritariamente triviais, com colegas discutindo procedimentos rotineiros de trabalho. Ainda que expressassem eventualmente algumas opiniões insensatas, os participantes da força-tarefa pareciam em sau maioria acreditar que estavam fazendo a coisa certa, em uma cruzada anticorrupção. Religiosos, alguns deles combinavam de ir à igreja juntos.

"E se a gente olhar essa porra toda e concluir que eles não fizeram nada de errado? A gente vai dar matéria?", Martins perguntou a Santi.

A dúvida sobre a gravidade do conteúdo se desfez mais tarde, quando ele abriu um chat de Dallagnol com um contato não identificado. Na conversa, o procurador adotava um tom reverencial. Do outro lado, as respostas eram monossilábicas, como um chefe que dá ordens a um subordinado. O aprofundamento da leitura levaria à descoberta de desvios éticos que botariam em xeque a reputação de um herói nacional e virariam tema de uma das reportagens de estreia da cobertura Vaza Jato.

O interlocutor sem nome era Sergio Moro.

16 DE MAIO DE 2019

> "Jornalismo que não incomoda não é jornalismo" ✓✓

O *MANAGING EDITOR* do Intercept Brasil, Andrew Fishman, desembarcou no Galeão às 7h da quinta-feira. Retornava de sua terra natal, no estado norte-americano de Connecticut, onde passara férias com a família. No táxi a caminho de casa, recebeu uma mensagem de Santi.

"Você tá vindo pra reunião?".

"Que reunião?".

"Tem reunião no escritório dos Rafas com o Glenn. Não posso falar mais".

Os "Rafas" são os advogados do Intercept, Rafael Borges e Rafael Fagundes, que atendem o site desde a sua criação, quando funcionava nos fundos de uma garagem em Botafogo.

"Preciso ir?".

"Você tem que ir".

Fishman imaginou que se tratasse de um processo judicial. Foi para casa, tomou um banho rápido e correu para o escritório dos advogados, em uma rua arborizada do bairro da Glória. Ao chegar, 40 minutos depois, viu que um cinegrafista já estava lá, com o tripé montado na sala de reuniões, pronto para gravar.

"O que está acontecendo?", perguntou para Santi.

"Tu vai ver".

Com cabelo liso bem penteado para o lado e óculos retangulares de aro fino sobre o rosto triangular, Fishman fala um português fluente, temperado com gírias cariocas ("caraca!"), mas volta e meia ainda se confunde com as flexões de gênero das palavras, ausentes no inglês (fala "desenhas" em vez de desenhos, por exemplo). Começou a aprender o idioma em 2009, quando veio ao Brasil pela primeira vez. Ironicamente, tudo começou porque ele queria melhorar seu espanhol. Na época, estudava Relações Internacionais na Universidade George Washington, em D.C. Ao buscar informações no departamento de intercâmbios, cogitava Argentina ou Espanha, mas lhe avisaram que poderia concorrer a uma bolsa que oferecia três mil dólares para quem se dispusesse a estudar em Florianópolis por um semestre.

"O que é Florianópolis?".

"Procure no Google, você vai gostar".

Num dos primeiros posts que encontrou na internet, leu que Florianópolis era o "Havaí do Brasil". No seu imaginário gringo, o Brasil tropical, do futebol e do carnaval, já parecia uma espécie de Havaí. "O Havaí do Havaí deve ser massa!", animou-se, topando a oferta.

Quatro anos depois, já de volta aos Estados Unidos, dividindo seu tempo como jornalista da rádio pública NPR e de uma produtora de vídeos, uma amiga avisou que Greenwald estava procurando um jornalista americano que falasse português para trabalhar como seu assistente no Brasil.

"Quando você pode começar? Amanhã?", perguntou Greenwald, quando se falaram por telefone, em novembro de 2013.

Em duas semanas, Fishman estava de volta ao Brasil, dessa vez para ficar. Começou trabalhando como assistente no Caso Snowden, e já tinha sido promovido a repórter quando Greenwald ajudou a fundar o site The Intercept nos Estados Unidos, em fevereiro de 2014, em um projeto financiado pelo filantropo e fundador do eBay, Pierre Omidyar.

Na época, morar no Rio era quase um acidente geográfico. Eles escreviam em inglês, sobre questões americanas, para o público dos Estados Unidos. O Brasil não era sequer assunto. "Era como um refúgio, uma bolha de proteção", lembra. Isso mudaria em 2016, em meio ao processo de impeachment da presidente Dilma Rousseff. Pela primeira vez, sentiram-se impelidos a escrever um texto sobre a política brasileira para o público americano. Retratando de forma crítica a acusação de pedaladas fiscais, o texto viralizou, alcançando quase meio milhão de visualizações. Depois de cinco textos sobre o Brasil, a audiência brasileira já respondia por 15% dos seguidores da página do Facebook do site americano. "Foi uma reação visceral, havia uma fome de jornalismo independente," avalia Fishman.

A audiência serviria de impulso para o lançamento do site em português, aproveitando a onda do impeachment e da Olimpíada do Rio, que aumentava o interesse internacional sobre o país. Montaram uma proposta que foi aceita pela editora chefe do The Intercept nos Estados Unidos, Betsy Reed, e pelos editores executivos em Nova York. Menos de três semanas depois da aprovação final, nascia o The Intercept Brasil, chamado internamente de TIB. A proposta era fazer um jornalismo independente e combativo, capaz de apontar o dedo para denunciar injustiças — sem meias palavras. "Não é que tem de chegar xingando todo mundo, mas se alguém tá mentindo, tem de falar que tá mentindo", defende Fishman, que foi o encarregado do projeto e das contratações. Nas entrevistas com os candidatos ao emprego, chegava a assustar alguns com a proposta. "Eu dizia pra todo mundo: a gente quer que você provoque um processo na gente. Mas a gente quer ganhar, porque você vai estar certo. Jornalismo que não incomoda não é jornalismo, se você é processado é porque você importa".

O site foi lançado com uma equipe de seis pessoas, minuciosamente selecionadas por critérios que extrapolavam a capacidade técnica. "Eu queria pessoas com ranço da sociedade. Se você tá muito confortável, não vai fazer o tipo de jornalismo que a gente precisa", Fishman raciocinava.

No dia do lançamento do site, em 2 de agosto de 2016, logo abaixo da mensagem de boas-vindas, o Intercept Brasil publicou um vídeo orientando as pessoas a como vazar conteúdos para o site. "A gente foi criado pra isso", diz Fishman. "A meta era se estabelecer, criar um nome, uma infraestrutura e uma equipe, para que um dia um furo enorme chegasse aqui".

Três anos depois, naquela reunião na sala dos advogados, ele percebeu que aquele grande furo havia, enfim, chegado.

"Vocês têm certeza de que querem gravar tudo?"

A MESA DE DEZ LUGARES atravessava a sala de ponta a ponta, terminando em uma grande janela com uma vista privilegiada para o Pão de Açúcar. A câmera já estava ligada quando o advogado Rafael Borges entrou na sala, registrando o aperto de mãos entre ele e Greenwald. Borges fora avisado de que o encontro seria filmado e vestia seu terno grafite mais bem cortado para a ocasião, como se estivesse indo para uma audiência. Tudo o que ele sabia até então era que o cliente tinha um assunto importante a tratar.

Todos os celulares foram confiscados antes que entrassem na sala, seguindo o protocolo de segurança que se tornaria praxe durante a cobertura. Tomando lugar à mesa, onde também estavam sentados Santi e Fishman, Greenwald começou descrevendo mais uma vez seu contato inicial com o hacker, recapitulando a história que os trazia até ali. Ao ouvir que o material era fruto do hackeamento de algumas das principais autoridades do país, Borges arregalou os olhos atrás dos óculos retangulares de aro grosso. Pediu que parassem a gravação. Iriam mesmo discutir um dos maiores segredos nacionais na frente da câmera? Como advogado criminalista, estava acostumado a ouvir segredos — e guardá-los. Temia que a gravação pudesse desencadear uma medida cautelar de busca e apreensão ou que frases descontextualizadas pudessem vir a ser usadas contra o Intercept no futuro.

"Vocês têm certeza de que querem gravar tudo?".

Greenwald confirmou que sim. Queria documentar todo o processo de apuração. A inspiração mais uma vez era o Caso Snowden, que fora filmado desde o início por sua colega Laura Poitras, e venceria o Oscar de melhor documentário em 2015, com *Citizenfour*. A ideia de repetir a fórmula havia sido de seu marido, David Miranda, e abraçada com empolgação. Seguindo a indicação de um amigo brasileiro radicado nos Estados Unidos, Greenwald havia escolhido para a missão o fotógrafo e documentarista Christian Braga. Membro da Agência Farpa, focada em direitos humanos, Braga havia sido trazido de São Paulo exclusivamente para gravar os bastidores da cobertura. Tinha desembarcado no Rio naquela manhã e seguido com sua câmera direto do aeroporto para a reunião. E agora estava ali, com seu tripé no canto da sala, para a primeira sessão de gravações.

Com o aval de Greenwald, Braga ligou novamente a câmera e registrou toda a fala dele, que contava desde o momento da primeira conversa com o hacker até os primeiros achados dos repórteres.

Santi aproveitou para atualizar o grupo sobre os diálogos que ele e Rafael Martins haviam encontrado no dia anterior. Num deles, Moro sugeria a Dallagnol que trocasse a ordem das fases da Lava Jato. Também recomendava uma testemunha para a acusação.

"O juiz sugerir testemunha? Isso é absurdo!", escandalizou-se Borges. Quanto mais eles falavam, mais o advogado se impressionava. "A República vai cair, isso é muito sério!".

Apesar da relevância das informações e do seu próprio espanto, Borges advertiu a equipe de que eles não deveriam esperar nenhuma punição às autoridades citadas, como Moro e Dallagnol. Por mais grave que fossem as denúncias, a origem ilícita das provas invalidaria um eventual processo contra eles. No Direito, o princípio é conhecido como *The fruits of the poisonous tree*, a teoria dos frutos da árvore envenenada, que tem origem na jurisprudência norte-americana.

"A maçã é podre para fins de incriminação", explicou. "Mas não é podre para fins de repercussão política".

Usando a mesma analogia, reforçou que a lei brasileira permite aos jornalistas receber maçãs envenenadas. Só não poderiam, de forma alguma, participar da colheita. Virando-se para Greenwald, repassou orientações práticas do que isso significava em seu contato com o hacker:

"Você não pode pagar, orientar, instigar, ser cúmplice de nenhuma maneira. Você pode receber o material, mas não pode ser coautor. E registre tudo o que você falar com a fonte para ter comprovação".

Greenwald confirmou que já vinha adotando os procedimentos — e mais tarde receberia uma cartilha preparada pelo escritório de advocacia com todo o ordenamento jurídico sobre a liberdade de imprensa e o direito de proteção à fonte no Brasil, para se preparar para os previsíveis questionamentos que enfrentaria quando o caso viesse a público.

Por três horas, discutiram os próximos passos. Parte do desafio era projetar cenários de risco. Ainda que estivessem agindo dentro da lei, temiam reações arbitrárias, desde pedidos de busca e apreensão do material até a prisão dos jornalistas. Como o governo Bolsonaro já vinha tratando a imprensa como inimiga, o escalonamento das tensões era previsível num momento em que um dos ministros mais populares e poderosos se tornasse alvo.

Greenwald já tinha enfrentado todo tipo de perseguições no Caso Snowden, mas a batalha que estava por vir seria diferente. Enquanto nos Estados Unidos a intimidação vinha da espionagem digital ostensiva e poderosa por parte do governo, no Brasil era justamente a falta de clareza sobre a natureza das instituições que oferecia risco. Por mais que as autoridades brasileiras repetissem que "as instituições seguiam funcionando normalmente", a despeito dos discursos cotidianos do presidente Jair Bolsonaro contra a democracia, o próprio furo de reportagem demonstrava que essa normalidade era seletiva.

"A gente estava pintando um alvo nas nossas costas", lembra Fishman. "Seria o primeiro grande teste do governo Bolsonaro".

Ao término da reunião, os jornalistas seguiram para a casa de Greenwald, onde novos arquivos continuavam chegando pelo Telegram. Enquanto discutiam sobre os próximos passos da cobertura, receberam uma ligação. Era o hacker. Greenwald botou a ligação no viva-voz ao atender, de modo que todos na sala puderam ouvir seu sotaque pronunciado do interior de São Paulo.

O hacker dizia que tinha mais coisas para mandar. Parecia inquieto. Falava sem parar, mas de forma pouco objetiva, dando voltas. Por mais de uma vez, reforçou que Greenwald precisava olhar o que ele considerava ser uma das maiores revelações do arquivo: um atestado médico falso que teria sido apresentado por um procurador.

O atestado nunca foi encontrado pelo Intercept.

Os jornalistas chegaram a pensar em pedir que o hacker enviasse os arquivos em um formato que facilitasse o acesso às mensagens que haviam chegado desconfiguradas, mas depois de horas de aconselhamento judicial, hesitavam em dar qualquer orientação que pudesse ser interpretada como conluio com a fonte. Era melhor confiar no Jedi nerd.

23 DE MAIO DE 2019

> "Mafiosos!!!!!!!!!!!!!!!!!!!!!!" ✓✓

NO FINAL DA SEMANA SEGUINTE, quando Demori voltou de férias, o material já estava organizado em pastas, com a identificação dos principais grupos de conversa e uma pré-seleção dos principais achados jornalísticos. Embora o hacker tivesse confessado a Greenwald ter invadido vários celulares, tudo indicava que as conversas do arquivo tinham como origem um único aparelho: o celular do procurador Deltan Dallagnol, o coordenador da força-tarefa da Lava Jato.

O editor executivo pegou uma cópia e passou um dia inteiro lendo os chats. Ao sentir que tinha tomado pé da situação, chamou Santi, seu editor adjunto, para conversar.

"Cara, esse negócio é alucinante, podemos passar meses olhando".

Naquele momento, duas reportagens já estavam em produção.

Greenwald e seu assistente, Victor Pougy, haviam encontrado diálogos em que procuradores discutiam formas de inviabilizar a entrevista de Lula na prisão, temendo que isso trouxesse ganhos eleitorais ao PT. Os trechos mais reveladores eram de 28 de setembro de 2018 — a menos de duas semanas do primeiro turno das eleições presidenciais. A notícia do dia era a decisão do STF de acatar o pedido de Mônica Bergamo, colunista da Folha de S. Paulo, para entrevistar Lula. "Que piada!!! Revoltante!!! Lá vai o cara fazer palanque na cadeia. Um verdadeiro circo. [...] e a gente aqui fica só fazendo papel de palhaço com um Supremo desse...", reagiu a procuradora Laura Tessler no grupo do Telegram *Filhos do Januario 3*, que reunia ao menos 15 participantes, incluindo Deltan Dallagnol.

Com 21 pontos de exclamação, a colega Isabel Groba fez coro à indignação, com uma declaração que viraria o título de uma das três primeiras reportagens da série Vaza Jato: "Mafiosos!!!!!!!!!!!!!!!!!!!!!".

Na conversa, ficava evidente que a preocupação dos procuradores não era de ordem jurídica: "uma coletiva antes do segundo turno pode eleger o Haddad", comentavam. Em outra conversa, no mesmo dia, um contato identificado como Carol PGR disse a Dallagnol estar "muito preocupada com uma possível volta do PT" e que rezava muito "para Deus iluminar nossa população para que um milagre nos salve". Dallagnol se unia às preces: "Reza sim. Precisamos como país".

Mais do que rezar a Deus e profanar a Suprema Corte, os procuradores arquitetavam estratégias para diminuir o impacto da entrevista do ex-presidente. Cogitavam entrar com recurso, transformar o evento em uma coletiva de imprensa para tumultuar o processo e manobrar para empurrar a entrevista para depois das eleições.

Em outra frente, Santi e Martins seguiam concentrados nas conversas entre Moro e Dallagnol. Nos diálogos, o juiz sugeria ao procurador trocar a ordem de fases da Lava Jato ("Talvez fosse o caso de inverter a ordem das duas planejadas"), cobrava agilidade ("Não é muito tempo sem operação?"), antecipava decisões, dava conselhos sobre a investigação e até bronca. "Não pode cometer esse tipo de erro agora", repreendeu, referindo-se ao que considerou uma falha da Polícia Federal.

Na sua leitura, Demori acabaria encontrando a próxima reportagem: diálogos que indicavam a fragilidade das provas da acusação do Ministério Público Federal contra o ex-presidente Lula. A quatro dias da denúncia do caso do triplex, Dallagnol compartilhava suas inseguranças sobre o ponto central da acusação que seria assinada por ele e seus colegas: que Lula havia recebido como presente um apartamento triplex na praia do Guarujá após favorecer a empreiteira OAS em contratos com a Petrobras.

Na noite de 9 de setembro de 2016, o coordenador da Lava Jato escreveu ao grupo de procuradores que trabalhavam no caso: "Falarão que estamos acusando com base em notícia de jornal e indícios frágeis... então é um item que é bom que esteja bem amarrado. Fora esse item, até agora tenho receio da ligação entre petrobras e o enriquecimento, e depois que me falaram to com receio da história do apto... São pontos em que temos que ter as respostas ajustadas e na ponta da língua".

Linha a linha, os repórteres viam se desconstruir diante de seus olhos o discurso asséptico que a força-tarefa da Lava Jato vendia em público. Seria uma bomba. Mas os arquivos ofereciam muito mais, e eles tinham uma série de decisões a tomar.

A primeira questão era pragmática. Como manteriam o ritmo de publicações do site enquanto investigavam o que prometia ser um dos maiores furos da história da imprensa brasileira? Com uma equipe pequena, de 20 pessoas na redação, teriam de concentrar esforços.

"Vamos ter que fazer *task force*, desligar o site", concluiu Demori, usando a expressão em inglês para força-tarefa.

Juntos, Demori e Santi começaram a discutir um plano de ação. Optaram por redistribuir o trabalho. Tudo o que não fosse Vaza Jato ficaria com apenas uma pessoa — a editora do Intercept em São Paulo, Tatiana Dias —, enquanto a prioridade da equipe no Rio seria a Vaza Jato.

O ponto mais controverso era como justificar essas mudanças para a equipe. Santi queria contar o que estavam fazendo para todo mundo, para que todos se sentissem integrados no processo. Demori discordava, temendo vazamentos.

"Não é que eu desconfie da galera," argumentou. "Mas vai que de repente alguém tá num bar com um colega, comenta, e alguém pesca?".

"Mas aí, a equipe vai ficar bolada, vamos ficar trabalhando num negócio que ninguém sabe?", Santi ponderava. "E como isso vai funcionar na prática?". Como boa parte da equipe estaria envolvida na cobertura, parecia difícil manter o segredo.

Os dois ficaram discutindo prós e contras até chegarem a um meio termo. Decidiram convocar uma reunião com toda a equipe.

No encontro, anunciaram que estavam trabalhando em algo "importante e sensível" e que no momento oportuno todos iriam saber do que se tratava. Anteciparam que, em função do trabalho, todos precisariam redobrar os protocolos de segurança — que vinham sendo articulados por Fishman com o escritório do Intercept em Nova York.

O assistente-administrativo, André Souza, ficaria encarregado do treinamento da equipe. Ele já estava em contato com o time americano para aprender os processos de criptografia. Deflagraram, então, uma campanha interna para garantir que as orientações da empresa estavam realmente sendo seguidas. Todos deveriam trocar suas senhas, mudar suas configurações e usar autenticação de dois fatores para todas as suas contas em redes sociais. Para se conectar à internet, usariam VPN (*Virtual Private Network*), uma rede privada virtual que oferece ferramentas adicionais de criptografia e navegação sigilosa.

Também foram alertados para o risco de busca e apreensão na redação quando a reportagem secreta fosse publicada. Teriam de fazer backups dos computadores e guardá-los em HDs externos criptografados fora da redação, para poderem continuar trabalhando caso os computadores fossem recolhidos. Exigiram ainda que todo mundo apagasse conversas antigas com fontes e qualquer informação que pudesse revelar suas identidades ou ser distorcida contra o Intercept.

A preocupação com a segurança era tanta, e incluía tantos diferentes cenários de risco, que virou até piada na redação. Nascia ali a "Editoria de Paranoia".

5 DE JUNHO DE 2019

> "Precisamos saber se a Globo tem algum veto contra o Intercept" ✓✓

AS PRÓXIMAS DECISÕES EDITORIAIS seriam mais complicadas. Qual seria o momento certo de publicar os arquivos? E como?

Ansioso, Greenwald queria soltar o material o quanto antes. Lembrava que no Caso Snowden tinha sido assim. Horas depois da primeira entrevista em Hong Kong com o ex-técnico da CIA, já havia escrito uma reportagem para o jornal The Guardian, que seria publicada dois dias depois.

Um dos receios era que @BrazilBaronil tivesse passado o arquivo para outros veículos. Ou que cansasse de esperar e decidisse soltar tudo na internet. Se publicassem imediatamente os primeiros achados, Greenwald argumentava, poderiam garantir o furo jornalístico, atrair a atenção da mídia e ainda surpreender as autoridades. O jornalista também temia pela sua segurança:

"Estou recebendo isso na minha casa, se a PF fizer operação, é lá que eles vão bater".

Os colegas da redação insistiam que era preciso mais tempo para a apuração. Teriam de seguir investigando para identificar todos os envolvidos nos chats. Como muitos participantes eram listados apenas pelo primeiro nome, era necessária uma minuciosa pesquisa para confirmar quem eram e onde atuavam. Essa seria a parte mais trabalhosa.

Também tinham consciência de que, pela pequena estrutura do site, não conseguiriam esgotar a vastidão dos arquivos sozinhos. Greenwald lembrou que havia feito parcerias com outros veículos para explorar a vasta extensão de documentos vazados por Snowden, em 2013.

Fazia sentido repetir a tática. Queriam que o material tivesse impacto, e sabiam que a repercussão seria maior se eles se aliassem aos maiores líderes de audiência. Ao mesmo tempo, acreditavam que ter mais parceiros era uma forma de proteger o Intercept do contra-ataque dos investigados.

A primeira ideia foi oferecer a parceria ao Fantástico, da Rede Globo. A jornalista Sônia Bridi havia feito a cobertura do Caso Snowden, e Greenwald disse que iria procurá-la para oferecer o material. Demori sugeriu que também procurassem a Folha de S. Paulo. Assim, teriam dois dos maiores veículos, em TV e impresso, para garantir a melhor distribuição.

A relutância em prestigiar o Fantástico com exclusividade tinha um motivo adicional.

"A Globo nunca fez nenhuma referência ao Intercept", queixava-se Demori. "Eles deram um monte de coisa do Caso Marielle chupando nosso material, sem citar a gente".

Nos corredores do Intercept, a especulação era de que aquilo não era um mero esquecimento. Desconfiavam que a emissora tivesse um veto ao Intercept. A origem seria um artigo que o marido de Greenwald, David Miranda, havia publicado em 2016 no jornal britânico The Guardian. Com o título de *The real reason Dilma Rousseff's enemies want her impeached* [A verdadeira razão pela qual os inimigos de Dilma querem o impeachment], o artigo sugeria que a emissora alimentava um "golpe das elites" contra a petista. À época, as acusações foram respondidas pelo presidente do Conselho Editorial das Organizações Globo, João Roberto Marinho. Em nota enviada ao The Guardian, afirmava que Miranda "havia esquecido" de mencionar que a crise política começara com os escândalos de corrupção revelados pela operação Lava Jato. E destacava que a investigação vinha sendo legitimada pela Suprema Corte. "Responsabilizar a imprensa pela atual crise brasileira é repetir o erro ancestral de culpar o mensageiro pela mensagem", escreveu, no texto *Globo's duty to report on the Brazilian crisis* [O dever da Globo de cobrir a crise brasileira]. De acordo com Greenwald, o que mais enfurecera Marinho teria sido a tréplica publicada pelo Intercept, pouco antes da criação do site no

Brasil. Elevando o tom das críticas, Miranda afirmou no texto que o presidente das Organizações Globo "tentou enganar o mundo" e estaria tentando, de maneira "completamente falsa", "levar os leitores a acreditarem que a Lava Jato é o que está por trás do impeachment de Dilma".

Três anos depois, as mensagens vazadas pelo hacker traziam elementos concretos para questionar a imparcialidade da operação Lava Jato. Eram fatos novos, de interesse jornalístico, e a equipe do Intercept concordou que deveriam procurar a Globo.

Greenwald entrou em contato com Sônia Bridi, que recomendou que falassem com o colega Eduardo Faustini, um dos repórteres investigativos mais respeitados do país.

Numa quarta-feira, 5 de junho, Greenwald foi a uma reunião na emissora. Quase foi barrado na entrada. Despreocupado com a aparência, chegou lá de bermuda e chinelo, e os seguranças não queriam liberar sua entrada, desconfiados.

Na reunião com Faustini, falou que tinha uma grande "bomba a explodir" e que estava certo de que iria interessar ao Fantástico, mas antes de revelar o conteúdo queria ter certeza de que a Globo não tinha algo contra o Intercept. Faustini disse que precisava saber mais detalhes sobre o conteúdo. Que bomba era aquela?

Greenwald temia que, se compartilhasse a história com antecedência, sem formalizar a parceria, a informação pudesse vazar dentro da Globo e chegar ao ex-juiz Sergio Moro. Caso autoridades tivessem conhecimento prévio do assunto, poderiam tentar impedir a publicação do material — como já havia acontecido com outros jornalistas. Um dos precedentes havia sido uma decisão da Justiça do Rio, em novembro de 2018, proibindo a própria TV Globo de divulgar o conteúdo de qualquer parte do inquérito policial do Caso Marielle. Em outro caso, o ministro Alexandre de Moraes, do Supremo Tribunal Federal, havia ordenado a Revista Crusoé a retirar do ar a reportagem *O amigo do amigo de meu pai*, que trazia revelações sobre o ministro Dias Toffoli, presidente do STF. Por considerar a decisão "perigosa" à liberdade de imprensa, o próprio Intercept havia republicado a reportagem na íntegra, em solidariedade.

"Precisamos antes saber se a Globo tem algum veto contra o Intercept", Greenwald insistia.

Faustini respondeu que não tinha conhecimento de qualquer impedimento. Greenwald disse que precisariam ter certeza e solicitou que o repórter levasse o caso às instâncias superiores.

Quando estava saindo da reunião, Greenwald viu pelo celular a notícia do momento. O telefone celular de Moro havia sido hackeado. Surpreso, enviou a @BrazilBaronil o link de uma reportagem da Folha de S. Paulo sobre o caso.

"Viu isso?", perguntou, às 17h38.

Às 18h01, ele respondeu: "Vi agora".

O hacker negaria a autoria em três mensagens intervaladas. Às 18h10, escreveu: "Posso garantir que não fomos nós. Nunca trocamos mensagens, só puxamos". Cinco minutos depois, complementou: "Se fizéssemos isso ia ficar muito na cara".

Segundo a reportagem da Folha, o autor da invasão teria ficado por cerca de seis horas utilizando aplicativos de mensagens de Moro, no dia anterior. O ministro teria, inicialmente, recebido "uma ligação do seu próprio número, o que estranhou. Ele atendeu, mas não havia ninguém do outro lado da linha". Depois disso, Moro teria cancelado a linha e acionado a Polícia Federal.

Às 18h44, sem que Greenwald respondesse, voltou com mais explicações: "Nós não somos hackers newbies [amadores], a notícia não condiz com nosso modo de operar, nós acessamos Telegram com a finalidade de extrair conversas e fazer justiça, trazendo a verdade para o povo".

Greenwald voltou para casa e seguiu trabalhando no material que recebera havia mais de três semanas.

Meses depois, a Polícia Federal concluiria que o mesmo grupo estava, sim, por trás do hackeamento de Moro.

A resposta oficial do Fantástico nunca chegou. Antes que abrissem conversas com a Folha, outros acontecimentos anteciparam os planos de publicação do arquivo.

7 DE JUNHO DE 2019

"Isso pode dar merda" ✓✓

ERA PARA SER UM FINAL DE SEMANA de integração. Colaboradores do Intercept de diferentes regiões do país estavam chegando ao Rio para o TIBpalooza, um evento anual de treinamento, confraternização e alinhamento de trabalho. O nome era uma brincadeira com o Lollapalooza, megafestival de música alternativa que acontece anualmente. Em vez de estrelas do rock, a programação previa três dias de palestras, em 7, 8 e 10 de junho, sexta, sábado e segunda, com convidados do mundo corporativo e jornalístico. O domingo tinha sido deliberadamente deixado de fora para que todos folgassem — permitindo que os visitantes curtissem uma praia. Com uma pegada moderninha, o cartaz interno brincava que o evento seria patrocinado por BelVita, Bis e Heineken — algumas das regalias mais populares entre os itens sempre à disposição dos funcionários na cozinha do Intercept.

O TIBpalooza havia sido programado meses antes da cobertura da Vaza Jato, e os editores cogitaram adiá-lo. Mas a logística já estava toda organizada. Avaliaram que daria para mantê-lo. As primeiras três matérias da Vaza Jato estavam bem encaminhadas. Os advogados já tinham a versão inicial. Pretendiam publicá-las no início da semana seguinte, quando o evento já tivesse terminado.

O planejamento seguia bem até o final da manhã de sábado. No meio de uma palestra sobre texto criativo, com o consultor Adriano Chan, Demori saiu da sala para atender ao telefone.

"Eu não sei se a fonte está falando sério ou se está brincando... mas acho importante você saber que ela está falando um negócio sobre a bolsa", alertou Greenwald, que estava trabalhando em casa.

"Do que tu tá falando?".

Greenwald contou que @BrazilBaronil estava insistindo para saber quando o Intercept publicaria as primeiras reportagens. E que afirmou estar interessado em "investir na bolsa de valores", supostamente para tentar faturar com o impacto da divulgação das mensagens. Pelo estilo zombeteiro da fonte, era difícil saber se aquilo era um plano ou uma piada, mas a hipótese parecia séria para ser ignorada.

"A gente tem que tomar uma atitude", concordou Demori.

O editor executivo chamou Fishman e Santi, que estavam na sala de reuniões com a equipe. A movimentação despertou a atenção do grupo, criando um zum-zum-zum de que algo estava acontecendo. Do lado de fora, os três tentavam decidir o que fazer. Nunca estivera nos planos deles avisar a fonte sobre a data da publicação, mas a nova mensagem acendia um alerta vermelho. Tudo o que eles não precisavam naquele momento era serem acusados de conluio financeiro com o hacker.

"Isso pode dar merda", repetia Demori, tenso.

Santi e Fishman voltaram para a palestra, tentando aparentar normalidade, enquanto Demori entrava em uma teleconferência com Greenwald e os advogados. Ligou a câmera para registrar a discussão, preocupado em ter uma prova que demonstrasse a boa-fé da equipe.

"A gente tem uma solução, mas acho que vocês não vão gostar", disse o advogado Rafael Fagundes. "A ideia é publicar amanhã".

O "amanhã" era 9 de junho. Um domingo, quando as bolsas nacionais e internacionais estariam fechadas. Na hora em que os mercados reabrissem, na segunda-feira, todos no país já teriam a mesma informação, o que eliminaria qualquer possibilidade de favorecimento à fonte.

"Vocês acham que seria possível?", perguntou Fagundes.

Demori já vinha pensando na mesma hipótese.

"A gente não tem outra alternativa," concluíram.

8 DE JUNHO DE 2019

> "Me apague de todas as redes sociais" ✓✓

A DECISÃO DE LANÇAR A SÉRIE no domingo resolvia o problema com a fonte, mas criava outro: as matérias ainda estavam em fases de ajustes. Terminá-las a tempo significaria uma guerra contra o relógio. Um a um, os editores começaram a chamar os colegas envolvidos na cobertura. A folga do domingo estava cancelada.

Na hora do almoço, passaram uma lista pedindo que todos anotassem seus contatos de emergência. Sem explicar o motivo, avisaram aos colegas que teriam de antecipar a publicação importante que vinham preparando. Cerca de metade do grupo, de pouco mais de 20 pessoas, incluindo colunistas e auxiliares, não sabia do que se tratava.

Lembraram que o conteúdo era explosivo e mexia com gente grande. Pediram que todos se preparassem. Esperavam retaliações. Não seria surpresa se sofressem batidas policiais. Alguém poderia ser preso. E mesmo aqueles não diretamente envolvidos na cobertura deveriam se precaver. Temiam que tentassem incriminá-los por vias tortuosas.

"Se há algo que você acha que não seria seguro a polícia encontrar na sua casa, retire de lá", orientou Fishman, lembrando que qualquer deslize poderia vir a ser usado contra eles para forçar a entrega de informações.

As instruções causaram agitação na equipe. Alarmada, uma funcionária pediu à colega de apartamento, que cultivava um pé de maconha em casa, no bairro carioca de Laranjeiras, para que se livrasse dele no final de semana. Já a repórter Bruna de Lara, moradora do bairro do

Flamengo, pensou imediatamente nos diários que escreve desde os 11 anos: "Alguém pode pegar e ler tudo o que escrevi sobre a minha vida?".

"Tecnicamente pode", ouviu.

De Lara tem tatuagens no corpo como *your silence will not protect you* [seu silêncio não vai te proteger] e é conhecida pelo hábito de andar pela redação com meias de pares trocados. Ela costuma escrever sobre gênero, mas na época havia sido designada como "checadora oficial" da Vaza Jato. No início, ficou constrangida com a missão, já que teria de supervisionar o trabalho dos chefes. Aos 23 anos, era então uma das jornalistas mais jovens da redação. Mas os editores tinham sido claros quando a chamaram para conversar.

"No momento em que você está fazendo a checagem, você vai ser a chefe. Você pode virar para qualquer pessoa e dizer: me dá esse documento. Esse é seu trabalho, as pessoas vão ter que responder a isso".

A repórter tinha começado a checagem das matérias dois dias antes do evento e vinha meticulosamente conferindo nomes, datas e cargos para a publicação da Vaza Jato. Ao mesmo tempo, pesarosa, jogava fora as pastinhas onde costumava arquivar suas antigas reportagens. Como parte das orientações da Editoria de Paranoia, todos deveriam se desfazer da maior quantidade possível de informações sensíveis. O mantra era proteger fontes antigas, evitando que seus contatos acabassem expostos caso a polícia batesse lá. Uma fragmentadora de papel ajudaria a eliminar os vestígios na redação.

Depois de perder seus arquivos, de Lara só pensava em salvar os diários. Ao voltar para casa, no sábado à noite, guardou toda a sua coleção de confissões numa mala e mandou mensagens misteriosas para um amigo: "Preciso te ver amanhã às 8h", "Preciso que você chame um Uber pra mim", "Me apague de todas as redes sociais para não ficar registrado".

No dia seguinte, antes de ir para a redação, ela deixaria a mala na casa dele. Sem entrar em detalhes, limitou-se a dizer que era um assunto de trabalho: "Mais tarde você vai entender".

"Habeas corpus"

NO FIM DA TARDE DE SÁBADO, véspera da publicação da Vaza Jato, o advogado Rafael Fagundes avisou para sua mulher que tinha um trabalho *top secret* e seguiu para a casa de Greenwald.

Queria ler todas as conversas do jornalista com o hacker para conferir se havia algo mais com o que deveriam se preocupar. Imaginava que o país seria chacoalhado nas 24 horas seguintes. Precisava estar preparado para todos os cenários.

Ele e o colega Rafael Borges já haviam orientado o jornalista sobre os termos que deveria adotar em sua resposta ao hacker, negando o pedido de avisá-lo com antecedência sobre a publicação. Temiam que @BrazilBaronil se ofendesse ao ser contrariado e cortasse relações com Greenwald, mas sentiram que precisavam blindar o trabalho do jornalista de más interpretações que pudessem comprometê-lo. Por prudência, a resposta seria dividida em duas partes. Ainda no sábado, Greenwald enviaria uma mensagem dizendo que não o avisaria sobre a data da publicação.

A segunda resposta ficaria na manga para ser enviada depois que a reportagem tivesse sido publicada. Como prevenção, queriam reiterar que o Intercept não compartilhava de qualquer interesse financeiro que a fonte pudesse ter — e explicitar os motivos.

"Desde o começo você disse que estava passando esse material por interesses republicanos, que queria expor a corrupção da Lava Jato, e foi com base nisso que aceitamos o material. Nunca toparíamos pagar pelo material, ficamos surpreendidos com seu pedido, e para evitar qualquer dúvida em relação a isso estamos publicando o material...", dizia o rascunho sugerido pelos advogados.

Enquanto Fagundes lia as conversas com o hacker no Telegram de Greenwald, o jornalista seguia trabalhando nos textos que seriam publicados no dia seguinte. Um dos que ainda estavam sob revisão era o editorial — assinado por Greenwald, Demori e pela editora chefe do The Intercept nos Estados Unidos, Betsy Reed — explicando por que estavam publicando os arquivos, e por que haviam decidido não ouvir o outro lado antes da publicação: "Ao contrário do que tem como regra, o Intercept não solicitou comentários de procuradores e outros envolvidos nas reportagens para evitar que eles atuassem para impedir sua publicação e porque os documentos falam por si. Entramos em contato com as partes mencionadas imediatamente após publicarmos as matérias, que atualizaremos com os comentários assim que forem recebidos. [...] Tendo em vista o imenso poder dos envolvidos e o grau de sigilo com que eles operam — até agora —, a transparência é crucial para que o Brasil tenha um entendimento claro do que eles realmente fizeram. A liberdade de imprensa existe para jogar luz sobre aquilo que as figuras mais poderosas de nossa sociedade fazem às sombras", dizia o texto.

Os advogados haviam contribuído com a argumentação central do editorial. Queriam se antecipar à disputa de narrativas que tomaria conta das redes após a publicação, justificando suas decisões editoriais. Sabiam que a reação seria forte — e tentavam se precaver.

A decisão de pôr no ar a reportagem sem ouvir o outro lado havia provocado discussões acaloradas dentro do próprio Intercept. Até a véspera da publicação, o editor adjunto Alexandre de Santi ainda tinha esperanças de encontrar um caminho seguro para respeitar a tradição jornalística de ouvir todos os envolvidos. "Em quanto tempo eles podem conseguir uma liminar?", tentava calcular, junto com os colegas e os advogados.

Por fim, a maioria no grupo se convenceu de que seria um risco grande demais dar chance para que os envolvidos buscassem meios de censurar a publicação antes que entrasse no ar. Preferiram não arriscar. "Foi uma das decisões mais sofridas", recorda Santi.

Enquanto Fagundes repassava as leituras e dava orientações jurídicas a Greenwald, a redação estava reunida no *rooftop* de um hotel descolado próximo das escadarias da Lapa, vizinha ao prédio onde a redação funcionava na época. Era a festa que marcava o final da programação de sábado do TIBpalooza. Havia drinques e música, mas a tensão pré-publicação alterou o clima. Quando um colega postou uma foto do grupo no Instagram, Marianna Araujo, da Comunicação, recomendou que a apagasse.

"Pode acontecer algo grave amanhã", alertou a jornalista nascida em Salvador, com seu cabelo cacheado em corte chanel, rosto redondo emoldurado por óculos retangulares, conhecida pela obstinação no controle de metas de arrecadação. "Não dá pra parecer que estamos comemorando a vitória ou a derrota de alguém".

A orientação foi repassada para todos, para que ninguém postasse nada.

Era quase meia-noite quando o advogado Rafael Fagundes se despediu de Greenwald. Foi embora depois de quase cinco horas de reunião, levando consigo uma cópia dos diálogos do jornalista com o hacker.

"Caso precisasse, se ele fosse preso, eu poderia usar o material numa petição para pedir o *habeas corpus*", precavia-se Fagundes.

9 DE JUNHO DE 2019

"A Santa Ceia do Caos" ✓✓

DEMORI CUSTOU A SAIR DA CAMA no domingo. O corpo estava pesado. Tinha febre, tosse e um diagnóstico: gripe A, causada pelo vírus H1N1. O filho Luca, então com um ano de idade, e a mulher, Anamaria, apresentaram os mesmos sintomas. Todos já estavam tomando Tamiflu havia alguns dias. Demori deveria permanecer em repouso para acelerar a recuperação, mas a recomendação médica era inversamente proporcional às demandas jornalísticas do momento.

A redação estava movimentada quando ele chegou, perto do meio-dia, caminhando como se estivesse em câmera lenta.

Greenwald já estava lá, de bermuda e chinelo de dedos, sorrindo diante da câmera ligada.

"Nossa, que lindo, que lindo!", o americano elogiou quando viu pela primeira vez o trabalho da arte, que apresentava a identidade visual pela qual a Vaza Jato ficaria conhecida, com as caixas de conversa estilizadas.

Na noite anterior, o designer Rodrigo Bento tinha saído mais cedo da festa para se dedicar ao layout. Tinha ficado até as 3h da manhã trabalhando em casa, na Ilha do Governador, para subir as três matérias no site.

Bento, que usa dreads descolados caindo sobre a testa, também participou da criação do nome Vaza Jato, ao lado da responsável pela Comunicação, Marianna Araujo, e do designer João Brizzi. Durante reuniões de *brainstorm*, os três quebraram a cabeça para encontrar um nome que facilitasse o compartilhamento das reportagens nas redes sociais. O nome oficial, *As mensagens secretas da Lava Jato*, era considerado muito longo para os padrões do Twitter. Às vésperas da publicação, eles ainda não estavam convencidos de que a hashtag Vaza Jato colaria. Mas acharam melhor do que um dos primeiros nomes cogitados, *Vaza Tudo*, que acabou descartado pelo receio de que alimentasse piadas de duplo sentido.

"Vamos com esse aí mesmo... Se não pegar, depois a gente muda", sugeriu Demori.

Greenwald estava emocionado, com o mesmo frio na barriga que havia sentido às vésperas da publicação do Caso Snowden. "Vocês vão experimentar uma sensação muito especial, que é a de causar um impacto na sociedade. Não imaginava que isso fosse se repetir para mim", comparava, ao conversar com os colegas da redação.

Para o almoço de domingo, pediram comida japonesa e a engoliram sem parar de trabalhar. No cardápio, além de sushi, havia outro prato de nome sugestivo: lula na chapa. Mas na hora não havia tempo para piadas internas. Ao contrário de outros dias na redação, quando o som dos telefones se fundia com conversas e brincadeiras entre a equipe, era o silêncio que imperava horas antes da publicação. Todo mundo estava concentrado nas leituras. O barulho mais constante era o do teclado dos computadores. Tac-tac-tac. Pequenos grupos checavam informações, em uma roda assimétrica de leitura.

Uma hora antes da publicação, as matérias ainda tinham títulos provisórios. Juntos, olhando para as matérias na tela, os editores decidiram mudar tudo. No *brainstorm* improvisado, resolveram apostar em citações dos diálogos dos próprios envolvidos — o que se tornaria uma marca registrada da série.

Ao ver toda a equipe concentrada atrás dos computadores, o cinegrafista Christian Braga deixou de lado por uns instantes as filmagens e pegou a câmera analógica que tinha levado especialmente para a ocasião. "É a Santa Ceia do Caos", definiria, ao mostrar as fotos do ensaio em preto e branco para Pougy.

João Brizzi estava estava preocupado que todas as modificações de última hora bagunçassem a diagramação, desalinhando os balõezinhos e as caixas de diálogo que havia criado para o especial. "Deixa comigo, deixa comigo", ele insistia, avançando os braços tatuados sobre o teclado de Demori.

"Fica aí, já faz você de uma vez", Demori se levantou, com a adrenalina contida pelo Tamiflu.

A seu lado, Santi supervisionava as edições finais, com uma lista de tarefas e checagens nas mãos. Com funções equivalentes às de um editor adjunto, Santi gerencia todos os processos editoriais da redação. Metódico, só edita textos em fonte Georgia tamanho 14. Acha Arial, a padrão, muito simplória, "sem capricho". Elegeu sua preferida depois de vasculhar todos os tipos de letra do Google Docs em busca de uma que parecesse confortável aos olhos e passasse a impressão de que alguém "se importou com o texto a ponto de escolher uma fonte". Acabou convencendo os repórteres do Intercept a lhe entregarem as reportagens no novo padrão.

"Não escreve aí, copia e cola do original", Santi orientava os colegas, preocupado em reduzir margens de erro.

Pouco antes das 17h, o editor adjunto percebeu que todos os itens da sua extensa lista já haviam sido executados. Olhou para os colegas ao redor, que acompanhavam em pé cada mudança na tela. Todos acenaram com a cabeça. Era isso. Estava tudo pronto.

"Pode publicar".

Greenwald estava sentado numa mesa ao lado, sem tirar os olhos da tela de seu notebook, já preparando os próximos passos: os tuítes para anunciar a reportagem.

Rodeado pelos editores, que se mantinham de pé atrás dele, Brizzi apertou a tecla *publish* no Wordpress. Eram 16h57.

"Eu fui o operador de Chernobyl", orgulha-se o designer, que não apareceu na foto da Santa Ceia do Caos porque acabou escondido atrás do computador.

A Vaza Jato entrava no ar.

Redação do Intercept Brasil momentos antes da publicação das primeiras reportagens da Vaza Jato. Da esquerda para a direita, em pé: Glenn Greenwald, Marianna Araujo, Leandro Demori, Victor Pougy, Rafael Moro Martins, Alexandre de Santi, André Souza. Sentados: Bruna de Lara, Andrew Fishman. FOTO: CHRISTIAN BRAGA

"Fodeu o plantão de todo mundo!"

DE PÉ, NA FRENTE DOS COMPUTADORES, os jornalistas do Intercept se abraçavam como se celebrassem um gol na final do campeonato. Tinham vencido a batalha contra o relógio. Mantendo a tradição, a geladeira da redação estava abastecida de Heinekens. Com long necks em mãos, começaram a brindar o cumprimento da meta, o fim de quatro semanas de trabalho que pareciam meses.

Demori saiu parabenizando e agradecendo aos colegas pelo empenho.

"Será que a cerveja corta o efeito do remédio?", perguntou, quando lhe estenderam uma garrafa. Decidiu beber do mesmo jeito.

Se metade do alívio vinha da sensação de tarefa cumprida, a outra estava no fim do segredo. Aliviados, repórteres e editores saíram compartilhando os links, enfim revelando aos amigos porque andavam tão sumidos ou misteriosos nas últimas semanas.

Rafael Moro Martins ligou para a assessoria da força-tarefa da Lava Jato no Ministério Federal para pedir que se manifestassem. "Eles se embananaram. É a primeira vez que eles se viram acuados pela imprensa. Não sabiam o que era isso. Eram acostumados a ser elogiados", lembra o repórter, que vinha cobrindo a Lava Jato havia mais de três anos.

Enquanto esperavam pelas reações oficiais, os jornalistas começaram a receber mensagens no celular. "Que porra é essa?". Eram colegas jornalistas, numa mistura de excitação e pânico, ao verem a notícia chegando às redações perto do final de expediente de domingo. "Fodeu o plantão de todo mundo!".

Com as long necks em punho, os editores seguiam vidrados na tela grande no centro da redação, na qual os índices de audiência eram exibidos. Os gráficos mostravam uma linha em ascensão inédita.

Marianna Araujo, da Comunicação, já havia disparado o release para quase duzentos jornalistas no Brasil e no exterior. Por serem um site pequeno, temia que a repercussão fosse restrita e se esforçava para potencializá-la. Torcia para que os jornais do dia seguinte dessem, pelo menos, uma nota sobre as reportagens. "Era como acender uma fogueirinha", imaginava, cruzando os dedos.

Entre os editores, a maior apreensão era como a Lava Jato e Moro iriam responder. Diriam que era tudo invenção? Apresentariam alguma contraprova?

A resposta seria não.

Em sua primeira manifestação, Moro respondeu que não se vislumbrava "qualquer anormalidade ou direcionamento da sua atuação enquanto magistrado, apesar de terem sido retiradas de contexto e do sensacionalismo das matérias".

A força-tarefa emitiu três notas naquela noite. Num dos textos, condenou a "ação criminosa de um hacker que praticou os mais graves ataques à atividade do Ministério Público, à vida privada e à segurança de seus integrantes". Em relação à reportagem que apontava manobras para impedir a entrevista de Lula, disse entender que "a prisão em regime fechado restringe a liberdade de comunicação dos presos" e que não se trataria "de uma questão de liberdade de imprensa".

Na tela no centro da redação, apareciam os tuítes relacionados à cobertura. Os números cresciam em ritmo vertiginoso. Greenwald estava sentado bem debaixo da tela, olhando para o seu laptop, onde tudo começou.

As reportagens quebrariam todos os recordes de audiência da história do Intercept, todas ultrapassando mais de um milhão de leitores.

"Do outro lado do furo"

A JORNALISTA E EDITORA CONTRIBUINTE do Intercept Cecília Olliveira estava comendo hambúrguer com batatas fritas na Max Brenner, em Nova York, no fim da tarde de domingo, quando viu saltar na tela de seu celular uma notificação do WhatsApp com o link da Vaza Jato.

"Meu Deus!", ela largou a batata frita.

Quem havia enviado a mensagem era seu marido, Andrew Fishman, *managing editor* do Intercept Brasil. Ela já sabia que a reportagem estava sendo preparada, e sua viagem a Nova York era uma parte estratégica dos bastidores da cobertura. Mas o sigilo em torno da história era tanto que, até aquele momento, Olliveira ainda pensava que a Vaza Jato seria publicada na quarta-feira, conforme o plano original.

Sua passagem havia sido comprada de última hora. Poucas pessoas sabiam que ela estava fora do país naquele dia. Na manhã do dia anterior, Olliveira havia participado normalmente das palestras do TIBpalooza com os colegas. Na hora do almoço, saiu da redação de forma discreta e seguiu direto para o aeroporto.

No bolso interno da mochila preta e cinza que carrega consigo todos os dias, levava uma sacola plástica de mercado com dois HDs e um cartão de memória SD. Sua missão era transportá-los até o escritório do The Intercept nos Estados Unidos, onde os colegas americanos se encarregariam de mantê-los em segurança. Ali estavam gravados todos os arquivos da Vaza Jato, que naquele domingo se transformariam na base de dados mais discutida — e cobiçada — do Brasil, além de duas cópias de todas as filmagens feitas durante as últimas semanas. Os advogados temiam que os vídeos pudessem ser usados contra o Intercept e insistiram para que estivessem bem guardados fora do país.

A missão de Olliveira era tão sigilosa que nem o advogado do The Intercept americano, David Bralow, nem a editora chefe, Betsy Reed, haviam sido informados com antecedência de sua viagem. O receio era de que a mensagem pudesse ser interceptada e que as autoridades brasileiras pudessem tentar prender a jornalista no caminho.

O cinegrafista foi o único a acompanhá-la até o aeroporto, registrando seus passos até o embarque. Ela passou a noite viajando, mantendo a mochila colada aos pés, embaixo do seu assento. Mesmo sem nenhuma câmera no desembarque em Nova York, Olliveira se sentia observada, como se estivesse sendo seguida por holofotes. Carregava a mochila nas costas com a responsabilidade de quem guarda um segredo nacional.

"Naquele momento, eu achava que aquilo mexeria com os pilares das instituições democráticas", lembra, e dá uma risada, pensando no que viria depois. Seu sorriso largo contrasta com a aridez dos temas sobre os quais escreve, como chacinas nas favelas, e luzes douradas iluminam o cabelo crespo de raiz escura, que cai delicadamente sobre o rosto.

Especialista em segurança pública e responsável pela criação da plataforma de dados sobre violência armada Fogo Cruzado, a jornalista faz parte da equipe que fundou o site, ao lado do marido. Os dois se conheceram cinco anos antes da criação do Intercept Brasil. Na época, ela trabalhava na favela da Maré e Fishman havia lhe pedido uma entrevista sobre as Unidades de Polícia Pacificadora (UPP), em seu segundo intercâmbio de estudos no Brasil.

Na mesa do restaurante em Manhattan, seu hambúrguer já estava frio, esquecido no prato depois das primeiras mordidas. Olliveira passou mais de uma hora lá, sentada, com a cabeça abaixada e as duas mãos no celular, acompanhando a repercussão da Vaza Jato nas redes. Lamentava não estar junto dos colegas da redação no maior furo de sua história. Tentava se consolar pensando no motivo da sua ausência.

"Eu tava do outro lado do furo, garantindo que o furo continuasse".

Voltou para o hotel, nos arredores da movimentada *Union Square*, em Manhattan, sem conseguir desligar do celular. Na manhã seguinte, acordaria cedo para cumprir a missão para a qual havia sido designada. Levaria os hard drives com os arquivos da Vaza Jato até a sede do The Intercept, que ficava a dez minutos de caminhada do hotel. Caso autoridades brasileiras apreendessem ou tentassem censurar o material, os colegas em Nova York saberiam como dar continuidade à publicação.

"Foi um sucesso o lançamento!", comemorou Reed, a editora chefe de perfil discreto e cabelos loiros na altura dos ombros que comanda o site americano desde 2015, ao cumprimentar a enviada brasileira. Formada em História e Literatura pela Universidade de Harvard, Reed trabalhava antes como editora executiva na revista The Nation, onde permaneceu por 16 anos.

Reed já imaginava que as revelações causariam um "terremoto na política brasileira", mas o alcance das matérias foi maior do que o esperado. Divulgada três dias depois da publicação, uma pesquisa da empresa Atlas Político mostrou que 73,4% dos brasileiros tinham tomado conhecimento das reportagens do Intercept. A popularidade de Moro também foi abalada, caindo quase 10 pontos percentuais, de 60%, no mês anterior, para 50,4%.

Contudo, Moro seguia o ministro mais popular do governo Bolsonaro — e ainda tinha as forças policiais sob seu comando.

10 DE JUNHO DE 2019

> "Sempre que tocava o interfone, pensava que era a PF"

A DIRETORA DE REDES do Intercept, Juliana Ferreira Gonçalves, levou um susto quando pegou seu celular na manhã daquela segunda-feira. Em suas cinco horas de sono, o WhatsApp do Intercept havia recebido 5 mil novas notificações de mensagens. Outros 15 mil assinantes estavam pedindo para serem incluídos no grupo do Facebook. O número de seguidores do site no Instagram havia triplicado naquela manhã, de 133 mil para 400 mil — numa escalada que seguiria nos próximos dias.

Juliana tinha sido a última pessoa a sair da redação, por volta da meia-noite do domingo. Aos 29 anos, era a responsável por monitorar toda a repercussão nas mídias sociais — de comentários até memes e fake news. Ainda na noite da publicação, a Vaza Jato havia chegado ao topo dos trending topics mundiais no Twitter. Seu trabalho estava recém-começando quando a reportagem entrou no ar.

Ela carregava todas as senhas do Intercept em quatro telefones. Eram três aparelhos funcionais e mais o seu particular. Estava tão amedrontada de que pudessem rastreá-la que deixou de atender ligações pessoais. Quando alguém aparecia para visitá-la, recolhia os celulares dos visitantes e os trancava no banheiro junto com os seus.

Fazia uma semana que ela tinha se mudado da Baixada Fluminense para o Centro do Rio de Janeiro. O apartamento, quase vazio, ainda não tinha nem sequer cama e ela dormia em um colchão inflável. As entregas estavam programadas para aquela semana, mas ela passou a ter medo de abrir a porta.

"Sempre que tocava o interfone, eu pensava que era a PF", lembra Juliana, que usa óculos com armação em um tom marrom mais claro do que sua pele e gosta de usar laços coloridos sobre o cabelo curto de reflexos avermelhados.

Junto com o estresse emocional, veio o físico. Naquela mesma semana, ela teve febre e foi parar na emergência hospitalar. A suspeita era de que estivesse com H1N1, como Demori. Não foi só ela. Outras duas integrantes da equipe foram para a emergência com os mesmos sintomas.

"A Vaza Jato mexeu com a imunidade de todo mundo", lembra.

Na noite anterior, ainda febril, Demori tinha dispensado o convite dos colegas para tomar uma cerveja de domingo no bar da esquina da redação, depois do fechamento. De casa, ficou esperando para ver se o Fantástico repercutiria a notícia. Assistiu a dois blocos do programa. Foi dormir pensando que não dariam nada. Ao despertar naquela segunda-feira, por volta do meio-dia, descobriu que não apenas o Fantástico havia dado a notícia. A Vaza Jato tinha virado manchete de praticamente todos os jornais.

O impacto era maior do que tudo o que tinham imaginado. Na primeira semana, atenderam a pelo menos 40 veículos de imprensa, incluindo canais internacionais, como Al Jazeera e a rádio pública francesa RFI.

A responsável pelo atendimento à imprensa seria Marianna Araujo, mas ela também tombaria de gripe naquela semana. Alérgica a antitérmicos e analgésicos, foi isolada na UTI por 36 horas, enquanto aguardava o resultado dos exames.

Por medo da contaminação generalizada, a redação começou a trabalhar de máscara, enquanto a Vaza Jato seguia repercutindo dentro e fora do país. Ainda na segunda-feira, o New York Times publicou uma reportagem dizendo que as revelações "questionavam a integridade de uma vasta investigação de corrupção que assolou o establishment político do país e se espalhou por grande parte da América Latina" e traziam "forte munição aos críticos de Moro", lembrando que foi por decisão do então juiz que o ex-presidente Lula havia se tornado inelegível na última eleição presidencial, vencida por Bolsonaro.

As suspeitas de H1N1 na equipe acabaram descartadas dias depois, trazendo um alívio temporário. Ao longo de toda a cobertura, os desdobramentos seguiriam testando a saúde do time. Juliana Gonçalves, a diretora de redes, precisou retornar ao médico mais de uma vez. Dividida entre a crescente demanda de trabalho e a pressão psicológica para lidar com o medo de ataques, passou a ter crises de ansiedade recorrentes. Com pressão alta e falta de ar, ouviu que precisaria tirar uma licença do trabalho.

"Agora não tem como", ela descartou.

Nove meses depois da publicação, Juliana ainda tomava tranquilizantes para controlar os sintomas.

16 DE JUNHO DE 2019

> "Agora é a hora do troco" ✓✓

EXATAMENTE UMA SEMANA DEPOIS da publicação da Vaza Jato, veio o primeiro contra-ataque contra o Intercept. Um perfil anônimo criado no Twitter em 16 de junho, sob o nome Pavão Misterioso, prometia desmascarar a cobertura: "Todos sabemos que houve uma operação orquestrada contra o ministro Moro e a estabilidade do nosso governo e agora é a hora do troco".

Como na natureza, o voo do pavão seria curto e espalhafatoso. Divulgando documentos e reproduções de telas de celulares com supostas conversas de Greenwald com aliados, o perfil afirmava que o jornalista havia encomendado espionagem internacional para hackear o ministro Sergio Moro e os procuradores da Lava Jato, num esquema negociado em bitcoins com a participação de empresários russos. O trecho mais ruidoso era a "compra do mandato de Jean Wyllys" para que o marido de Greenwald, David Miranda, que era seu suplente, ficasse com a vaga, ao custo de "700 mil dólares" e mais uma mesada de 10 mil dólares.

O vereador Carlos Bolsonaro, filho do presidente, foi um dos que divulgaram "revelações" do perfil Pavão Misterioso, transformando-as em febre nas redes de apoio ao governo federal.

A farsa seria facilmente desmontada — a começar pelos erros grosseiros na grafia dos supostos documentos apresentados, inclusive em inglês, nas falas atribuídas a Greenwald.

"Se a rede de bolsonaristas for fabricar documentos falsificados em inglês para tentar espalhar falsas acusações contra mim, pelo menos tenha a cortesia de não ser tão preguiçosa a ponto de errar as palavras básicas", escreveu Greenwald em seu Twitter, assinalando o atropelo nas grafias de *transferred* (escrita com um r só no documento), *rubles* ("rublos") e também na pontuação da numeração em inglês, que usa um sistema de vírgulas e pontos invertido se comparado com o português.

Apesar das inconsistências, o Pavão Misterioso continuaria a ser usado para atacar o Intercept na internet. Em uma segunda remessa de mensagens, dias depois, também trouxe prints de conversas que atribuía a outros membros do Intercept, como Demori e a repórter Amanda Audi.

Repórter em Brasília, Audi era citada nas conversas como sendo a "mainha", que "estaria ajudando muito" no esquema. Nascida no interior de São Paulo e formada pela Universidade Federal do Paraná, a jornalista de cabelo curto loiro platinado tinha então 32 anos e achou engraçado o apelido aleatório, que ela nunca usou, baseado em um regionalismo do Nordeste. Foi como "mainha" que muitos usuários do Twitter passariam a conhecê-la, inaugurando uma onda de ataques agressivos e misóginos ao seu perfil.

Audi entrou na cobertura da Vaza Jato na segunda fase, sendo uma das autoras da reportagem que mostrava como o ex-juiz Sergio Moro agiu para poupar o ex-presidente Fernando Henrique Cardoso das investigações. Os diálogos mostravam que, um dia depois de o Jornal Nacional ter veiculado uma reportagem a respeito de suspeitas contra o tucano, em abril de 2017, Moro cobrou explicações a Dallagnol e repreendeu a conduta do MP, que examinava indícios de caixa dois nas campanhas do tucano. "Acho questionável pois melindra o apoio de alguém importante", escreveu Moro.

A reportagem sobre FHC foi publicada dois dias depois da criação do perfil do Pavão, em 18 de junho — dia do aniversário do ex-presidente do PSDB. No Twitter, houve quem especulasse que a escolha da data de publicação fora premeditada. "Mas a gente não sabia antes de publicar, é uma dessas coincidências muito loucas", lembra a repórter.

A cada nova publicação, a audiência do Intercept disparava. No dia em que a reportagem sobre FHC foi publicada, o volume foi tão acima da curva que colegas que monitoravam o tráfego digital no The Intercept em Nova York ligaram para a redação. Suspeitavam que o site pudesse estar sofrendo um ataque de hackers, em uma tentativa de direcionar acessos para derrubá-lo.

Demori e Fishman checaram seus monitores. "É audiência mesmo!".

Apesar das tentativas de desacreditar o Intercept, a cobertura ganharia reforço naquela semana com o início da parceria com outros veículos. No dia 23 de junho, a Folha publicaria a primeira reportagem com base nos arquivos, mostrando como a Lava Jato articulou apoio a Moro diante de tensão com o STF. A entrada do jornal na cobertura tinha sido articulada em uma visita que Demori e Greenwald fizeram ao jornal logo após a publicação das primeiras matérias. Em meio às tratativas, outros interessados menos óbvios bateriam à porta do Intercept.

17 DE JUNHO DE 2019

> "Nós temos que entrar nessa" ✓✓

MAURICIO LIMA LEU AS PRIMEIRAS REPORTAGENS da Vaza Jato pelo celular, na mesa de um restaurante francês dos Jardins.

Então com 46 anos, com cabelo grisalho e barba rala, ele havia assumido o cargo de diretor de redação da Veja semanas antes, em 13 de maio. Aquele era o primeiro final de semana em que sua mulher, Eva, vinha visitá-lo em São Paulo, vinda do Rio.

Assim que seu WhatsApp começou a apitar, ele sentiu que não conseguiria ignorá-lo.

"Tomamos um rombo!", disse para a mulher, impactado pela magnitude daquele furo jornalístico, com uma ponta de frustração de ler isso pela concorrência. "Que merda. Vamos ter que correr atrás".

Ele largou a taça de vinho e o risoto com cogumelos pela metade para ligar para o redator-chefe da Veja, Sergio Ruiz. Juntos, começaram a discutir como poderiam avançar na cobertura. Desde o início, Lima estava convencido de que aqueles diálogos eram verdadeiros. "Nunca duvidei. É assim que os caras falam, a gente conhece", diz o jornalista carioca, que trabalhava na editora Abril havia mais de 20 anos e, antes de assumir a redação da Veja, assinava a coluna Radar.

Na segunda-feira, como de costume, Lima teve uma reunião com o novo dono do grupo Abril, Fábio Carvalho.

"E aí, já tem alguma história para a capa?", Carvalho perguntou.

"Porra, não tem como, essa história aí do Intercept com o Moro é uma pancada. Nós temos que entrar nessa".

"É mesmo, segue o jogo. Vai nessa".

Por mais que a Veja tivesse sido um dos veículos que mais celebraram o trabalho de Moro, estampando-o na primeira página com manchetes como *Ele salvou o ano*, em 2015, a avaliação interna era de que as novas revelações mudavam completamente o cenário. "O Moro até então tinha uma imagem de herói absoluto, que nós mesmos ajudamos a construir, nós e outros veículos de imprensa. Mas naquele momento, com aquelas provas... havia uma ruptura. Se o Moro cruzou a linha, a gente tinha que fazer matéria", explica Lima, lembrando que a missão da imprensa é fiscalizar o poder. "O que a gente defende não são pessoas e partidos, são princípios e valores. A gente é contra a corrupção, a favor da democracia e a favor do respeito máximo ao Estado Democrático de Direito. Nós elogiamos a Lava Jato várias vezes, mas isso não nos coloca em uma posição de defender este e atacar aquele *no matter what*. Não pode ser assim".

Ao planejarem a capa da próxima semana, repercutindo a cobertura do Intercept, a editora de arte da Veja propôs que estampassem uma estátua grega com as feições de Moro "se despedaçando".

Na conversa, o diretor teve a ideia de substituir o verbo no título, com um trocadilho que resumiria em uma palavra o efeito Vaza Jato: "Desmoronando".

O título virou um ícone instantâneo, aumentando a pressão sobre a Lava Jato. Uma parcela do público mais conservador, que antes torcia o nariz para o Intercept, começou a prestar mais atenção nas acusações. "Até a Veja...", surpreendiam-se comentaristas de diferentes matizes ideológicos.

Ainda naquela primeira semana, Lima decidiu procurar o Intercept em busca de uma parceria, mas tinha dúvidas sobre qual seria o melhor caminho para se aproximar. Pediu para colegas das sucursais de Brasília e do Rio começarem os contatos. Dias depois, por meio de David Miranda, enviaram uma mensagem a Greenwald e agendaram uma reunião. Na semana seguinte, o diretor de redação da Veja foi pessoalmente à casa do jornalista no Rio para conversar.

Ao chegar lá, surpreendeu-se com o que descreveu como a "generosidade" de Greenwald em garantir o acesso integral aos arquivos. O jornalista americano avisou que já estavam em conversações com a Folha, mas que estavam dispostos a expandir as colaborações para explorar o arquivo.

"Para quem olhava de fora era até difícil ver essa convergência entre Veja e Intercept", sorri Lima, apertando os olhos atrás dos óculos de grau sem aro. "Mas, nesse caso específico, a gente estava do mesmo lado: do lado do jornalismo e da defesa de determinados princípios. Um juiz não pode fazer o que o Moro fez durante aquele episódio. Ponto. E a gente tinha provas muito significativas ali. É um escândalo, é algo grande, é notícia, é jornalismo. Estamos juntos", resume.

Semanas depois, em 5 de julho de 2019, seria anunciada oficialmente a improvável parceria entre a Veja e o Intercept, com a publicação de uma minuciosa reportagem detalhando como Moro orientava ilegalmente ações da Lava Jato, baseada em diálogos inéditos.

O trabalho começou afinado, mas um deslize nas semanas seguintes serviria como teste de fogo para saber se aquela parceria seria mesmo pra valer.

FINAL DE JUNHO DE 2019

> "Fecha o computador agora e sai daqui" ✓✓

A PARTIR DA PUBLICAÇÃO DA VAZA JATO, o Intercept virou a meca do jornalismo investigativo no país. A cada dia, novos rostos se somavam à cobertura, mantendo a adrenalina e o entra e sai na redação aos pés da movimentada Escadaria Selarón. Enquanto turistas faziam fila para tirar foto com os azulejos coloridos do ponto turístico, repórteres gastavam os olhos diante do arquivo — todos ávidos para encontrar o próximo furo.

Com a expansão das colaborações, jornalistas de sete veículos se integraram nas semanas seguintes à cobertura. Além de Folha e Veja, El País, Agência Pública, Buzzfeed News, UOL e Band News passaram a garimpar os arquivos.

De uma maneira inédita, profissionais concorrentes trabalhavam no arquivo ao mesmo tempo, no mesmo local. "E eu pensava: que legal, estamos fazendo uma coisa que ninguém fez, de um jeito novo", lembra a editora do Intercept Paula Bianchi, gaúcha de olhos verdes, que assinou reportagens com diferentes parceiros.

Os primeiros a chegar foram os colegas da Folha, Flávio Ferreira e Ricardo Balthazar. Ferreira tinha acabado de voltar de Nova York, depois de um ano afastado do país para concluir um mestrado na Universidade de Columbia. Embarcou de volta ao Brasil exatamente no dia da publicação da Vaza Jato, 9 de junho. Ao aterrissar no aeroporto de Guarulhos com a mulher e os dois filhos pequenos, já no dia 10, seu sogro perguntou:

"E aí, já vai voltar a trabalhar?".

"Não, não, só dia 24".

"Não sei, não, hein, estão saindo umas reportagens aí, uns vazamentos...".

A frase se revelaria profética. Dois dias depois, Ferreira receberia um telefonema da redação da Folha. Os editores do jornal haviam sido procurados pelo Intercept e topado a parceria, depois que Greenwald e Demori se reuniram com editores em São Paulo para apresentar a ideia. "A gente quer saber se você poderia antecipar a sua volta...".

Na semana seguinte, Ferreira já estava no Rio. Ele cobriu a Lava Jato desde o início. Em 2016, havia sido o primeiro repórter a revelar que a Odebrecht pagara por uma obra em um sítio ligado a Lula, depois de cinco meses de viagens a Atibaia, entrevistando moradores e comerciantes — uma das raras investigações independentes feitas pela imprensa durante a cobertura da Lava Jato, amplamente baseada em vazamentos feitos pela própria força-tarefa. Agora, ele estava curioso para conhecer as entranhas da operação.

Assim como os repórteres do Intercept haviam feito, os recém-chegados começaram pesquisando seus próprios nomes nos arquivos. A primeira menção que Ferreira encontrou foi uma mensagem em que o procurador Athayde Ribeiro Costa alertava os colegas sobre um plantão noturno que ele fazia na portaria da força-tarefa. Era a véspera da apresentação da primeira denúncia criminal contra o ex-presidente Lula, em 13 de setembro de 2016. "Flavio da folha na porta da ft", escreveu Costa, às 22h28.

"O hacker não poderia ter inventado que eu estava de plantão naquela noite lá na porta da força-tarefa", pasmou-se Ferreira.

Seu colega, Balthazar, também encontrou mensagens reveladoras, que o convenceram da veracidade dos arquivos. Em setembro de 2018, ele havia feito um pedido trivial à assessoria de comunicação da força--tarefa em Curitiba, sobre um processo disciplinar que examinava a conduta de Dallagnol. Ele queria ler a íntegra da defesa apresentada pelo procurador, já divulgada parcialmente à imprensa. O pedido não foi atendido, sob a justificativa de que o processo corria em sigilo e Dallagnol estava "em férias e inacessível". Pelos arquivos, ele descobriu o verdadeiro motivo da recusa, ao ler a conversa que a precedeu.

"Sera que passamos?", perguntou Dallagnol num dos grupos em que conversava com assessores no Telegram, ao ser informado do pedido de Balthazar. "Talvez seja bom antes passar pra quem está mais alinhado com a LJ", completou o procurador, usando a abreviação para Lava Jato.

Meses depois, Balthazar citaria o trecho em uma reportagem publicada na Folha, mostrando como a Lava Jato optou por vazamentos seletivos a jornalistas considerados "aliados" — e punindo os que ousassem criticá-la com restrições a informações. "Para Deltan, era como se os questionamentos da imprensa fossem incompreensíveis, como se repórteres e editorialistas não estivessem cumprindo um papel legítimo ao examinar com independência e olhar crítico as ações da operação. Era como se a imprensa só existisse para ser usada, como Moro havia escrito em seu artigo sobre a Mãos Limpas," escreveu.

Todos os detalhes e datas correspondiam com as mensagens que os próprios repórteres tinham enviado de seus celulares. "Ao examinar o material, a reportagem da Folha não detectou nenhum indício de que ele possa ter sido adulterado", escreveu o jornal, ao detalhar os termos do acordo com o Intercept para seus leitores.

As parcerias tinham regras básicas. A primeira era obedecer às normas internas de segurança — a Editoria de Paranoia valia para todos. Em troca, ganhariam acesso irrestrito ao acervo, desde que o consultassem dentro do Intercept. Ao identificarem o foco para uma matéria, teriam prioridade para explorar o tema, em parceria com repórteres da casa, e poderiam levar pen drives criptografados com o "lote" escolhido. "Quem levantasse a mão primeiro levava", explica Bianchi.

Cada recém-chegado trazia também seu próprio estilo. Graciliano Rocha, editor do Buzzfeed News no Brasil, era um dos mais precavidos. "Não vamos falar aqui, não, vocês têm que pensar que pode ter uma escuta na redação", cochichou para Bianchi, levando-a até a escada para trocarem ideias quando estavam trabalhando em uma parceria.

Já as colegas do El País presentearam a redação com uma planta espada-de-São-Jorge. Pelo sim, pelo não, acharam melhor proteger o ambiente contra maus-olhados. Outro parceiro, mais cético, que pediu para não ser identificado, trocava de hotel todos os dias no período em que esteve trabalhando com o Intercept no Rio, temendo ser alvo de escutas da Abin.

Dentro da redação tudo seguia bem. Pelo menos até o final de junho, quando um desentendimento ameaçou uma das parcerias.

O atrito começou quando um colega da Veja foi flagrado desrespeitando uma das normas de segurança. Ele estava acessando a internet do computador que armazenava os arquivos da Vaza Jato — o que era proibido para evitar qualquer risco de vazamentos ou invasão digital.

"Ó, pessoal, só lembrando que vocês não podem usar...", Demori o advertiu. Antes que terminasse a frase, o repórter o interrompeu e começou a discutir.

"Tá, tá, meu, não precisa explicar de novo. Ninguém é criança aqui!".

"A gente fala isso todos os dias para os nossos jornalistas, não acho que não posso falar pra você".

O repórter continuou argumentando, subindo o tom de voz. Demori perdeu a paciência.

"Fecha o computador agora e sai daqui," o expulsou.

Assim que o repórter foi embora, Demori enviou um WhatsApp para o diretor de redação da Veja. O clima estava tenso, e Demori temia que o episódio afetasse a parceria entre eles. Mas a conversa foi amistosa. "Regra não se discute, a casa é de vocês. Se fosse o inverso, eu faria a mesma coisa", concordou Mauricio Lima.

A parceria continuou. Seguiriam no mesmo barco, dispostos a enfrentar tormentas mais fortes em nome do jornalismo.

25 DE JUNHO DE 2019

> "Desafio o Glenn a tocar o áudio aqui agora!" ✓✓

NAQUELA TARDE, Greenwald chegou de terno preto e gravata listrada de cinza e marinho para uma audiência na Câmara dos Deputados. A casa estava cheia para ouvi-lo naquela terça-feira, com deputados da Comissão de Direitos Humanos e Minorias.

"O jornalismo mais importante das últimas décadas foi baseado em informações e documentos muitas vezes roubados", destacou em sua fala inicial, citando outros casos em que informação vazada fez história, como os *Pentagon Papers*, o documento ultrassecreto do governo dos Estados Unidos vazado para o New York Times, que revelou que o governo estava mentindo sobre a Guerra do Vietnã.

Não era a primeira vez que ele dava explicações ao Congresso. Em 2013, após a revelação do Caso Snowden, ele havia sido convidado pelo Senado para falar sobre seu trabalho, diante das revelações de que o governo americano havia espionado autoridades brasileiras, incluindo a então presidente Dilma Rousseff e a Petrobras.

"Ninguém disse naquela época: você está errado porque está publicando documentos roubados", observou Greenwald aos deputados, lembrando que ganhou um prêmio Esso de Jornalismo pelo trabalho, publicado em parceria com o jornal O Globo. "Todo mundo no Brasil estava olhando aquela reportagem como alguma coisa importante".

Dessa vez, a recepção foi menos amistosa. O Intercept seguia recebendo críticas de deputados governistas por ter publicado "materiais roubados", e a presença de Greenwald era a oportunidade que esperavam para trazer o confronto para o centro do debate. Num dos momentos da discussão, a deputada Carla Zambelli (PSL) qualificou de "estupidez" a cobertura da Vaza Jato.

"Onde estão os áudios que você tem? Que provas são essas?", confrontou-o da bancada na sua vez de perguntar, subindo o tom de voz a cada indagação. "Desafio o Glenn a tocar o áudio aqui agora!", gritou ao microfone, balançando o braço direito coberto por uma camisa preta com bolinhas brancas, apontando o dedo indicador na direção de Greenwald.

Em sua resposta, ele disse que os materiais seriam divulgados quando estivessem "jornalisticamente prontos". E devolveu a provocação em tom sarcástico: "Você vai se arrepender muito de ter pedido isso!".

A promessa de Greenwald causaria uma comoção nas redes — e uma alta expectativa que acabaria em frustração em parte dos seguidores. Embora o Intercept tenha publicado reportagens com áudio depois, nenhum seria arrasa-quarteirão como sua fala insinuava. "A maioria dos áudios era trivial, conversas comuns de Whatsapp", constatou Demori, que era contra a ideia de propagandear reportagens antes de analisarem todo o material.

Quem deu o troco antes foi Zambelli. No dia seguinte, ao retuitar o post de um blog bolsonarista com a foto, o CNPJ e o endereço da redação do Intercept, a deputada impulsionaria uma nova onda de ameaças digitais ao site. "Foi ali que começou o inferno", lembra a diretora de redes, Juliana Gonçalves.

Era final da tarde de 26 de junho. Era um dia excepcional porque a maior parte da equipe estava prestes a embarcar naquele mesmo horário para São Paulo, onde participaria de um congresso de jornalismo. O assistente administrativo André Souza, encarregado de gerenciar a segurança digital do Intercept, detectou uma movimentação atípica no Twitter. O post de Zambelli com o endereço da redação tinha viralizado entre as redes bolsonaristas. Souza temeu que o ódio virtual chegasse à porta da redação, que funcionava na sobreloja de um prédio comercial na Lapa. E se grupos bolsonaristas decidissem ir até lá e cercar o prédio? Com a redação vazia, o prédio ficava ainda mais vulnerável. Tenso, Souza ligou para um dos colegas que ainda estavam de plantão.

"Zé, nosso endereço foi publicado nas redes. Sai daí, fecha tudo, leva teu computador", orientou ao colega José Cardoso, do administrativo. Cardoso repassou o recado ao estagiário que estava com ele e saíram imediatamente, em fuga.

O episódio elevou a tensão a um novo nível, como a materialização de um medo abstrato. Se antes eles temiam o risco de uma operação da polícia, agora sentiam que poderiam ser atacados por qualquer um. Depois daquele dia, eles passaram a fechar todas as persianas, temendo estarem sendo vigiados. Nas próximas semanas, o site contrataria uma equipe de segurança para a equipe e começaria a preparar a mudança da redação.

28 DE JUNHO DE 2019

> "Faz tempo que a gente não publica nada" ✓✓

O MINISTRO SERGIO MORO era um dos convidados mais aguardados do 14º Congresso Internacional de Jornalismo Investigativo da Associação Brasileira de Jornalismo Investigativo (Abraji). Como agendado meses antes, ele seria entrevistado ao vivo no evento em São Paulo, em 28 de junho. Jornalistas de todo o país estavam ansiosos para ouvi-lo.

Não conseguiriam.

Dez dias depois da divulgação do vazamento de suas mensagens com procuradores da operação, o ministro cancelou sua participação. Alegou "motivos de agenda".

Moro já tinha falado ao Senado duas semanas antes, num longo depoimento de oito horas, no qual manteve a linha sinuosa de sua defesa: afirmou não se lembrar de todas as mensagens atribuídas a ele, embora insistisse que não via ilegalidades no conteúdo divulgado. "Algumas coisas eu posso ter dito. Algumas coisas me causam estranheza", tergiversou. Também disse que as mensagens poderiam ter sido alteradas — e que na sua opinião o objetivo da divulgação era acabar com as investigações da Lava Jato.

Com a ausência de Moro, a Vaza Jato tomou o seu lugar no palco da Abraji. O auditório do campus Vila Olímpia da Universidade Anhembi Morumbi ficaria lotado para um painel sobre os bastidores da Vaza Jato.

Quase toda a equipe do Intercept estava em São Paulo para o congresso. Naquele momento, eles eram a mais nova sensação do jornalismo nacional. Ter uma credencial ou adesivo do Intercept era o suficiente para atrair olhares, cumprimentos e pedidos de selfie. Eles estavam na vitrine, recebendo todos os holofotes — para o bem e para o mal.

Duas horas antes da apresentação de Demori, o editor Alexandre de Santi assistia à palestra de um jornalista do New York Times sobre o uso político de notícias falsas quando teve a concentração interrompida.

"O Glenn mandou uma matéria que a gente precisa soltar hoje, preciso que tu edite", ouviu, já no corredor, quando saiu para atender à ligação de Demori.

"Mas por que hoje?", Santi estranhou.

Como o Intercept não é um portal de notícias diárias, eles poderiam publicar o material quando quisessem. Não havia qualquer pressão externa. Em meio à adrenalina das últimas semanas, Santi imaginava que aquela viagem, planejada meses antes, seria uma pausa bem-vinda na rotina de toda a equipe. Tinha se inscrito em várias palestras e pensava que era um momento apropriado para desacelerar. Um tempo para refletir sobre jornalismo, longe das pressões do dia a dia.

"Faz tempo que a gente não publica nada," Demori argumentou.

O recado vinha de Greenwald, que estava pressionando a redação para acelerar o ritmo de publicações. Tinham passado dez dias desde a última reportagem.

Na edição daquele dia, a Coluna do Estadão havia publicado uma nota que deixara Greenwald particularmente incomodado. Intitulada *O pior já passou*, o texto reproduzia a visão de "integrantes da inteligência do governo" de que o arsenal do Intercept contra Moro teria se esgotado. Greenwald respondeu com uma série de tuítes no início daquela manhã, em que ele dizia estar "rindo muito". "O desespero aqui é triste. Vamos esperar até o final do dia — hoje — e depois me dizer se o que o @Estadao publicou aqui hoje é verdade ou não. Eu acho que a resposta será bem clara".

Greenwald estava ansioso para dar essa resposta. O texto que tinha acabado de redigir, com base em diálogos encontrados por Demori e Martins dias antes nos arquivos, expunha o desconforto de procuradores com o xadrez político de Moro. Em diferentes grupos, eles discutiam a imparcialidade do então juiz, apontavam violações no sistema acusatório e temiam que a operação Lava Jato perdesse toda credibilidade com a ida de Moro para o governo Bolsonaro.

Em uma troca de mensagens com Demori no dia anterior, Greenwald chegou a cogitar que antecipassem um trecho para a colunista Mônica Bergamo, da Folha de S. Paulo.

"*This article is fucking great!!!!!*", emocionou-se, sem economizar pontos de exclamação.

"Já tem o texto?", perguntou Demori, lembrando que precisariam de um tempo extra para a edição, em meio às atividades do congresso.

O texto havia chegado naquela manhã.

Santi abandonou pela metade a palestra do jornalista americano Adam Ellick e foi para o Starbucks dentro do campus para editar o material, enquanto Demori se preparava para subir ao palco.

"Será que a gente não deveria fazer diferente?"

TRÊS POLTRONAS BRANCAS estavam já preparadas à frente do auditório principal da Abraji. O auditório com capacidade para 410 pessoas estava lotado. Demori sentou-se ao meio, entre os jornalistas Fernando Rodrigues, diretor de redação do Poder360, e André Shalders, repórter da BBC Brasil especializado em política e justiça.

No painel *Vaza Jato: jornalismo de impacto e colaborativo*, o editor executivo do Intercept foi questionado pelos dois colegas sobre as decisões editoriais da cobertura que movimentava o país.

"É correto ou não divulgar em parcelas todo esse material?".

"Se a gente criticava a Lava Jato por divulgar informações a conta-gotas, será que a gente não deveria fazer diferente?".

"Por que não fazer o escrutínio do material por completo e em seguida divulgar... em dez ou 20 dias seguidos?".

"No caso do *Panamá Papers*, foi um ano de trabalho, e o segredo foi mantido. Eram 376 jornalistas e 109 veículos".

"Não vazou nada, e a gente divulgou tudo de uma vez".

De camiseta e tênis pretos, sentado com as pernas cruzadas, Demori defendeu as escolhas do Intercept.

"Você não senta por um ano em cima do material enquanto alguém tá comendo quentinha na cadeia", justificou, sob aplausos do público.

Em sua apresentação, convidou os colegas a uma reflexão sobre a responsabilidade da imprensa ao cobrir a investigação de casos de corrupção. Lembrou como os próprios jornalistas, durante muito tempo, haviam se limitado a repetir o que as autoridades diziam sobre a Lava Jato, sem investigação própria. Como os arquivos da Vaza Jato mostravam, havia muitos capítulos não contados nessa história.

"A gente tem que ser cético, a gente tem que desconfiar de tudo, inclusive de procuradores, de juízes. Eles não estão acima da lei, eles não falam sempre a verdade. Tratou-se durante muito tempo como se aquele fosse o totem da verdade, e isso perdura até hoje", observou.

Ao final da palestra, um burburinho se formou ao redor de Demori, com colegas pedindo entrevistas e selfies. Em meio à aglomeração, um participante de paletó preto começou a questioná-lo de maneira mais incisiva.

"Você não estaria divulgando um produto roubado e passando nota como jornalista, se utilizando do sigilo da fonte, que é uma premissa democrática nossa?", perguntou o colega de bochechas salientes realçadas pela barba cavada, com a testa franzida.

"Cara, vou dar um outro exemplo que é mais fácil de entender. No ano passado, uma fonte mandou para o New York Times uma carta impressa com a declaração de imposto de renda do Donald Trump. O jornal publicou".

"Tudo bem, mas a pergunta não é pra eles, é pra um veículo radicado aqui no Brasil...".

"A lei nos Estados Unidos e no Brasil é a mesma quanto à fonte e à liberdade de imprensa".

"Mesmo sendo um crime?".

"Quem disse que é um crime? O que a gente está fazendo não é crime".

"O crime... é óbvio que é um crime, roubar informações do ministro da Justiça...".

"Mas você sabe se foram roubadas?".

"Divulgar também é crime. É artigo 56 da Constituição", insistiu, de dedo em riste.

"Não, divulgar informações de interesse público não é crime".

"Divulgar informações vazadas é crime".

"Você sabe se foram vazadas, roubadas? Você tem informações de como elas foram obtidas?".

"Divulgar também é crime".

"Você tem informações de como elas foram obtidas?".

Distorcendo preceitos da Constituição quanto à liberdade de imprensa e ao sigilo da fonte, o jornalista continuou acusando o Intercept de ter cometido um crime — ecoando a versão que vinha ganhando espaço entre defensores da Lava Jato nas redes sociais. Gravando a conversa com um celular em punho, ele seguiu confrontando Demori, até que outros participantes intervieram. "Você quer polemizar, *brother*, não dá", interrompeu um deles, sugerindo que o editor executivo do Intercept o ignorasse e respondesse outras questões.

O *brother* acabou indo embora, mas as polêmicas daquele dia estavam apenas começando. O dia terminaria como um dos mais desgastantes da Vaza Jato.

"E cadê o hacker?"

ÀQUELA ALTURA, Santi seguia trabalhando no Starbucks. Preocupado com o sigilo das informações, escolheu uma mesa de costas para uma parede, onde ninguém pudesse ler a sua tela. Depois de duas horas lendo o material enviado por Greenwald, ele já havia percebido que não conseguiria voltar para nenhuma das palestras para as quais havia se inscrito no congresso da Abraji. Além de longa, com 25 mil caracteres, a matéria reunia uma série de diálogos com nomes desconhecidos, o que exigiria tempo extra de checagem.

Identificar todos os participantes dos chats era justamente um dos maiores desafios da cobertura, por dois motivos. O primeiro era a complexidade da apuração. Na maior parte dos arquivos, os membros eram listados apenas com o primeiro nome, e a confirmação da identidade de cada pessoa envolvida exigia um trabalho de pesquisa que às vezes levava dias. O segundo era uma divergência interna sobre esse processo. Enquanto a redação defendia a necessidade de identificar todos os participantes para contextualizar os diálogos, Greenwald era contra a inclusão desses dados, como os sobrenomes e os cargos dos envolvidos, para evitar qualquer interferência nos arquivos originais. Ele também argumentava que, com o processo, a Vaza Jato perdia a velocidade e dava terreno aos defensores de Moro e dos procuradores. Sua preocupação era com a guerra pública em torno dos diálogos. Essa discordância já havia provocado uma série de discussões internas, e a posição da redação havia prevalecido. Mas naquele dia, naquele Starbucks, o desalinho interno viria à tona com proporções inéditas — e desastrosas.

Para facilitar o trabalho de identificação dos participantes, o Intercept tinha criado uma planilha com os nomes já confirmados, seus cargos e as evidências usadas para comprovar a sua identidade. Mas naquele dia a lista era inútil: a reportagem reunia informações de um chat intitulado *BD*, que ainda não havia sido analisado.

À medida que as palestras terminavam, a bancada do Intercept no Starbucks ia crescendo. No final da tarde, aproximadamente seis jornalistas estavam por lá, alguns exibindo laptops com o adesivo do Intercept. O Starbucks se converteu em uma minirredação, e alguns amigos apareciam fazendo piadas.

"E cadê o hacker?", alguém brincou.

"Ah, o hacker não veio hoje," respondeu Demori, entrando no espírito.

Enquanto trabalhavam na edição da reportagem, Rafael Martins desconfiou de que havia algo estranho. Sentado em uma mesa próxima, um cara barbudo olhava firme na direção da mesa onde eles trabalhavam, com o que parecia ser uma mochila em cima da mesa.

"Não é aquele maluco que ficou te pressionando no palco?", Martins alertou Demori. "Parece que tá filmando a gente".

"Pior é que é, vou descobrir quem é esse cara".

Demori se levantou da mesa onde estavam e caminhou até ele, algumas mesas à frente, para cumprimentá-lo. "E aí, beleza?".

O editor executivo puxou conversa perguntando se o colega iria publicar uma matéria baseada nas perguntas que havia feito a ele no final do painel da Abraji. "Fiquei curioso".

O colega barbudo entregou seu cartão, revelando um nome que não seria esquecido: Oswaldo Eustáquio. Demori tirou uns adesivos do Intercept do bolso e aproveitou para tirar onda.

"Ó, pra você colar no seu computador", ironizou, achando que o caso estava encerrado quando o jornalista se levantou e foi embora.

Ao voltar para seu lugar, descobriu que Eustáquio vinha do Paraná e se apresentava como um "jornalista investigativo conservador". Mais do que um mero apoiador do governo Bolsonaro, tinha vínculos formais com o Planalto: sua mulher, Sandra Terena, havia assumido em janeiro de 2019 o cargo de secretária de Políticas de Promoção de Igualdade Racial no Ministério das Mulheres, da Família e dos Direitos Humanos, comandado por Damares Alves.

Tudo indicava que Eustáquio era um correspondente do bolsonarismo no congresso da Abraji. Naquele momento, ninguém deu muita importância. O Intercept tinha questões mais urgentes para se preocupar.

"Chegando ja ja: uma prévia!"

NO INÍCIO DA NOITE, o Starbucks já estava perto de fechar as portas, e o imbróglio de edição continuava. Entre as informações que a equipe tentava verificar estavam o nome completo e o cargo de uma pessoa identificada como "Angelo" num dos chats. Uma das hipóteses era que fosse o procurador Angelo Goulart Villela, que já havia sido mencionado em outras reportagens da Vaza Jato. Santi inseriu a observação no texto, pedindo aos colegas que checassem.

Enquanto a equipe trabalhava nisso, Greenwald fez um print da página previamente diagramada pela equipe de Arte e publicou no Twitter:

"Chegando ja ja: uma prévia! Até mesmo os promotores da Lava Jato sabiam e reclamavam abertamente das contínuas transgressões éticas de Moro e de sua conduta politizada e corrupta como juiz".

Nesse momento, já havia meia dúzia de hashtags nos trending topics se referindo ao Intercept e à Vaza Jato. A repercussão foi instantânea. Mas não da forma esperada. O print trazia justamente aquele sobrenome que a redação ainda estava tentando confirmar, Angelo Goulart Villela. Logo, o erro ficou evidente. Usuários do Twitter demonstraram que, quando os diálogos ocorreram, Villela estava preso, sob acusação de receber dinheiro para repassar informações sigilosas a Joesley Batista, dono do frigorífico JBS. O nome correto, como a checagem do Intercept confirmaria, era Angelo Augusto Costa, procurador do MPF em São José dos Campos.

Greenwald imediatamente deletou o tuíte.

A identificação incorreta feita pela equipe do Intercept deu força às especulações de que o site manipulava as informações, exploradas à exaustão nas redes sociais por críticos da Vaza Jato e uma das preocupações de Greenwald na guerra de narrativas. "O Intercept mexe nos arquivos supostamente roubados da Lava Jato. Isso ficou provado hoje", escreveu o site O Antagonista, em um post com o título *Cara, não confio no Intercept, não* — título que usava o estilo do Intercept, mas trocando uma palavra decisiva na fala transcrita do Angelo, "Cara, não confio no Moro, não".

Aproveitando a maré, o próprio Moro encampou as críticas. Pela primeira vez, foi taxativo ao dizer que as mensagens não eram autênticas, em duas postagens no Twitter: "A matéria do site, se fosse verdadeira, não passaria de supostas fofocas de procuradores, a maioria de fora da Lava Jato. Houve trocas de nomes e datas pelo próprio site que as publicou, como demonstrado por O Antagonista", escreveu no primeiro post. "Isso só reforça que as msgs não são autênticas e que são passíveis de adulteração. O que se tem é um balão vazio, cheio de nada. Até quando a honra e a privacidade de agentes da lei vão ser violadas com o propósito de anular condenações e impedir investigações contra corrupção?", espinafrou.

Com toda a confusão, a matéria acabou entrando no ar quando já passava de 1h da manhã.

Num bar frequentado por jornalistas, tentando relaxar depois das horas de tensão, repórteres do Intercept ouviram um auê: "Saiu, saiu!".

Sem imaginar os motivos para aquela publicação tardia, a galera reunida no bar especulava que o Intercept lançava as reportagens em horários inesperados para aumentar o suspense sobre a cobertura. Mantendo o sigilo profissional, os repórteres do Intercept só ouviam, despistando com sorrisos amarelos e ar de desentendidos. A repórter Bruna de Lara definia a expressão que cansou de repetir: "cara de planta".

Mas dessa vez foi difícil fazer de conta que nada estava acontecendo. O episódio marcaria o fim da "aura mágica" da Vaza Jato, como descreveu um dos envolvidos.

29 DE JUNHO DE 2019

> "Paramos de publicar, então" ✓✓

NO DIA SEGUINTE, a equipe do Intercept fez uma reunião emergencial para discutir o caso. Reuniram-se em um Airbnb no bairro do Brooklyn, uma das regiões nobres de São Paulo. Por quatro horas, lavaram a própria roupa suja, enquanto comiam pizza e tomavam cerveja, sentados em roda numa varanda externa equipada com uma banheira de hidromassagem, em que os filhos de alguns colegas brincavam.

Nas falas, repórteres e editores compartilharam seu descontentamento pela forma como aquele processo havia sido conduzido.

Depois da publicação, a reportagem havia gerado duas correções. A primeira foi publicada às 9h40: "Devido a um erro de digitação, marcamos uma conversa do grupo *BD* como se ele tivesse ocorrido em 1º de novembro de 2019, quando, na verdade, a data era 1º de novembro de 2018. Isso já foi corrigido". A segunda entrou no ar pouco depois, às 10h30: "A primeira versão desse texto indicava que a procuradora Monique Checker atua no Ministério Público Federal em Barueri e Osasco, São Paulo. Na verdade, ela trabalha no Ministério Público Federal de Petrópolis, RJ. Isso já foi corrigido".

Mais difícil de corrigir parecia ser o racha interno. Em mensagens de texto, Greenwald havia ameaçado romper com a redação: "Esse é o último artigo que o TIB vai publicar".

"Paramos de publicar, então!", reagiram os colegas da redação.

30 DE JUNHO DE 2019

> "Urgente — gravamos o Intercept" ✓✓

ANTES DE O FINAL DE SEMANA ACABAR, a redação teria ainda outro incêndio para apagar.

"Urgente — Gravamos o Intercept", publicou no final da tarde de domingo o site República de Curitiba Online, que se apresenta como "O mural digital da direita".

O autor já era então um personagem conhecido: Oswaldo Eustáquio, o jornalista bolsonarista do Paraná. Seu texto dizia que, "sem saber que estava sendo gravado", o "editor chefe" do Intercept Brasil teria admitido que "ao menos uma reportagem comandada por Glenn Greenwald teve seus diálogos adulterados". E acrescentava em tom de revelação: "Na verdade, não apenas os diálogos, mas tudo, segundo ele".

O áudio era uma montagem pouco sofisticada. Misturava vozes de diferentes pessoas para compor a narrativa desejada. Mas era acompanhado de uma foto da equipe trabalhando na bancada do Starbucks em São Paulo e pinçava vozes reais da equipe num dos momentos de tensão durante a fatídica edição da problemática matéria sobre Moro enviada por Greenwald, quando estavam tentando corrigi-la.

Em seu Twitter, Eustáquio se definia como um jornalista investigativo conservador, em busca da verdade, "custe o que custar". Com o vídeo, ele ganharia milhares de seguidores no Twitter e se tornaria um dos novos porta-vozes das redes bolsonaristas. Ganhou fama entre eles como o jornalista que "desmascarou o Intercept".

Para a redação, ficou a lição. Ao verem o vídeo com as falas distorcidas sendo usadas contra o Intercept, deram-se conta do risco de subestimar as armadilhas dos que viam o site como um inimigo público.

"Sentamos inocentemente numa cafeteria pública para editar o material mais explosivo da República. Todo mundo sabia quem a gente era, foi meio idiota", arrepende-se Demori.

Nesse ponto Greenwald concordou, classificando a imprudência como "um grande erro cometido pelo TIB e um dos principais motivos de minha raiva".

O episódio coroou o final de semana desastroso para o Intercept. Todos estavam exaustos, e a perseguição dentro e fora das redes testava a resistência psicológica de uma equipe majoritariamente jovem e pouco acostumada aos holofotes.

Para a produtora de vídeo do Intercept Luiza Drable, então com 28 anos, o peso de todo aquele final de semana em São Paulo bateu na hora de ir embora. Ela seguia sozinha rumo ao aeroporto, de Uber. No caminho, achou que estava sendo seguida e teve uma crise de ansiedade. O ar lhe faltava, o coração pulsava acelerado, ela olhava para os lados sem conseguir distinguir ameaças reais e imaginárias. Em sua casa, em Jacarepaguá, guardava então uma cópia de todos os vídeos com os bastidores da cobertura, e tinha na memória as senhas para acessá-los.

"Sentia uma vontade desesperada de chorar", lembra Drable, que depois levaria a Vaza Jato para sua terapia.

Na volta da viagem, Demori foi à casa de Greenwald para discutir os rumos da cobertura. Foi uma reunião de gritos, palavrões e dedos na cara. O risco era que o Intercept parasse de publicar as reportagens da Vaza Jato.

Os dois advogados do Intercept estavam lá para auxiliar na intermediação da conversa. Quando os ânimos acalmaram, ponderaram que uma separação naquele momento não interessaria a ninguém, mas alimentaria os críticos. Ao longo do dia, outras fontes tinham sido consultadas, como a editora chefe do The Intercept em Nova York, Betsy Reed. Todos recomendavam o caminho do diálogo. Teriam de arrumar uma maneira de fazer aquela união dar certo. Todos concordaram.

Costuraram um acordo para uma nova rotina de trabalho, definindo com mais clareza os processos e o papel de cada um na cobertura. Depois de tantas divergências, potencializadas pelo estresse que se acumulava durante a cobertura, a reunião acalorada entre Greenwald e Demori terminou com tom conciliatório.

"Precisamos brigar com eles, não entre nós", contemporizou o americano.

A cobertura prosseguiu, e o clima interno melhorou depois do acerto de ponteiros entre a equipe. Já a pressão externa não daria trégua.

8 DE JULHO DE 2019

#tictac ✓✓

A REVELAÇÃO DE QUE O MINISTRO DA JUSTIÇA, Sergio Moro, iria tirar uma licença de cinco dias, de 15 a 19 de julho, acendeu o alerta vermelho.

A autorização para o afastamento fora publicada no Diário Oficial da União uma semana antes, em 8 de julho. Como Moro estava no cargo havia menos de seis meses e não teria direito a férias, o afastamento por "motivos pessoais" na esteira das revelações da Vaza Jato alimentou especulações de todos os lados. Notícias publicadas na imprensa sugeriam que a Polícia Federal estava prestes a deflagrar operações de busca aos responsáveis pelo hackeamento dos telefones de Moro e de outras autoridades. A suspeita é que a ausência súbita do ministro fosse parte de uma estratégia para tentar se descolar de eventuais arbitrariedades cometidas pela polícia em represália ao Intercept.

Nas redes sociais, apoiadores do governo vinham espalhando a hashtag #tictac, apostando que seria questão de tempo para que Greenwald e sua equipe fossem presos pela polícia. No Twitter, memes criavam imagens dos jornalistas em fuga. Tic-tac, tic-tac.

Os advogados do Intercept, Rafael Fagundes e Rafael Borges, preferiram não esperar para ver se os rumores eram verdadeiros. Temendo que a redação fosse alvo de uma operação na ausência de Moro, orientaram os jornalistas a sumirem de circulação naqueles dias.

"Qualquer coisa contra vocês é uma ilegalidade, mas é melhor combater uma ilegalidade com vocês soltos do que com vocês presos," explicou Fagundes, com seu tom sereno e didático.

Para convencê-los, observou que não bastava que tivessem razão. Caso um deles fosse preso, ainda que arbitrariamente, a imagem seria usada à exaustão para criminalizá-los perante a opinião pública. "É melhor tomar todas as precauções, porque o Brasil vive um momento esquisito do ponto de vista das instituições", insistiu Fagundes.

Após a conversa com os advogados, vários membros da equipe deixaram suas casas naquela semana. Acharam melhor evitar hotéis, já que a polícia poderia requisitar a lista de hóspedes. Marianna Araujo, da Comunicação, foi para a casa de uma amiga e passou a semana isolada, evitando falar pelo telefone até sobre assuntos pessoais. A repórter Amanda Audi e o editor Rafael Moro Martins alugaram um Airbnb em Brasília. Demori e Fishman alugaram uma casa em Niterói, perto da praia. Foram para lá de táxi, pagando em espécie, para evitar rastros digitais.

Cecília Olliveira, editora contribuinte do Intercept e mulher de Fishman, não quis acompanhá-los. Preferiu ficar em casa com os quatro gatos.

"Se a PF for invadir nossa casa, vão arrombar a porta, e os gatos podem fugir. Prefiro lidar com eles do que deixar meus gatos", raciocinou.

A família de Demori já estava fora do Rio. Temendo pela sua segurança, sua mulher, Anamaria, tinha ido com o filho para a casa de parentes no Rio Grande do Sul, depois de uma sucessão de episódios suspeitos. Em pelo menos três ocasiões, tiveram a impressão de estarem sendo seguidos e filmados. Um dia, enquanto Ana fazia exercícios na praia. Uma segunda vez, quando ela estava na feira com o filho. E, em outra ocasião, quando os três estavam saindo de casa para almoçar e depararam com um mendigo jovem, puxando um carrinho. "Ele tirou uma câmera do carrinho e começou a me filmar", lembra Demori. Após os incidentes, ele passou a andar com seguranças particulares, que o acompanhavam até quando ia surfar às 5h da manhã.

A casa alugada por Demori e Fishman ficava perto da praia. De lá, usavam as redes sociais para se prevenir contra o que imaginavam estar por vir. "Uma parte truculenta e sem escrúpulos das forças de ordem está tramando uma farsa e uma agressão contra a liberdade de imprensa no Brasil", escreveu Demori no Twitter no primeiro dia de licença de Moro. No mesmo dia, ele e Greenwald — que ficou em casa porque a imunidade parlamentar do marido o protegia de uma batida policial

— publicaram um texto no Intercept enaltecendo o próprio trabalho: "#Vazajato: As provas de que os chats são autênticos agora vêm de diversos veículos de comunicação — são definitivas e esmagadoras".

Dias antes, em 5 de julho, a primeira reportagem publicada pela revista Veja após a formalização da parceria com o Intercept revelava ter analisado 649.551 mensagens do acervo. Chegaram à mesma conclusão dos outros veículos participantes da cobertura: "Palavra por palavra, as comunicações examinadas pela equipe são verdadeiras". Até o apresentador da Rede Globo Fausto Silva aparecia nas conversas, citado por Moro em 7 de maio de 2016, quando o procurou para parabenizá-lo e sugerir que adotassem uma linguagem mais simples para se comunicar com o "povão" nas entrevistas. Procurado pela reportagem, Faustão havia confirmado o encontro e o teor da conversa entre ele e Moro.

No texto, Demori e Greenwald lembravam que, até aquele momento, Moro e a força-tarefa da Lava Jato não haviam apresentado "um único indício de adulteração ou inautenticidade nas mensagens". E explicavam o desfecho que temiam: "Apesar da abundância de provas da autenticidade do material, publicadas pelos diferentes veículos, diversas fontes disseram ao Intercept ao longo dos últimos dias que a Polícia Federal, durante o afastamento do ministro Sergio Moro, está considerando realizar essa semana uma operação que teria como alvo um suposto 'hacker', que hipoteticamente seria a fonte do arquivo. Esse suposto hacker seria estimulado a 'confessar' ter enviado o material ao Intercept e o adulterado. Essa tática equivocada fracassará. A razão é simples: as evidências provando a autenticidade do material são tão grandes, e oriundas de tantas fontes de credibilidade conhecida, que nenhuma 'confissão' do tipo seria verossímil".

Demori e Fishman passariam três noites no Airbnb em Niterói. Enquanto seus desafetos cronometravam o tic-tac, Demori e Fishman driblavam a tensão comendo caranguejo. Toc-toc.

Diante dos questionamentos da imprensa sobre a licença de Moro, o porta-voz da presidência, Otávio Rêgo Barros, afirmou que ela serviria para o ministro "reenergizar o corpo" e "prosseguir no combate". Moro foi para os Estados Unidos — e uma investigação da Agência Pública meses depois apontou indícios de que ele teria se reunido com o FBI em Washington.

23 DE JULHO DE 2019

"Ararahacker" ✓✓

A NOTÍCIA TÃO ESPERADA veio à tona uma semana depois, na tarde de 23 de julho: "Polícia Federal prende quatro suspeitos de hackear celulares de Moro e Deltan".

Era uma terça-feira, e os detalhes começaram a chegar pela imprensa. Os agentes tinham cumprido 11 ordens judiciais — sete de busca e apreensão e quatro de prisão temporária, em São Paulo, Araraquara e Ribeirão Preto. Os presos eram três homens e uma mulher. E a Polícia Federal anunciava ter apreendido R$100 mil na residência de um deles — Gustavo Henrique Elias Santos, em Araraquara.

Tenso, Demori imaginou que as informações sobre o dinheiro fizessem parte de um plano para fazer crer que o Intercept tivesse pagado pelos diálogos. No Twitter, resgatou a publicação da semana anterior, sobre uma possível farsa sendo arquitetada contra a imprensa: "Atrasou e chegou hoje, pelo visto. Estamos de olho".

Na sequência, mais detalhes começavam a surgir. Segundo a PF, mil números de telefone haviam sido alvos da ação do grupo, incluindo os do presidente Jair Bolsonaro e da ex-presidente Dilma Rousseff. O dono do dinheiro, Gustavo Santos, que trabalhava como DJ, havia negado envolvimento no hackeamento do telefone, mas disse à PF ter visto as mensagens no aparelho telefônico do amigo Walter Delgatti Neto, também preso.

A informação mais bombástica chegaria três dias depois da prisão. Delgatti teria afirmado ser a fonte do Intercept. Algo que até hoje os jornalistas do Intercept não comentam.

Demori estava no Ceará quando ficou sabendo do depoimento. Tinha tirado quatro dias de folga com a família e estava hospedado no hotel e parque aquático Beach Park — o mesmo em que Dallagnol havia solicitado hospedagem para ele, a mulher e os dois filhos, como condição para dar palestra sobre combate à corrupção na Federação das Indústrias do Ceará, em julho de 2017.

Ligou a TV na Globonews, apreensivo.

O que mais complicava a situação era que ele próprio não sabia se Delgatti era ou não quem havia repassado as mensagens para o Intercept. Demori nunca se encontrou com o hacker. Nem sabia seu nome real. A fonte era até então anônima também para ele.

"Meu medo é de que prendessem qualquer Zé Mané e entubassem, como acontece direto no Rio", recorda.

Pela TV, Demori viu a jornalista Natuza Nery ler o depoimento de Delgatti, apontado como o "líder dos supostos hackers". No depoimento, ele dizia que havia passado a informação para Greenwald de forma anônima e espontânea. Negou ter recebido dinheiro e adulterado o material.

Sentado na cama do hotel, Demori respirou aliviado. A versão parecia coerente.

"Não quero nem saber se são esses caras ou não, pra mim tá bom", comentou com a mulher.

No Rio, Greenwald e Pougy tiveram uma reunião com os advogados. Eles os aconselharam a evitar qualquer contato com a fonte. Melhor nem sequer entrar em contato para perguntar se ela havia sido realmente presa.

Assistindo de longe ao cerco se armar, o diretor de redação da Veja, Mauricio Lima, ofereceu a Greenwald um espaço para que ele desse uma entrevista. Greenwald recusou, mas repassou trechos de suas conversas com o hacker para publicação.

"Era um momento difícil pra Vaza Jato, e ficamos ali do lado porque entendemos que havia uma tentativa de criar uma versão falsa, como se ele tivesse pagado pelas mensagens", lembra Lima. O que mais o surpreendeu foi ver certos veículos de imprensa alimentando as suspeitas em relação ao jornalismo baseado em fontes anônimas e flertando com discursos de criminalização, como se isso não fosse prática comum nas redações. "Temos quinhentos exemplos de todos os veículos do Brasil de que já receberam provas de fontes não oficiais e publicaram. Todos os veículos já fizeram isso, inclusive os que estavam batendo nele de forma muito veemente", estranhou. "O jornalismo vive disso o tempo inteiro".

Meses depois, em novembro, O Antagonista — um dos veículos que se referiam ao Intercept como o site que divulgou "mensagens roubadas de Moro" — publicou uma nota falando que um dos integrantes do grupo de hackers havia relatado à polícia ter escrito uma mensagem a Greenwald avisando que Delgatti havia sido preso. Intrigado, Pougy foi conferir a caixa de mensagens e encontrou um e-mail de "Brasil Baronil" (assim com s, diferentemente do usuário do Telegram, @BrazilBaronil) a Greenwald: "O menino foi preso".

A polícia concluiria depois que quem escreveu a mensagem avisando sobre a prisão de Delgatti teria sido outro integrante do grupo de hackers, Luiz Henrique Molição.

Greenwald até hoje alega não saber quem realmente lhe escrevia. "Noventa por cento das conversas foram por texto, então poderiam ser três, quatro, dez pessoas", raciocina. Embora tenha tido a impressão de ter ouvido sempre a mesma voz nas vezes em que conversaram por telefone, sabe que poderia estar enganado. "Não sou bom em reconhecer sotaques regionais brasileiros". O único motivo que o levou a desconfiar de que falasse com mais de uma pessoa foi a mudança de tom nas mensagens. "No início, ele falava o tempo todo que não queria dinheiro, que era patriota, que queria revelar a corrupção, e de repente começou a falar em lucro e bolsa de valores. Parecia uma pessoa diferente".

No Intercept, a notícia de que os hackers presos eram de Araraquara virou motivo de piadas internas. "É o Ararahacker!", brincava Marianna Araujo.

26 DE JULHO DE 2019

"Talvez ele pegue uma cana no Brasil"

DEPOIS DA PRISÃO DOS HACKERS, o governo emitiu sinais de que iria atrás do Intercept.

No mesmo dia em que as notícias sobre o depoimento de Delgatti vieram à tona, o então ministro Sergio Moro publicou a controversa portaria 666, que facilitava a prisão e a deportação sumária de estrangeiros. O texto tratava "sobre o impedimento de ingresso, a repatriação e a deportação sumária de pessoa perigosa ou que tenha praticado ato contrário aos princípios e objetivos dispostos na Constituição Federal".

A decisão aleatória soava como uma intimidação a Greenwald, que, pelo Twitter, classificou a nova norma como "terrorismo". Juristas reagiram imediatamente, apontando a inconstitucionalidade da portaria. Observavam dois principais problemas: primeiro, que não seria de competência do Ministério da Justiça legislar sobre o tema. Segundo, que a alteração súbita entrava em conflito com a Lei de Migração, aprovada em maio de 2017, durante o governo Michel Temer, após quatro anos de debates.

No dia seguinte, foi a vez de o próprio presidente Jair Bolsonaro subir o tom das ameaças. "Eu teria feito um decreto, porque quem não presta tem que mandar embora", afirmou a repórteres, durante um evento na Vila Militar, no Rio de Janeiro. Embora tenha reconhecido depois que Greenwald não poderia ser enquadrado na nova portaria porque era casado com um brasileiro e tinha adotado filhos brasileiros, sugeriu que ele poderia ser punido de outra maneira. "Talvez pegue uma cana aqui no Brasil, não vai pegar lá fora, não", disse Bolsonaro, que também chamou Greenwald de "malandro" por ter formado família no Brasil, como se fosse uma medida premeditada para evitar deportação.

A fala do presidente alimentou a onda de ataques a Greenwald e ao Intercept nas redes sociais, enquanto jornalistas e juristas reagiam às crescentes ameaças autoritárias e inconstitucionais.

Havia chegado o momento de realmente saber se as instituições brasileiras estavam funcionando.

30 DE JULHO DE 2019

> "Ditadura nunca mais" ✓✓

À MEDIDA QUE TERMINAVA O EXPEDIENTE naquele fim de tarde ameno, os jornalistas do Intercept foram saindo da redação em pequenos grupos. Caminharam sete quadras da Lapa até a sede da Associação Brasileira de Imprensa, um imenso bloco de arquitetura modernista com persianas de concreto na fachada. Em resposta às ameaças de prisão ao jornalista Glenn Greenwald, a ABI percebeu que era preciso ir além das notas de repúdio. Por meio das redes sociais, havia convocado um ato de solidariedade a Greenwald e ao Intercept.

O advogado Pierpaolo Bottini, coordenador do Observatório de Liberdade de Imprensa da Ordem dos Advogados do Brasil e professor livre-docente de Direito Penal da USP, havia sido um dos convidados a compor a mesa — e seria o primeiro a falar. Ele imaginou que o auditório estaria lotado, mas, já na chegada, constatou que a mobilização ganhara outras proporções.

Assim que Bottini avistou o prédio, centenas de pessoas já ocupavam a quadra. A Rua Araújo Porto Alegre havia sido fechada pela polícia, e a agitação lembrava a saída de um estádio de futebol. Era tanta gente que era preciso pedir licença para passar entre a multidão, onde vendedores ambulantes ofereciam espetinho, pipoca e caipirinha. Com cartazes em punho, alguns participantes defendiam o "jornalismo de verdade" e a democracia. Em coro, centenas entoavam bordões críticos ao governo. "Ei, Bolsonaro, vai tomar no cu!", gritavam em frente ao prédio da ABI.

"Fazia muito tempo que não participava de um ato coletivo daquele tamanho, desde o movimento estudantil. Foi bonito de ver", lembra Bottini.

Vozes discordantes também reivindicavam espaço na calçada. Pouco antes do início do ato, um pequeno grupo posicionado no cordão oposto erguia recortes de papelão com os dizeres "Imprensa criminosa!". As reações da maioria foram rápidas e estrondosas, levando os quatro ou cinco dissidentes a se retirar, sob escolta policial. "Fora, fascistas! Fora, fascistas!".

Ao se aproximar da porta de entrada e ver a fila serpenteada diante do elevador, Bottini percebeu que não teria tempo de descobrir onde ela terminava. O ato estava para começar no auditório do nono andar, e ele não queria se atrasar. Telefonou para uma das organizadoras da ABI pedindo orientação.

"Eu até pego a fila, só não quero atrasar", disse a ela, que desceu para recebê-lo.

Juntos, acabaram subindo os nove lances de escadas a pé, assim como outros participantes, para driblar a aglomeração. Chegou sem fôlego, mas conseguiu ser um dos primeiros convidados a entrar no auditório, enquanto Glenn Greenwald ainda terminava uma coletiva de imprensa com jornalistas brasileiros e estrangeiros.

"Todos os jornalistas, inclusive os jornalistas que não amam o jornalismo que eu faço, ou que não amam o The Intercept Brasil, têm a responsabilidade de denunciar as ameaças que Sergio Moro e Jair Bolsonaro estão fazendo, porque se eles podem fazer isso comigo, eles poderão fazer com jornalistas em todas as redações. Assim, a democracia vai acabar. Eu acho que a situação é grave", alertou Greenwald aos colegas.

Greenwald era a principal estrela da noite, seu nome era gritado em coro pelo público dentro e fora do auditório, em bordões que o exaltavam e ao mesmo tempo provocavam os alvos de suas reportagens: "Ih, fodeu, o Glenn apareceu". Camisetas vendidas no saguão reforçavam o clima: "Ninguém solta a mão de NinGlenn".

O número de personalidades que atendeu ao chamado da ABI para defender o jornalismo e a democracia também surpreendeu.

Quando se dirigia para tomar seu lugar à mesa, o editor executivo do Intercept Leandro Demori cruzou com a jurista Carol Proner, que integra a Associação Brasileira de Juristas pela Democracia. Ele havia conhecido Proner semanas antes, durante uma reunião de 40 advogados criminalistas em apoio ao Intercept. Quando virou o corpo para seguir em frente, a jurista de cabelos loiros na altura dos ombros e nariz arrebitado o puxou pelo braço para lembrá-lo de saudar o namorado dela.

"Cumprimenta o Chico?".

Demori deu meia volta sem acreditar. "Caralho, o que o Chico Buarque tá fazendo aqui?", ele exclamou em voz alta na frente do compositor, ainda processando a informação no abraço inesperado.

Chico sorriu, e os dois sentaram lado a lado na mesa que atravessava o palco de ponta a ponta, à frente de um telão branco escorado por cortinas douradas desgastadas pelo tempo.

Chico não era a única celebridade no ato. Outros artistas, como Wagner Moura, Camila Pitanga, Marcelo D2, Fernanda Lima e Paulo Betti, também estavam lá, assim como uma série de políticos de esquerda dispostos a discursar ao microfone.

Os jornalistas do Intercept não faziam a menor ideia de que o ato seria tão badalado. As ameaças do presidente a Greenwald transformaram a Vaza Jato em um novo símbolo. Como observou na abertura do evento o presidente da ABI, Paulo Jerônimo Sousa, não se tratava de apenas mais um veículo de imprensa sendo intimidado. Era a democracia que estava sendo testada naquele momento. E havia chegado a hora de reagir.

"Estamos assistindo, sim, a uma escalada de autoritarismo", reforçou Bottini em sua fala. O apoio da OAB era emblemático não só pela sua tradição na defesa democrática, como a atuação marcante no movimento Diretas Já, mas também porque a entidade havia se convertido no mais recente alvo de Bolsonaro. Na véspera, o presidente havia atacado o presidente da OAB, Felipe Santa Cruz, ao reclamar sobre a atuação da entidade na investigação de Adélio Bispo, autor do atentado a faca de que foi alvo durante a campanha eleitoral: "Por que a OAB impediu que a Polícia Federal entrasse no telefone de um dos caríssimos advogados? Qual a intenção da OAB? Quem é essa OAB? Um dia, se o presidente da OAB quiser saber como é que o pai dele desapareceu no período militar, conto pra ele. Ele não vai querer ouvir a verdade. Conto pra ele", disse

Bolsonaro, em mais um pronunciamento que causou repúdio de organizações da sociedade civil. Fernando Santa Cruz é desaparecido político da ditadura civil-militar desde 1974. Foi preso por agentes do DOI-Codi, no Rio de Janeiro, em fevereiro daquele ano.

"A OAB sobe hoje aqui não só para homenagear o Glenn, mas pra defender o Estado de Direito, a liberdade de expressão", ressaltou Bottini, sob aplausos.

Em seu discurso, o advogado ponderou que Greenwald fez o que "qualquer jornalista sério" deveria fazer: publicar informações relevantes sobre uma das maiores investigações criminais do país, respeitando o direito constitucional de manter o sigilo da fonte.

Bottini — que atuou como advogado em pelo menos oito processos da Lava Jato, incluindo os do presidente da Camargo Corrêa, da Braskem e da esposa de Eduardo Cunha, Claudia Cruz — salientou que a Lava Jato usou sistematicamente o vazamento de informações sobre investigações em andamento como estratégia para afetar a imagem dos investigados e facilitar condenações. E classificou como "hipocrisia" e "dupla moral" a indignação seletiva que os vazamentos divulgados pelo Intercept agora provocavam entre os investigadores que tanto se valeram dos mesmos métodos.

"Deixamos que a imprensa cumpra com seu papel, que efetivamente possa divulgar qualquer informação, seja sobre investigados, seja sobre aqueles que os investigam".

O ato se estendeu por mais de três horas, intercalando discursos inflamados com humor agridoce.

Quando lhe estenderam o microfone, Chico Buarque começou falando da "enxurrada de barbaridades" do governo Bolsonaro: "A gente se pergunta sempre como viemos parar nisso, e é por isso que as revelações das matérias publicadas pelo Intercept são tão importantes. Nada que a gente não pudesse imaginar antes. Mas agora fica explícito para quem quiser ver, aprender, o quanto se armou para eleger esse governo". Ao discorrer sobre algumas das "armações", arrancou risos da plateia com tiradas espirituosas: "Sergio Moro, por exemplo, foi eleito o homem do ano, o homem que faz a diferença. Hoje a gente sabe que tipo de diferença que ele andou fazendo nas sombras".

Na sua vez, Demori convidou toda a equipe do Intercept a se levantar. Pediu aplausos. Lembrou do trabalho de todos, citando nomes de colegas presentes: "Amanda, Alexandre, Tatiana, André, Paula, Ju, Rafa, Bruna, Luiza, Zé... nossos advogados maravilhosos, muito obrigado, muito obrigado".

Enquanto ele falava, alguém gritou da plateia: "Vaza Tudoooo!".

O editor executivo prometeu "mais bombas", mas avisou que, por responsabilidade jornalística, não iriam divulgar informações privadas, atendo-se ao que tivesse interesse público. "Não tem nude de ninguém até onde a gente viu, mas tem informações que não podem ser vazadas", justificou.

Greenwald foi o último a discursar. Foi apresentado ao público pelo marido, o deputado David Miranda. Em tom emocionado, garantiu que não iria embora do país.

"Não vou deixar o país dos meus filhos regredir para a ditadura. Todos nós, juntos, vamos ganhar em defesa da democracia", conclamou.

Greenwald observou que estavam tentando personalizar as reportagens publicadas pelo site em torno de sua figura, atacando-o por ser gay e estrangeiro. Ressaltando que não participou da produção da maioria dos textos publicados pelo Intercept, disse que a equipe não estava recebendo o crédito que merecia. E adotou um tom confidencial ao falar do relacionamento com a equipe.

"Às vezes eles querem me matar, às vezes eu quero matar eles. Isso é normal, trabalhando com paixão. Mas agora eu quero falar com o coração". Olhando para Demori, com quem dividia a mesa, e para os colegas na plateia do auditório, prosseguiu: "Obrigado a todos vocês, vocês são incríveis".

Era a senha da reconciliação, um afago público para reafirmar a disposição de superar os conflitos internos, que não tinham desaparecido, mas agora pareciam um mal menor. Mais do que nunca, era o momento de seguir trabalhando e arregaçar as mangas pelo jornalismo.

Na sequência de agradecimentos, Greenwald reconheceu o trabalho dos parceiros jornalísticos que ajudaram a ampliar o alcance e o impacto da Vaza Jato. "Eu passei cinco anos criticando o trabalho da imprensa.

Tenho certeza de que vocês têm muitas críticas que fizeram no passado — eles também têm autocríticas sobre como não investigaram Sergio Moro e a Lava Jato como deveriam. Mas agora estão fazendo, e isso é muito importante".

A estimativa dos organizadores é de que 3 mil pessoas tenham participado do ato, mil no auditório e 2 mil acompanhando pelos telões instalados no saguão e no lado de fora. O ato terminou com um bordão repetido com vozes emocionadas e punhos levantados pelo público: "Nenhum passo atrás, ditadura nunca mais!".

A polícia ostensiva seguiu acompanhando a movimentação. No dia seguinte, o jornalista Lúcio de Castro, da agência de jornalismo investigativo Sportlight, publicou a informação de que carros da Polícia Reservada, conhecida como P2, seguiram Greenwald na saída do evento. "Os agentes acompanharam e monitoraram a saída do jornalista e, ato contínuo, dirigiram-se ao carro, um Fiat sem identificação da Polícia Militar, placa K**- 3*1* (aqui preservada em respeito à segurança dos agentes públicos da PM) e final de chassi 40*4*. O carro estava estacionado do lado direito da quadra seguinte, na Rua Araújo Porto Alegre esquina com Avenida Rio Branco, e partiu com os quatro agentes após a passagem de Glenn Greenwald".

Oficialmente, a polícia respondeu que estava presente para "resguardar a integridade física dos participantes do evento". Diante da lealdade das polícias estaduais ao presidente Jair Bolsonaro, da histórica ligação de ambos com milícias e do crescente clima de intimidação nacional, aquela vigilância parecia representar qualquer coisa menos um sinal de proteção.

9 DE SETEMBRO DE 2019

> "Ter coragem é contagioso" ✓✓

REINALDO AZEVEDO CHEGOU ATRASADO pela porta dos fundos, atrás da mesa principal. Estava de boina e achou que poderia fazer uma entrada discreta se mantivesse a cabeça baixa, mas logo nos primeiros passos ouviu um zum-zum no ar, como se todos estivessem cochichando: "Olha lá o Reinaldo".

Era início da noite de 9 de setembro de 2019, e os dois andares do auditório da faculdade de Direito da Universidade de São Paulo estavam tomados, com gente sentada até pelos corredores. No palco, jornalistas e juristas se revezavam em defesa da liberdade de imprensa, do jornalismo e da democracia. Seis semanas depois do primeiro ato no Rio, o clamor se espalhava pelo país.

O ato da USP foi organizado por uma série de entidades: Sindicato dos Jornalistas Profissionais do Estado de São Paulo, OAB, Federação Nacional dos Jornalistas, Associação Brasileira de Imprensa e Instituto Vladimir Herzog, além dos centros acadêmicos da USP Lupe Cotrim e Onze de Agosto e do Centro Acadêmico Vladimir Herzog, da Faculdade Cásper Líbero.

Azevedo havia hesitado em participar do evento. Já havia recusado o convite para o ato no Rio de Janeiro, dois meses antes.

"Você tá louco? Vão me vaiar", reagiu, quando Demori o convidou pela primeira vez.

"Acho que não, não posso garantir", disse o editor executivo. "Mas, se vaiarem, eu vou te defender".

Pelo perfil conservador de Azevedo, sua parceria com o Intercept causava estranheza a muita gente. Criador dos termos "petralha" e "esquerdopata", o jornalista havia se notabilizado nas últimas décadas como uma das vozes mais críticas à esquerda. Mas também havia sido um dos primeiros parceiros do Intercept na divulgação da Vaza Jato. Ao vê-lo no canto da sala, Demori enviou a ele uma mensagem pelo WhatsApp: "Tá foda, meu, não sei como vai ser".

Azevedo já estava preparado para escutar vaias, mas torcia para que elas fossem amenizadas por um "Peraí, pessoal, vamos escutar o que ele tem pra dizer".

Ao chamá-lo ao microfone, o jornalista Juca Kfouri o apresentou como "companheiro Reinaldo Azevedo". Azevedo respirou fundo e foi, com seus micro-óculos de aro vermelho e colete escuro aberto por cima da camisa xadrez.

"Algumas pessoas se manifestaram contra minha presença, acho legítimo e, mais do que isso, compreensível", começou, gesticulando com a mão esquerda espalmada no ar. "Mas estou aqui para celebrar o triunfo da divergência, o direito de divergir".

Ele fez uma breve pausa. Esperava o pior, mas ouviu empolgados aplausos.

O próprio Azevedo também havia sido vítima de vazamentos da Lava Jato. Em 2017, pediu demissão da Veja após a divulgação de uma conversa em que ele criticava uma reportagem da própria revista ao comentar as denúncias contra Aécio Neves, em uma ligação telefônica com a irmã do senador, Andrea Neves. Embora Azevedo não fosse investigado e os diálogos não indicassem qualquer crime, sua conversa com a fonte foi incluída em um conjunto de 2.800 áudios disponibilizados pelo Supremo Tribunal Federal no inquérito que provocou o afastamento de Aécio do cargo e a prisão da irmã.

Ciente das especulações de que havia começado a criticar a Lava Jato por causa do episódio, invocou uma testemunha improvável para contestá-las em seu discurso.

"Luiz Inácio Lula da Silva sabe desde quando eu digo que não há provas contra ele", destacou, repetindo um desafio que já havia feito em seu programa de rádio. "Eu quero que peguem a sentença de Moro e me digam em que página está a prova contra Lula. Não vai aparecer, porque nos embargos de declaração o próprio ex-juiz Sergio Moro disse que não há provas".

Mais aplausos.

Dois anos antes da prisão de Lula, em 2016, Azevedo havia escrito em seu blog que a denúncia feita contra ele pelo Ministério Público constrangia os meios jurídicos, pela sua fragilidade. Outro ponto que acendeu o alerta vermelho para o jornalista foi o que ele define como "festival de prisões preventivas" sem o devido amparo pelo Código Penal, interpretado por ele como um excesso para tentar forçar delações premiadas.

A aproximação com o Intercept começou logo após as primeiras reportagens, quando ele telefonou para a redação em busca de mais detalhes sobre o conteúdo publicado. Na conversa com Demori, acabou convidando-o para participar de seu programa de rádio. O editor executivo não apenas aceitou o convite, como levou de presente um furo. A mensagem, enviada por Moro a Dallagnol em 2016, tornaria-se uma das mais conhecidas da Vaza Jato: "*In* Fux *We Trust*" [Em Fux nós confiamos], e expunha a força do lobby lavajatista no Supremo Tribunal Federal.

Além de Azevedo, estiveram presentes no ato outros representantes de veículos parceiros, como Carla Jimenez, editora chefe do El País Brasil, e Natalia Viana, diretora e cofundadora da Agência Pública. Todos compartilhando o mesmo espírito de união por uma causa maior. "Neste momento, não existem mais divisões entre jornalistas independentes e da imprensa tradicional, meios comerciais e meios públicos, jornalistas profissionais e jornalistas comunitários, ativistas. Tem aqueles que estão do lado do jornalismo. Tem aqueles que estão contra o jornalismo", resumiu Viana. "E aqueles que estão contra estão contra a única voz que assusta esse governo".

Juca Kfouri, o mestre de cerimônias, não escondia seu espanto pela própria natureza do evento. Disse que nunca imaginou que, "em pleno século XXI", teriam de voltar a fazer um ato em defesa da liberdade de imprensa, da democracia e do jornalismo, "coisas que eu estava habituado a fazer no período da ditadura".

Mas ali estavam. Num momento em que a história parecia dar marcha a ré, era preciso lembrar que as conquistas democráticas não são dadas, mas construídas cotidianamente. Elogiado tantas vezes por sua coragem, Greenwald, de colete verde escuro sobre camiseta verde clara, observou que "ninguém tem coragem sozinho". "Qualquer pessoa que mostra coragem foi inspirada por outras pessoas que têm coragem. Essa foi uma das lições mais importantes que eu aprendi na minha vida. Ter coragem é contagioso", disse, agradecendo a solidariedade a ele e ao Intercept.

Ao lado de jornalistas experientes, também se alinhavam dezenas de estudantes universitários que viam na cobertura do Intercept uma inspiração para o tipo de jornalismo que queriam seguir. "Hoje, ser jornalista já é revolucionário. Porque não é todo mundo que está dando a cara a tapa", bradou Lorena Alves, presidente do Centro Acadêmico Vladimir Herzog da Cásper Líbero.

No final do evento, muitos desses estudantes aproveitaram para tietar os ídolos jornalísticos do momento. Além de Greenwald e Demori, entre os mais assediados também estava, quem diria, Reinaldo Azevedo. Cercado pelo público, passou mais de uma hora atendendo os novos fãs. Seu batismo de fogo terminaria com mais de 100 pessoas fazendo fila para tirar selfies. Com sua boina xadrez, sorria pensando nas reviravoltas que o jornalismo é capaz de provocar também na vida do repórter.

"Doa a quem doer"

QUASE TODA A REDAÇÃO do Intercept havia ido para São Paulo para o ato de solidariedade ao Intercept na USP, naquele 9 de setembro. Greenwald foi embora assim que o ato terminou, mas a galera mais jovem estava disposta a esticar a noite.

Na saída, dividiram-se espontaneamente em pequenos grupos para apanhar o Uber. Quando se deram conta, Demori estava sozinho. Começaram a fazer piadas de que era perigoso andar com ele, pelo risco de um atentado. No momento de maior pressão, esse era o estilo Intercept de lidar com seus próprios dramas — fazendo piada de si mesmos.

"Que piada horrorosa", riu a assessora de comunicação Marianna Araujo, uma das mais bem-humoradas do time.

No fim das contas, a editora Tatiana Dias e seu novo estagiário, que estava começando no Intercept naquele dia, voluntariaram-se a dividir a corrida com Demori. A piada podia ser ruim, mas o medo era real. Ao longo do caminho, o estagiário se manteve apreensivo no banco ao lado do motorista, reclamando da sua lentidão no trânsito.

"Podem estar seguindo a gente", aflige-se.

A primeira parada da equipe foi em um bar descolado embaixo do Minhocão. Quando o bar fechou, depois do jantar, ninguém queria ir dormir. Seguiram em busca de um novo paradeiro, caminhando pelas redondezas. Depois de três meses lidando com os principais assuntos da República, decidiram aproveitar um dos raros momentos de folga para celebrar.

Como era segunda-feira, não encontraram muitas opções nas redondezas. Acabaram em um risca-faca perto da cracolândia, pedindo músicas em uma *jukebox* antiga. Ali, deram-se ao luxo de extravasar como se fosse sábado. Tomaram todas, dançaram forró e Britney Spears, liberaram na pista de dança daquele pé-sujo a tensão acumulada no corpo e na alma. Por algumas horas, permitiram-se esquecer de Moro, Dallagnol, Bolsonaro, hackers, ameaças, instituições. E de algumas outras coisas. "Ninguém tem memória completa daquela noite", sintetiza Tatiana.

Por volta das 5h da manhã, os colegas botaram Demori num táxi. Em três horas, saía seu voo para Brasília, onde deveria falar, naquela manhã de terça-feira, em uma audiência na comissão de Trabalho, de Administração e Serviço Público da Câmara dos Deputados.

Quando acordaram na manhã seguinte, de ressaca, pensaram que Demori tinha perdido o voo. Ao ligarem na TV Câmara, entretanto, viram que ele estava lá, com o cabelo bem penteado para trás e o novo terno azul-marinho que havia comprado especialmente para a ocasião. Falou por três horas, com a fluência de quem respirava a Vaza Jato. "Eu considero que a própria Lava Jato denunciaria a Lava Jato, em ocasiões como a tentativa de dois procuradores de usarem as esposas como laranjas em empresas de palestras, porque eles próprios não poderiam ser os administradores. O que a Lava Jato diria em ocasiões como essa?", questionou, no início de sua fala, em referência à reportagem feita em parceria com a Folha, que revelou um plano de Dallagnol para lucrar com a fama da Lava Jato. Assinada por Demori, Amanda Audi e Flávio Ferreira, a reportagem publicada em julho teve como base diálogos do Telegram entre o coordenador e o seu colega na força-tarefa da Lava Jato Roberson Pozzobon. Após uma sequência de mensagens em que os dois discutem planos para abrir uma empresa, em dezembro de 2018, Dallagnol propôs que a empresa fosse aberta em nome das esposas dos dois, para evitar críticas e questionamentos legais. Ao discutirem as possíveis suspeitas que o negócio geraria, Roberson, então, comentou, em tom jocoso: "Se chegarem nesse grau de verificação é pq o negócio ficou lucrativo mesmo rsrsrs. Que veeeenham".

Quem prestasse atenção notaria que o rosto de Demori estava levemente avermelhado. Ressaca à parte, era mais um dia normal da Vaza Jato.

Os holofotes continuariam voltados para o Intercept, com cobranças de todos os lados. Os fãs queriam mais — o próximo escândalo, os próximos áudios, o próximo fio de esperança de que as reportagens produzissem um efeito dominó capaz de soltar Lula, derrubar Moro e Dallagnol de seus cargos e transformar o cenário político brasileiro. Os detratores tonificavam seus ataques buscando desqualificar o trabalho do Intercept, acusando-o de participar de uma conspiração jornalística para destruir a Lava Jato, favorecer a esquerda e minar o governo Bolsonaro — como se a força-tarefa que enjaulou Lula e poupou seus rivais fosse um patrimônio de ética tortuosa a ser preservado em nome da luta contra a corrupção de um lado só.

No fim das contas, nenhum dos lados ficaria inteiramente satisfeito, porque jornalismo não é sobre agradar lados.

"O jornalista tem o dever de publicar as informações que recebe e que são de interesse público. Porque a verdade, doa a quem doer, precisa vir à tona", pontuou Demori, seguindo sua apresentação aos deputados naquela terça-feira.

Como todo jornalista aprende cedo, verdades inconvenientes não costumam ser bem-vindas, especialmente entre aqueles que se esforçam para sufocá-las.

As revelações da Vaza Jato tampouco mudaram o país do dia para noite, como lá no início fantasiava @BrazilBaronil.

Mas mudaram a história.

DEPOIS DA VAZA JATO

▬

APÓS 580 DIAS NA PRISÃO em Curitiba, Lula foi libertado em 8 de novembro de 2019. A soltura do ex-presidente foi autorizada após decisão do Supremo Tribunal Federal que derrubou a possibilidade de prisão após condenação em segunda instância, retornando ao entendimento de que um réu só pode cumprir pena depois que esgotarem os recursos na Justiça.

Ao chegar em casa, Lula ligou para Greenwald.

"Foi por causa do seu trabalho que estou livre".

▬

O STF REVIU OUTRAS POSIÇÕES na esteira da Vaza Jato. Uma das principais mudanças foi a garantia de que réus delatados falem por último nos processos. Como regra durante a Lava Jato, o réu delatado fazia suas alegações finais ao mesmo tempo que o delator, contrariando o princípio de ampla defesa.

Com base no novo entendimento, o STF anulou a sentença de Moro que condenou o ex-presidente da Petrobras Aldemir Bendine, em agosto de 2019. Segundo levantamento da própria força-tarefa da Lava Jato, a mudança poderia levar à anulação de 32 sentenças de casos da operação, que envolvem 143 dos 162 condenados.

AO ENCERRAR SUA INVESTIGAÇÃO sobre o caso do hackeamento telefônico de Moro, em dezembro de 2019, a Polícia Federal apontou seis responsáveis pela invasão de dispositivos telefônicos das principais autoridades do país. Concluiu que o objetivo do grupo seria obter informações para fraudes bancárias e que eles haviam invadido os celulares de 176 pessoas (bem menos do que os mil aparelhos estimados inicialmente pela PF) — do presidente Jair Bolsonaro ao humorista Gregório Duvivier.

Entre os crimes atribuídos ao grupo estão formação de organização criminosa e interceptação telefônica. Os indiciados foram Walter Delgatti Neto, Gustavo Sousa, Danilo Marques, Suelen Priscila de Oliveira, Thiago Eliezer Martins e Luiz Henrique Molição.

DURANTE O INQUÉRITO, Manuela D'Ávila prestou um depoimento de nove horas como testemunha à Polícia Federal, em Brasília, e entregou voluntariamente seu celular para a perícia, permitindo que examinassem todos os seus diálogos com o hacker, que confirmaram a sua versão. Ela não foi alvo da investigação.

O JORNALISTA GLENN GREENWALD também não foi investigado pela PF. Isso não impediu que, em janeiro de 2020, o Ministério Público o denunciasse no caso dos hackers, sob acusação de participar de "associação criminosa, interceptação de comunicações e invasão de dispositivo informático".

A aberração jurídica causou perplexidade entre jornalistas e juristas.

■

EM FEVEREIRO DE 2020, o juiz Ricardo Augusto Soares Leite, da 10ª Vara da Justiça Federal em Brasília, rejeitou a denúncia do MPF contra Greenwald, com base em uma liminar de Gilmar Mendes, do STF.

Concedida em agosto de 2019, a liminar proibiu "autoridades públicas e seus órgãos de apuração administrativa ou criminal" de "praticar atos que visem à responsabilização" de Greenwald "pela recepção, obtenção ou transmissão de informações publicadas em veículos de mídia, ante a proteção do sigilo constitucional da fonte jornalística".

■

DEPOIS DE DEFENDER ARDUAMENTE o governo Bolsonaro por um ano e quatro meses, Sergio Moro deixou o cargo de ministro da Justiça em 24 de abril de 2020. Pediu demissão alegando pressões de Bolsonaro para trocas na direção da Polícia Federal. Na mesma noite, o ex-juiz vazou ao Jornal Nacional mensagens de conversas com o presidente Bolsonaro e com a deputada Carla Zambelli (PSL), que tentava intermediar um acordo para que ele ficasse no cargo até ser indicado para o STF: "Prezada, não estou à venda".

Greenwald não perdeu a piada. Disse que ainda considerava a conduta de Moro na Lava Jato "antiética e perigosa", mas que queria "parabenizá-lo pelo método de usar chats privados entre pessoas poderosas para revelar a verdade" e divulgar atos corruptos. "Essa é a coisa certa a fazer", tuitou, parodiando o slogan que Moro estampa no seu perfil, "Faça a coisa certa sempre".

■

DEZ MESES DEPOIS DA VAZA JATO, o reconhecimento de que as mensagens divulgadas pelo Intercept eram realmente autênticas veio de onde menos se esperava.

"A Vaza Jato começou em junho de 2019. Foram vazamentos sistemáticos de conversas de Sergio Moro com membros do MPF", tuitou o presidente Jair Bolsonaro após a saída do ex-aliado do governo. "Buscavam anular processos e acabar com a reputação do ex-juiz. Em julho, PT e PDT pediram a prisão dele. Em setembro, cobravam o STF. Bolsonaro no desfile do dia 7 fez isso", completou.

"Isso" era uma foto que mostrava o presidente Bolsonaro abraçado a Moro, demonstrando seu apoio ao subordinado no momento em que a Vaza Jato expunha sua fragilidade. Na imagem, os dois sorriam alinhados, olhando na mesma direção.

▬

EM 26 DE JUNHO DE 2020, a Polícia Federal prendeu o blogueiro bolsonarista Oswaldo Eustáquio — aquele que gravou e distorceu conversas do Intercept no Starbucks. Investigado em inquérito que apura o financiamento e a organização de atos antidemocráticos para a volta da Ditadura Militar e o fechamento do Congresso Nacional e do Supremo Tribunal Federal, ele foi preso em Campo Grande (MS). O monitoramento feito pela polícia indicou que ele planejava fugir do país. Tic-tac.

▬

A VAZA JATO VAI VIRAR FILME: o Intercept vendeu os direitos autorais das imagens que gravou no início dos trabalhos para o cineasta José Padilha — o mesmo que dirigiu a série da Netflix *O Mecanismo*, inspirada nas narrativas oficiais da Lava Jato. O contrato está sob sigilo. O documentário sobre a Vaza Jato não tem prazo para ser concluído.

DEPOIS DE SEIS ANOS À FRENTE DA LAVA JATO, Deltan Dallagnol pediu demissão do cargo de procurador e coordenador da operação em Curitiba, alegando questões familiares. Até dezembro de 2019, ele tinha sido alvo de 36 reclamações no Conselho Superior do Ministério Público — a maioria protocoladas após a Vaza Jato e arquivadas sob o argumento de que a origem da prova era ilegal. Em 8 de setembro de 2020, o Conselho Nacional do Ministério Público aplicou, enfim, uma pena de censura ao procurador por publicações do servidor para tentar interferir na eleição do presidente do Senado. Dallagnol atacou publicamente o senador Renan Calheiros, então candidato ao posto. Uma reportagem da Vaza Jato havia tratado do tema ainda em 2019.

DESDE A PUBLICAÇÃO DA VAZA JATO, a redação do Intercept cresceu de 20 para 33 colaboradores e mudou de endereço. Por questões de segurança, o site hoje opera em um prédio com vigilância 24 horas na região central do Rio — a redação foi adaptada com a instalação de uma porta blindada. Fotos das janelas ainda são proibidas.

O site, que nasceu moleque e provocador, precisou aprender a assumir responsabilidades de gente grande. No início de março, a redação discutia novos projetos, como um manual de redação.

Até o início de julho de 2020, foram publicadas 105 reportagens da Vaza Jato, em parceria com sete veículos de comunicação.

Semanalmente, repórteres vasculham os arquivos em busca de novos achados jornalísticos.

A seguir, cenas dos próximos capítulos.

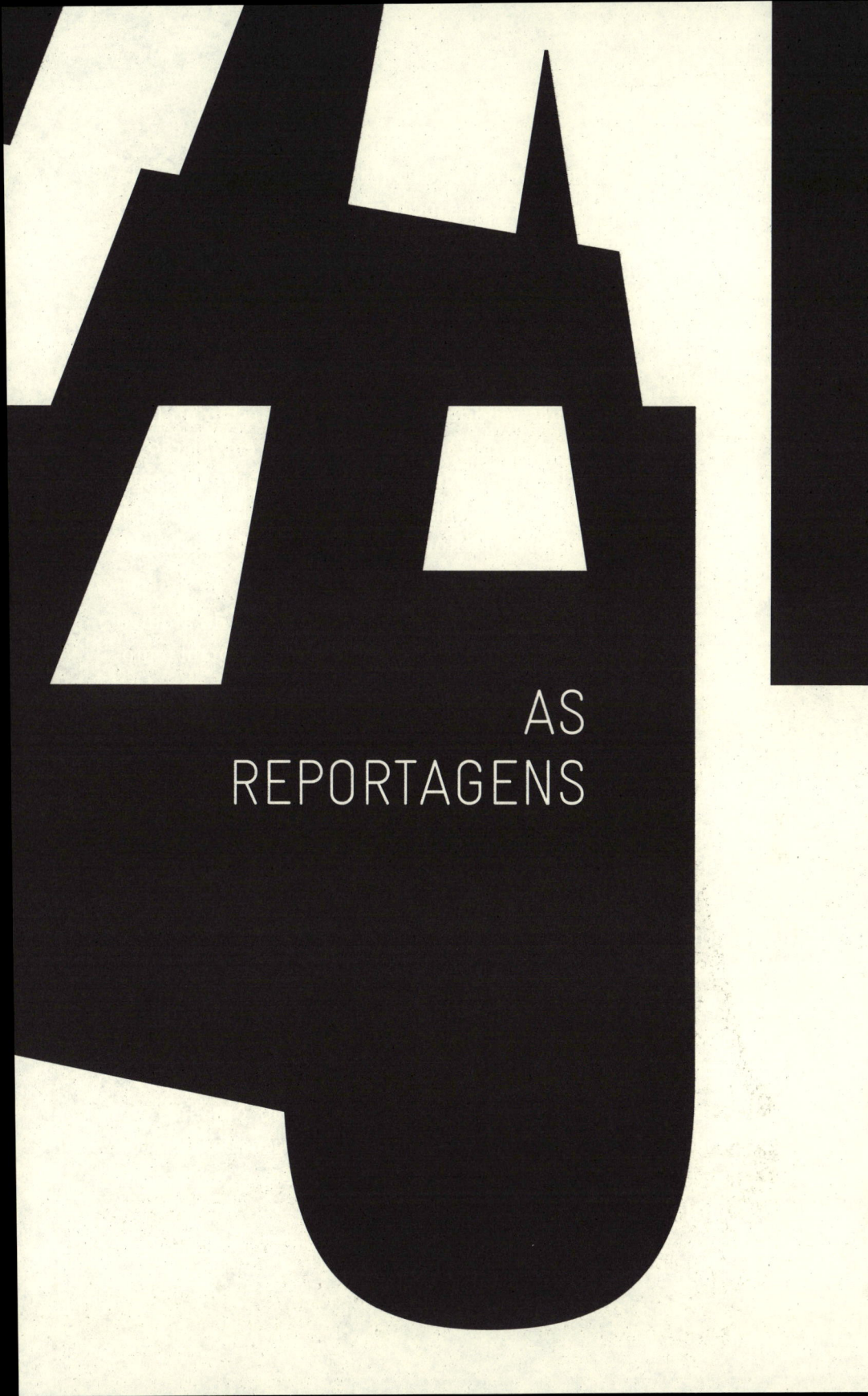

AS
REPORTAGENS

ESTA SEÇÃO REÚNE DEZ MATÉRIAS da Vaza Jato já publicadas pelo Intercept, além de duas reportagens inéditas. Selecionamos também o editorial que abriu a série e um guia que demonstra como o Intercept checa a identidade das pessoas mencionadas nos chats. São muitos os desafios para reproduzir em livro um material já publicado com todos os recursos que a internet disponibiliza. Por isso, é importante considerar que:

- Com exceção das duas reportagens inéditas que estão no final da seção, todas as demais não sofreram alterações em relação ao texto publicado no Intercept. Para esta publicação, apenas reorganizamos as notas explicativas com o objetivo de facilitar a leitura. No início de cada matéria, o leitor encontrará seu link original e a data de publicação.

- As mensagens contidas nas reportagens — retiradas do arquivo entregue ao Intercept sob condição de anonimato — foram reproduzidas com sua grafia original, incluindo erros de português e abreviaturas.

- Assim como nas reportagens publicadas no site, optamos por suprimir nomes e outras informações nos seguintes casos: **1.** Dados privados; **2.** Informações relacionadas a apurações em andamento; **3.** Personagens que não fossem "pessoas de interesse público" — ou seja, agentes públicos e privados com poder de decisão político ou econômico.

- Identificamos os assessores de imprensa da Lava Jato apenas como **ASSESSOR 1** e **ASSESSOR 2** porque: **1.** Não cometeram crime; **2.** Não são pessoas de interesse público. Revelar que esses personagens exerciam funções de assessoria de imprensa é fundamental para a compreensão do contexto das conversas.

- Para não privar o leitor de nenhuma informação, optamos por reproduzir as notas contidas ao longo das reportagens na lateral do texto. Os hiperlinks, por sua vez, estão numerados e organizados ao final de cada matéria.

'MAFIOSOS!!!!!!!!!!!!!!!!!!!!!!'

Exclusivo: Procuradores da Lava Jato tramaram em segredo para impedir entrevista de Lula antes das eleições por medo de que ajudasse a 'eleger o Haddad'.

GLENN GREENWALD • VICTOR POUGY
09 de junho de 2019
https://interc.pt/2K7uu2O

UM EXTENSO LOTE DE ARQUIVOS SECRETOS revela que os procuradores da Lava Jato, que passaram anos insistindo que são apolíticos, tramaram para impedir que o Partido dos Trabalhadores, o PT, ganhasse a eleição presidencial de 2018, bloqueando ou enfraquecendo uma entrevista pré-eleitoral com Lula com o objetivo explícito de afetar o resultado da eleição.

Os arquivos, a que o Intercept teve acesso com exclusividade, contêm, entre outras coisas, mensagens privadas e de grupos da força-tarefa no aplicativo Telegram. Neles, os procuradores da força-tarefa em Curitiba, liderados por Deltan Dallagnol, discutiram formas de inviabilizar uma entrevista do ex-presidente Luiz Inácio Lula da Silva à colunista da Folha de S. Paulo Mônica Bergamo, autorizada pelo ministro do Supremo Tribunal Federal Ricardo Lewandowski, porque, em suas palavras, ela "pode eleger o Haddad" ou permitir a "volta do PT" ao poder.

Os procuradores, que por anos garantiram não ter motivações políticas ou partidárias[1], manifestaram repetidamente nos chats a preocupação de que a entrevista, a ser realizada a menos de duas semanas do primeiro turno das eleições, ajudaria o candidato à Presidência pelo PT, Fernando Haddad. Por isso, articularam estratégias para derrubar a decisão judicial de 28 de setembro de 2018[2], que a liberou — ou, caso ela fosse realizada, para garantir que fosse estruturada de forma a reduzir seu impacto político e, assim, os benefícios eleitorais ao candidato do PT.

Essas discussões ocorreram no mesmo dia em que o STF acatou o pedido de entrevista da Folha de S. Paulo. Conforme noticiado no Consultor Jurídico[3]: "Na decisão, o ministro [Ricardo Lewandowski] citou que o Plenário do STF garantiu 'a 'plena' liberdade de imprensa como categoria jurídica proibitiva de qualquer tipo de censura prévia'".

Os diálogos demonstram que os procuradores não são atores apartidários e apolíticos, mas, sim, parecem motivados por convicções ideológicas e preocupados em evitar o retorno do PT ao poder. As conversas fazem parte de um lote de arquivos secretos enviados ao Intercept por uma fonte anônima há algumas semanas (bem antes da notícia da invasão do celular do ministro Moro, divulgada nesta semana[4], na qual o ministro afirmou que não houve "captação de conteúdo"[5]). O único papel do Intercept foi receber o material da fonte, que nos informou que já havia obtido todas as informações e estava ansiosa para repassá-las a jornalistas. A declaração conjunta dos editores do The Intercept e do Intercept Brasil[6] explica os critérios editoriais usados para publicar esses materiais, incluindo nosso método para trabalhar com a fonte anônima.

'Pode eleger o Haddad'

NAQUELE DIA, a comoção teve início às 10h da manhã, assim que o grupo soube da decisão de Lewandowski. O ministro ressaltou que os argumentos usados para impedir a entrevista de Lula na prisão eram claramente inválidos, uma vez que com frequência entrevistas são "concedidas por condenados por crimes de tráfico, homicídio ou criminosos internacionais, sendo este um argumento inidôneo para fundamentar o indeferimento do pedido de entrevista". Assim, levando em conta que Lula "não [se encontra] em estabelecimento prisional, em que pode existir eventual risco de rebelião" e tampouco "se encontra sob o regime de incomunicabilidade", o ministro decidiu em favor da entrevista.

Um clima de revolta e pânico se espalhou entre os procuradores. Acreditando se tratar de uma conversa privada que jamais seria divulgada, eles deixaram explícitas suas motivações políticas.

A procuradora Laura Tessler logo exclamou: "Que piada!!! Revoltante!!! Lá vai o cara fazer palanque na cadeia. Um verdadeiro circo. E depois de Mônica Bergamo, pela isonomia, devem vir tantos outros jornalistas... e a gente aqui fica só fazendo papel de palhaço com um Supremo desse...".

Uma outra procuradora, Isabel Groba, respondeu com apenas uma palavra e várias exclamações: "Mafiosos!!!!!!!!!!!!!!!!!!!!".

Após uma hora, Tessler deixou explícito o que deixava os procuradores tão preocupados: "sei lá... mas uma coletiva antes do segundo turno pode eleger o Haddad".

Enquanto essas mensagens eram trocadas no grupo dos procuradores da Lava Jato, Dallagnol estava conversando em paralelo com uma amiga e confidente identificada no seu Telegram apenas como 'Carol PGR' (cuja identidade não foi confirmada pelo Intercept). Lamentando a possibilidade de Lula ser entrevistado antes das eleições, os dois estavam expressamente de acordo que o objetivo principal era impedir o retorno do PT à presidência e concordaram que rezariam para que isso não ocorresse.

CAROL PGR – 11:22:08 – Deltannn, meu amigo

CAROL PGR – 11:22:33 – toda solidariedade do mundo à você nesse episódio da Coger, estamos num trem desgovernado e não sei o que nos espera

CAROL PGR – 11:22:44 – a única certeza é que estaremos juntos

CAROL PGR – 11:24:06 – ando muito preocupada com uma possivel volta do PT, mas tenho rezado muito para Deus iluminar nossa população para que um milagre nos salve

DELTAN DALLAGNOL – 13:34:22 – Valeu Carol!

13:34:27 – Reza sim

13:34:32 – Precisamos como país

Não se trata de uma confissão isolada. Toda a discussão, que se estendeu por várias horas, parece mais uma reunião entre estrategistas e operadores anti-PT do que uma conversa entre procuradores supostamente imparciais.

Descartada a possibilidade de impedir a entrevista, eles passaram a debater qual formato traria menos benefícios políticos para Lula: uma entrevista a sós com Mônica Bergamo, ou uma coletiva de imprensa com vários jornalistas. Januário Paludo, por exemplo, propôs as seguintes medidas: "Plano a: tentar recurso no próprio stf, possibilidade Zero. Plano b: abrir para todos fazerem a entrevista no mesmo dia. Vai ser uma zona mas diminui a chance da entrevista ser direcionada".

Outro procurador, Athayde Ribeiro Costa, sugeriu expressamente que a Polícia Federal manobrasse para que a entrevista fosse feita depois das eleições, já que não havia indicação explícita da data em que ela deveria ocorrer. Dessa forma, seria possível evitar a entrevista sem descumprir a decisão.

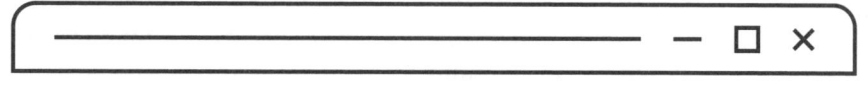

ATHAYDE COSTA – 12:02:22 – N tem data. So a pf agendar pra dps das eleicoes. Estara cumprindo a decisão

12:03:00 – E se forcarem antes, desnuda ainda mais o carater eleitoreiro

Uma coletiva de imprensa, além de diluir o foco da entrevista, ainda traria a vantagem de possivelmente inviabilizá-la operacionalmente, como pontuou o procurador Júlio Noronha horas depois. Ele também sugeriu abrir a entrevista a outros presos para reduzir a repercussão:

JULIO NORONHA – 17:43:37 – Como o Lewa já autorizou, acho que só há dois cenários: a) A entrevista só para a FSP, possivelmente com o "circo armado e preparado"; b) tentar ampliar para outros, para o "ciro" ser menor armado e preparado, com a chance de, com a possível confusão, não acontecer.

(Quando a entrevista foi finalmente autorizada, em abril passado, a Polícia Federal, agora sob o comando do ministro da Justiça de Jair Bolsonaro, Sergio Moro, o ex-juiz que havia condenado Lula à prisão, tentou transformá-la numa coletiva de imprensa. Um pedido do El País acatado por Lewandowski finalmente pôs o plano por terra[7]).

Em nenhum trecho da conversa, Dallagnol, que participou de forma ativa das discussões, ou qualquer outro procurador, indicou desconforto com as motivações políticas explícitas das estratégias da acusação. Mais do que isso, esse grupo de Telegram, ativo por meses, sugere que esse tipo de cálculo político era rotineiro nas decisões da força-tarefa.

Em um momento, um dos procuradores citou um artigo publicado no site O Antagonista[8], informando que a procuradora-geral da República, Raquel Dodge, não pretendia recorrer da decisão autorizando a entrevista. Os procuradores especularam imediatamente sobre as causas da escolha de Dodge:

JERUSA VIECILLI – 15:54:27 –
[...]
ATHAYDE COSTA – 17:15:32 – Ela ja ta pensando é na indicacao ao STF caso Hadadd ganhe
17:16:01 – Absurdo
LAURA TESSLER – 17:16:03 – que palhaçada...adora jogar pra platéia... quer ganhar o apoio da imprensa ao nome dela

Parte das discussões tratava também de vazar uma eventual petição para veículos de imprensa.

PAULO GALVÃO – 20:09:30 – Passaram a petição da entrevista pro antagonista?
20:09:51 – Vcs querem passar p globo?

Os procuradores da força-tarefa estavam tão alarmados com a possibilidade de uma entrevista de Lula levar o PT à vitória que compartilharam um artigo irônico d'O Antagonista[9]. Publicado naquele dia, o texto sugeria que, num eventual governo Haddad, "Lula sai da cadeia e os procuradores da Lava Jato entram no lugar dele".

Os receios dos procuradores, porém, foram logo acalmados. Às 22h49 do mesmo dia, o procurador Júlio Noronha compartilhou mais uma reportagem d'O Antagonista[10], dessa vez com uma boa notícia: "Partido Novo Recorre ao STF Contra Entrevista de Lula". Uma hora depois, o clima era de comemoração. O ministro do STF Luiz Fux concedeu uma liminar contra a entrevista, atendendo ao pedido do Partido Novo. Na decisão, o ministro diz que "se faz necessária a relativização excepcional da liberdade de imprensa". Januário Paludo foi taxativo: "Devemos agradecer à nossa PGR: Partido Novo!!!".

Os procuradores não demonstraram preocupação com o fato de um ministro do STF ter poder para suspender a liberdade de imprensa — ou de que um partido que se diz liberal entrou com um pedido nesse sentido. Pelo contrário, os procuradores comemoraram a proibição.

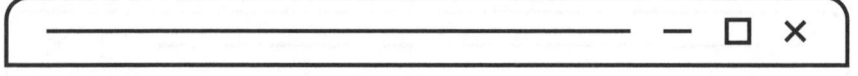

JANUÁRIO PALUDO – 23:41:02 – Eu fiquei sabendo agora... 😄😄😄
DELTAN – 23:41:32 – Rsrsrs
ATHAYDE COSTA – 23:42:02 – O clima no stf deve ta otimo
JANUÁRIO PALUDO – 23:42:11 – vai ser uma guerra de liminares...

Por anos, a Lava Jato foi acusada de operar com motivações políticas, partidárias e ideológicas, e não jurídicas. A força-tarefa vem negando isso de forma veemente. Agora que suas conversas estão se tornando públicas, a população terá a oportunidade de decidir por si mesma. As discussões do dia 28 de setembro trazem indícios significativos de que a força-tarefa não é o grupo apolítico e apartidário de luta anticorrupção que os procuradores e seus aliados na mídia tentam pintar.

Ao contrário do que tem como regra, o Intercept não solicitou comentários de procuradores e outros envolvidos nas reportagens, para evitar que eles atuassem para impedir sua publicação e porque os documentos falam por si. Entramos em contato com as partes mencionadas imediatamente após publicarmos as matérias, que atualizaremos com os comentários assim que forem recebidos.

ATUALIZAÇÃO | A força-tarefa da Lava Jato no Ministério Público Federal emitiu três notas[11] após a publicação da reportagem. Nelas, dedicou especial atenção à "ação criminosa de um hacker que praticou os mais graves ataques à atividade do Ministério Público, à vida privada e à segurança de seus integrantes" e disse que "entende que a prisão em regime fechado restringe a liberdade de comunicação dos presos, como já manifestado em autos de execução penal, o que não se trata de uma questão de liberdade de imprensa". "O entendimento vale para todos os que se encontrem nessa condição, independentemente de quem sejam".

Também em nota[12], o ministro Sergio Moro disse que "não se vislumbra qualquer anormalidade ou direcionamento da atuação enquanto magistrado, apesar de terem sido retiradas de contexto e do sensacionalismo das matérias". O Intercept refuta a acusação de sensacionalismo e informa que trabalhou com rigor para que todas as conversas fossem reproduzidas dentro do contexto adequado.

LINKS

1. https://twitter.com/deltanmd/status/1121418365296435200
2. http://www.stf.jus.br/portal/cms/verNoticiaDetalhe.asp?idConteudo=391098
3. https://www.conjur.com.br/2018-set-28/lewandowski-autoriza-lula-dar-entrevistas-prisao
4. https://oglobo.globo.com/brasil/hacker-invade-celular-de-moro-pf-acionada-para-investigar-caso-23720160
5. https://g1.globo.com/sc/santa-catarina/noticia/2019/06/07/nao-houve-captacao-do-conteudo-diz-moro-sobre-celular-que-sofreu-tentativa-de-invasao.ghtml
6. https://theintercept.com/2019/06/09/editorial-chats-telegram-lava-jato-moro/
7. https://www1.folha.uol.com.br/poder/2019/04/lewandowski-desautoriza-pf-a-adaptar-decisao-do-stf-sobre-entrevista-de-lula.shtml
8. https://www.oantagonista.com/brasil/assessoria-diz-que-raquel-dodge-nao-vai-recorrer-de-entrevista-lula/
9. https://www.oantagonista.com/brasil/lula-sai-da-cadeia-dallagnol-entra/
10. https://www.oantagonista.com/brasil/partido-novo-recorre-ao-stf-contra-entrevista-de-lula/
11. http://www.mpf.mp.br/pr/sala-de-imprensa/noticias-pr/forca-tarefa-informa-a-ocorrencia-de-ataque-criminoso-a-lava-jato
12. https://www.justica.gov.br/news/collective-nitf-content-1560283132.27

'ATÉ AGORA TENHO RECEIO'

Exclusivo: Deltan Dallagnol duvidava das provas contra Lula e de propina da Petrobras horas antes da denúncia do triplex.

RAFAEL MORO MARTINS • LEANDRO DEMORI • GLENN GREENWALD
09 de junho de 2019
https://interc.pt/2Wz38ZG

FALTAVAM APENAS QUATRO DIAS para que a denúncia que levaria o ex-presidente Luiz Inácio Lula da Silva à prisão fosse apresentada, mas o coordenador da força-tarefa da Lava Jato em Curitiba tinha dúvidas sobre a solidez da história que contaria ao juiz Sergio Moro. A apreensão de Deltan Dallagnol, que, junto com outros 13 procuradores, revirava a vida do ex-presidente havia quase um ano, não se devia a uma questão banal. Ele estava inseguro justamente sobre o ponto central da acusação que seria assinada por ele e seus colegas: que Lula havia recebido de presente um apartamento triplex na praia do Guarujá após favorecer a empreiteira OAS em contratos com a Petrobras.

As conversas fazem parte de um lote de arquivos secretos enviados ao Intercept por uma fonte anônima há algumas semanas (bem antes da notícia da invasão do celular do ministro Moro, divulgada nesta semana[1], na qual o ministro afirmou que não houve "captação de conteúdo"[2]). O único papel do Intercept foi receber o material da fonte, que nos informou que já havia obtido todas as informações e estava ansiosa para repassá-las a jornalistas. A declaração conjunta dos editores do The Intercept e do Intercept Brasil[3] explica os critérios editoriais usados para publicar esses materiais, incluindo nosso método para trabalhar com a fonte anônima.

No dia 9 de setembro de 2016, precisamente às 21h36 daquela sexta-feira, Deltan Dallagnol enviou uma mensagem a um grupo batizado de *Incendiários ROJ*, formado pelos procuradores que trabalhavam no caso.

Ele digitou: "Falarão que estamos acusando com base em notícia de jornal e indícios frágeis... então é um item que é bom que esteja bem amarrado. Fora esse item, até agora tenho receio da ligação entre petrobras e o enriquecimento, e depois que me falaram to com receio da história do apto... São pontos em que temos que ter as respostas ajustadas e na ponta da língua".

As matérias de jornais a que o procurador se referiu são as dezenas citadas na peça de acusação. Dallagnol fazia sua última leitura da denúncia e debatia o texto com o grupo, analisando ponto a ponto cada item que seria oferecido à 13ª Vara de Curitiba, onde Sergio Moro atuava como juiz.

Naquele dia, ninguém respondeu à dúvida de Dallagnol: se o apartamento triplex poderia ser apontado como propina para Lula nos casos de corrupção na Petrobras. O documento seria anunciado ao público, com direito a um hoje famoso PowerPoint[4], dali a poucos dias.

Sem essa ligação, o caso não poderia ser tocado em Curitiba, onde apenas ações relacionadas à empresa eram objeto de investigação. A ligação do apartamento com a corrupção na petrolífera tinha gerado uma guerra jurídica nos primeiros meses daquele 2016. De um lado, o Ministério Público do Estado de São Paulo. Do outro, a força-tarefa de Curitiba.

Caso o caso ficasse em São Paulo, não seria julgado por Sergio Moro, o atual ministro da Justiça de Jair Bolsonaro e ex-juiz que ajudou a coordenar a operação quando era o encarregado pela 13ª Vara Federal de Curitiba, como mostram diálogos revelados pelo Intercept.

O MP-SP já investigava o caso Bancoop muito antes de Curitiba. Em uma disputa que envolveu até mesmo o Supremo Tribunal Federal, a Lava Jato tentava tirar o caso das mãos dos paulistas para denunciar e julgar Lula em Curitiba. Para isso, o imóvel de Lula precisaria obrigatoriamente ter relação com a corrupção na Petrobras.

> **BANCOOP**
> Cooperativa que construía o prédio em que Lula tinha comprado apartamento no Guarujá, presidida por um tesoureiro do PT.

Não era o entendimento dos promotores de São Paulo. Em março de 2016, ao recorrerem de uma decisão judicial que jogava o caso nas mãos de Dallagnol, eles disseram[5]: "Em 2009/2010 não se falava de escândalo na Petrobras. Em 2005, quando o casal presidencial, em tese, começou a pagar pela cota-parte do imóvel, não havia qualquer indicação do escândalo do 'petrolão'. Ao contrário, estávamos no período temporal referente ao escândalo do 'mensalão'. Não é possível presumir genericamente e sem conhecer detidamente as investigações que tramitam perante a 13ª Vara Criminal Federal de Curitiba que tudo tenha partido de corrupção na estatal envolvendo desvio de recursos federais".

Mas a Lava Jato venceu e, pouco tempo depois, os procuradores conseguiram tirar o caso de São Paulo alegando que o caso do triplex tinha, sim, envolvimento com a Petrobras. Agora, com a revelação das conversas secretas do grupo da Lava Jato, descobre-se que os procuradores blefaram — eles não tinham certeza dessa relação nem mesmo poucas horas antes de apresentarem a denúncia.

E, assim, o caso parou no colo do aliado Sergio Moro.

'Tesão demais essa matéria. Vou dar um beijo em quem achou'

CERCA DE 24 HORAS DEPOIS, no sábado, 10, quando aparentemente chegou ao item 191 do documento (que teria, em sua redação final, 274 itens), Dallagnol vibrou com o que leu. Ele escreveu, às 22h45: "tesao demais essa matéria do O GLOBO de 2010. Vou dar um beijo em quem de Vcs achou isso". A reportagem à qual ele se referia — *Caso Bancoop: triplex do casal Lula está atrasado*[6] — foi a primeira a tratar do apartamento no Guarujá, muito antes da Lava Jato. Sem mencionar OAS ou Petrobras, ela dizia apenas que a falência da cooperativa que construía o prédio poderia prejudicar o casal Lula.

Seguiu-se, então, uma série de mensagens de Dallagnol a respeito da reportagem:

> **VONTE**
> O procurador certamente quis escrever "fonte".

> **SECOM**
> Secretaria de Comunicação.

> **ASCOM**
> Assessoria de Comunicação.

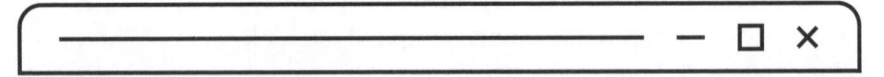

DELTAN DALLAGNOL – 23:05:11 – Sabemos qual a fonte da matéria? Será que não vale perguntar para a repórter, a Tatiana Farah, qual foi a vonte dela?
23:05:29 – Acho que vale. Informalmente e, se ela topar, dá para ouvi-la.
23:05:58 – Pq se ele já era dono em 2010 do triplex... a reportagem é um tesão, mas se convertermos em testemunho pode ser melhor
23:06:08 – Podemos fazer contato via SECOM, topam?
23:06:27 – vou pedir pra ascom o contato

No mesmo minuto, Dallagnol foi a outro chat no Telegram em que além dele estavam apenas os dois assessores de imprensa da operação em Curitiba. "Consegguem pra mim o contato da reporter que fez esta matéria?", ele teclou. "pede celular, *please*... precisamos meio que urgente", insistiu, às 23h55, sem perceber que um dos assessores já enviara o número da jornalista.

Mesmo antes de ter o telefone, no entanto, Dallagnol já parecia aliviado quando retornou ao grupo *Incendiários ROJ*, em que postou às 23h08: "Vcs não têm mais a mesma preocupacção que tinham quanto ao imóvel, certo? Pergunto pq estou achando top e não estou com aquela preocupação. Acho que o slide do apto tem que ser didático tb. Imagino o mesmo do lula, balões ao redor do balão central, ou seja, evidências ao redor da hipótese de que ele era o dono", já sugerindo a ideia para o PowerPoint que apresentaria aos jornalistas dali a alguns dias.

Quando voltou ao grupo com os assessores e viu que o número de telefone havia sido enviado, ele imediatamente encaminhou o contato aos procuradores Roberson Pozzobon e Júlio Noronha, junto com um pedido e algumas orientações:

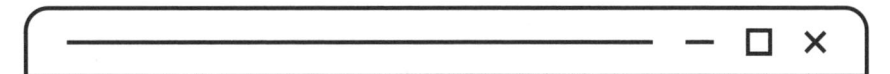

DELTAN DALLAGNOL – 23:56:11 – Vcs ligam pra ela?

23:57:24 – Na ligação tem que ser totalmente respeitoso e deferencial em relação ao sigilo de fonte

23:58:14 – Tem que dizer que viram, queriam parabenizar pela matéria, e que, respeitado o dto de fonte, caso não seja o casso de manter o sigilo, se ela poderia indicar quem foi a fonte, ainda que ap´so eventual conferência ou conversa com as fontes...

Pelo diálogo no grupo *Incendiários ROJ*, não é possível saber se Pozzobon ou Noronha fizeram o que lhes foi pedido. Mas a reportagem seria mencionada ainda outra vez nas conversas privadas, agora a dois dias da entrevista em que a denúncia contra Lula seria apresentada.

No dia seguinte, véspera da denúncia, foi a vez do procurador Januário Paludo se lembrar da matéria d'O Globo num outro chat, intitulado *Filhos do Januario 1*:

"Conversei com a TATIANA FARAH DE MELLO, que fez a reportagem em 2010 sobre o TRIPLEX. Ela realmente confirmou que foi para GUARUJA e lá colheu diversas informações sobre os empreendimentos da BANCOOP. A matéria era para ser sobre a BANCOOP e o calote dado nos mutuários. Em guaruja conversando com funcionários da obra — que ainda estava no esqueleto, é que ela descobriu que o triplex seria do Lula. Ela manteve contato com a Assessoria de comunicação do Palácio do Planalto que confirmou a informação. Toda parte documental, como e-mail e outros dados foram inutilizados quando ela saiu do 'o Globo'. Acho que podemos tomar por termo o depoimento. Marco uma video e pronto", escreveu o procurador às 17h40.

"Boooooa demais Jan!", respondeu imediatamente Pozzobon. Mas outro procurador, Carlos Fernando dos Santos Lima, pediu prudência: "Creio que tomar depoimento de jornalista não é conveniente".

MUTUÁRIOS
Termo usado habitualmente para identificar quem toma empréstimo para comprar imóvel.

Os problemas da prova que Moro chamou de 'bastante relevante'

A REPORTAGEM D'O GLOBO não foi um item trivial nesse caso: além de figurar na denúncia como prova de que o triplex era de fato do casal Lula, foi usada na sentença assinada por Sergio Moro. Sobre ela, o juiz escreveu: "A matéria em questão é bastante relevante do ponto de vista probatório".[7]

Mas a reportagem não bate com ao menos dois pontos do que é dito na denúncia do MPF. O texto d'O Globo atribui o triplex a Lula e, para comprovar isso, usa a declaração do então candidato à reeleição apresentada à Justiça Eleitoral em 2006. Ela afirma o seguinte: "Participação Cooperativa Habitacional Apartamento em construção no Guarujá — SP Maio 2005 — R$ 47.695,38 já pagos". Em tese, a cota poderia ser usada para qualquer apartamento — a defesa de Lula alegaria mais tarde que se tratava de uma unidade simples. O que é certo é que a palavra "triplex" não aparece na lista de bens do político usada pel'O Globo.

A segunda inconsistência poderia ter sido percebida pelos procuradores com uma leitura atenta da própria reportagem. A matéria d'O Globo atribuiu a Lula a propriedade de um triplex na torre B, o prédio dos fundos do condomínio. Isso fica claro na matéria: "A segunda torre (a torre A), se construída como informa a planta do empreendimento, lançado no início dos anos 2000, pode acabar com parte da alegria de Lula: o prédio ficará na frente do imóvel do presidente, atrapalhando a vista para o mar do Guarujá, cidade do litoral paulista".

Na denúncia feita pela Lava Jato, no entanto, os procuradores afirmam que o triplex de Lula fica na torre A, que ainda não existia quando a reportagem foi publicada. Mas, no item 191 da denúncia assinada pelos 14 procuradores, há o seguinte trecho (citando a reportagem d'O Globo): "Essa matéria dava conta de que o então Presidente LULA e MARISA LETÍCIA seriam contemplados com uma cobertura triplex, com vista para o mar, no referido empreendimento".

Segundo a apuração do jornal, isso não é verdade. A reportagem diz claramente que o casal Lula da Silva perderia a vista para o mar com a construção da torre A, que seria erguida à frente da torre B, portanto, em frente ao triplex que O Globo atribuiu a Lula.

A Lava Jato usou a reportagem como prova de que o apartamento era, sim, uma propriedade ou uma aspiração da família presidencial, mas indicou outro imóvel na denúncia. Uma evidência de que a investigação foi imprecisa num dos pontos mais cruciais da acusação: na definição do imóvel que materializaria a propina que Lula teria recebido da empreiteira.

Ao longo de semanas, nós tentamos contato com fontes que poderiam ter acesso à troca de e-mails entre a assessoria do petista e a repórter do jornal, mas não obtivemos sucesso. Enquanto O Globo alega que os e-mails foram "inutilizados", a assessoria diz não ter guardado cópia. Uma terceira dúvida, portanto, ainda permanece: a reportagem diz que Lula era dono de um triplex no prédio, mas diz que a assessoria da Presidência confirmou que o petista tinha um "imóvel" no local.

O que é verdade: a cota estava declarada em seu imposto de renda. Sem os e-mails, não há como saber se O Globo inquiriu Lula sobre o triplex ou apenas sobre um imóvel, ou se a assessoria do petista tomou uma coisa por outra — e, sem querer, abasteceu a denúncia que viria contra Lula anos depois.

Ainda que a localização do triplex na torre A ou B pareça irrelevante para a acusação por lavagem de dinheiro, ela deveria ao menos colocar em dúvida o valor de prova da reportagem, mencionada por Moro como um dos argumentos para a condenação de Lula.

'A denúncia é baseada em muita prova indireta de autoria, mas não caberia dizer isso'

NA VÉSPERA DA DENÚNCIA, Dallagnol voltou ao celular e comentou mais uma vez sobre a peça de acusação, analisando a qualidade das provas que eles tinham em mãos. "A opinião pública é decisiva e é um caso construído com prova indireta e palavra de colaboradores contra um ícone que passou incólume pelo mensalão", ele teclou no grupo *Filhos do Januario 1*.

No dia seguinte, quarta-feira, 14, a Lava Jato mostraria sua primeira denúncia contra Lula, numa entrevista coletiva em uma sala de reuniões de um hotel de luxo em Curitiba. O triplex — segundo a Lava Jato, reformado pela OAS e doado ao político como propina em contratos da empreiteira com a Petrobras — era a peça central da denúncia por corrupção passiva e lavagem de dinheiro.

Dallagnol voltaria ao assunto numa conversa privada com o então juiz Sergio Moro, em 16 de setembro, dois dias após a denúncia. O procurador estava sendo duramente criticado por parte da opinião pública, que alegava fragilidade na denúncia. Tinha virado, também, alvo de chacotas e memes pelo PowerPoint que apresentou na entrevista coletiva.

O coordenador da Lava Jato escreveu a Moro: "A denúncia é baseada em muita prova indireta de autoria, mas não caberia dizer isso na denúncia e na comunicação evitamos esse ponto". Depois, entrou em detalhes técnicos: "Não foi compreendido que a longa exposição sobre o comando do esquema era necessária para imputar a corrupção para o ex-presidente. Muita gente não compreendeu porque colocamos ele como líder para imperar 3,7MM de lavagem, quando não foi por isso, e sim para inputar 87MM de corrupção".

> **IMPERAR**
> Ele quis dizer 'imputar'.

Em privado, Dallagnol confirmava a Moro que a expressão usada para se referir a Lula durante a apresentação à imprensa ("líder máximo" do esquema de corrupção) era uma forma de vincular ao político os R$ 87 milhões pagos em propina pela OAS em contratos para obras em duas refinarias da Petrobras — uma acusação sem provas, ele mesmo admitiu, mas que era essencial para que o caso pudesse ser julgado por Moro em Curitiba.

Preocupado com a repercussão pública de seu trabalho — uma obsessão do procurador, como demonstra a leitura de diversas de suas conversas —, ele prossegue: "Ainda, como a prova é indireta, 'juristas' como Lenio Streck e Reinaldo Azevedo falam de falta de provas. Creio que isso vai passar só quando eventualmente a página for virada para a próxima fase, com o eventual recebimento da denúncia, em que talvez caiba, se entender pertinente no contexto da decisão, abordar esses pontos", escreveu a Sergio Moro.

Dois dias depois, Moro afagaria o procurador: "Definitivamente, as críticas à exposição de vcs são desproporcionais. Siga firme". Menos de um ano depois, o juiz condenaria Lula a nove anos e seis meses de prisão.

ATUALIZAÇÃO | A força-tarefa da Lava Jato no Ministério Público Federal emitiu três notas[8] após a publicação da reportagem. Nelas, dedicou especial atenção à "ação criminosa de um hacker que praticou os mais graves ataques à atividade do Ministério Público, à vida privada e à segurança de seus integrantes" e disse que "oferece acusações quando presentes provas consistentes dos crimes. Antes da apresentação de denúncias, são comuns debates e revisões sobre fatos e provas, de modo a evitar acusações frágeis em prejuízo aos investigados". "No caso Triplex, a prática dos crimes de corrupção e lavagem de dinheiro foi examinada por nove juízes em três instâncias que concordaram, de forma unânime, existir prova para a condenação".

Também em nota[9], o ministro Sergio Moro disse que "não se vislumbra qualquer anormalidade ou direcionamento da atuação enquanto magistrado, apesar de terem sido retiradas de contexto e do sensacionalismo das matérias". O Intercept refuta a acusação de sensacionalismo e informa que trabalhou com rigor para que todas as conversas fossem reproduzidas dentro do contexto adequado.

LINKS

1. https://oglobo.globo.com/brasil/hacker-invade-celular-de-moro-pf-acionada-para-investigar-caso-23720160
2. https://g1.globo.com/sc/santa-catarina/noticia/2019/06/07/nao-houve-captacao-do-conteudo-diz-moro-sobre-celular-que-sofreu-tentativa-de-invasao.ghtml
3. https://theintercept.com/2019/06/09/editorial-chats-telegram-lava-jato-moro/
4. https://fernandorodrigues.blogosfera.uol.com.br/2016/09/15/conheca-o-powerpoint-usado-pelo-ministerio-publico-contra-lula/
5. https://www.em.com.br/app/noticia/politica/2016/03/16/interna_politica,743959/promotores-de-sp-que-querem-lula-na-cadeia-recorrem-contra-decisao-de.shtml
6. https://oglobo.globo.com/politica/caso-bancoop-triplex-do-casal-lula-esta-atrasado-3041591
7. https://www.documentcloud.org/documents/6144458-sentenc3a7a-Lula.html
8. http://www.mpf.mp.br/pr/sala-de-imprensa/noticias-pr/forca-tarefa-informa-a-ocorrencia-de-ataque-criminoso-a-lava-jato
9. https://www.justica.gov.br/news/collective-nitf-content-1560283132.27

'NÃO É MUITO TEMPO SEM OPERAÇÃO?'

Exclusivo: chats privados revelam colaboração proibida de Sergio Moro com Deltan Dallagnol na Lava Jato.

RAFAEL MORO MARTINS • ALEXANDRE DE SANTI • GLENN GREENWALD
09 de junho de 2019
https://interc.pt/31kmK2B

SERGIO MORO E DELTAN DALLAGNOL trocaram mensagens de texto que revelam que o então juiz federal foi muito além do papel que lhe cabia quando julgou casos da Lava Jato. Em diversas conversas privadas, até agora inéditas, Moro sugeriu ao procurador que trocasse a ordem de fases da Lava Jato, cobrou agilidade em novas operações, deu conselhos estratégicos e pistas informais de investigação, antecipou ao menos uma decisão, criticou e sugeriu recursos ao Ministério Público e deu broncas em Dallagnol como se ele fosse um superior hierárquico dos procuradores e da Polícia Federal.

"Talvez fosse o caso de inverter a ordem das duas planejadas", sugeriu Moro a Dallagnol, falando sobre fases da investigação. "Não é muito tempo sem operação?", questionou o atual ministro da Justiça de Jair Bolsonaro após um mês sem que a força-tarefa fosse às ruas. "Não pode cometer esse tipo de erro agora", repreendeu, se referindo ao que considerou uma falha da Polícia Federal. "Aparentemente a pessoa estaria disposta a prestar a informação. Estou entao repassando. A fonte é seria", sugeriu, indicando um caminho para a investigação. "Deveriamos rebater oficialmente?", perguntou, no plural, em resposta a ataques do Partido dos Trabalhadores contra a Lava Jato.

As conversas fazem parte de um lote de arquivos secretos enviados ao Intercept por uma fonte anônima há algumas semanas (bem antes da notícia da invasão do celular do ministro Moro, divulgada nesta semana[1], na qual o ministro afirmou que não houve "captação de conteúdo"[2]). O único papel do Intercept foi receber o material da fonte, que nos informou que já havia obtido todas as informações e estava ansiosa para repassá-las a jornalistas. A declaração conjunta dos editores do The Intercept e do Intercept Brasil[3] explica os critérios editoriais usados para publicar esses materiais, incluindo nosso método para trabalhar com a fonte anônima.

A Constituição brasileira estabeleceu o sistema acusatório no processo penal, no qual as figuras do acusador e do julgador não podem se misturar. Nesse modelo, cabe ao juiz analisar de maneira imparcial as alegações de acusação e defesa, sem interesse em qual será o resultado do processo. Mas as conversas entre Moro e Dallagnol demonstram que o atual ministro se intrometeu no trabalho do Ministério Público — o que é proibido — e foi bem recebido, atuando informalmente como um auxiliar da acusação.

A atuação coordenada entre o juiz e o Ministério Público por fora de audiências e autos (ou seja, das reuniões e documentos oficiais que compõem um processo) fere o princípio de imparcialidade previsto na Constituição e no Código de Ética da Magistratura[4], além de desmentir a narrativa dos atores da Lava Jato de que a operação tratou acusadores e acusados com igualdade. Moro e Dallagnol sempre foram acusados[5] de operarem juntos na Lava Jato, mas não havia provas explícitas dessa atuação conjunta — até agora.

Moro negou em diversas oportunidades que trabalhava em parceria com o MPF. "Vamos colocar uma coisa muito clara, que se ouve muito por aí que a estratégia de investigação do juiz Moro. [...] Eu não tenho estratégia de investigação nenhuma. Quem investiga ou quem decide o que vai fazer e tal é o Ministério Público e a Polícia [Federal]. O juiz é reativo. A gente fala que o juiz normalmente deve cultivar essas virtudes passivas. E eu até me irrito às vezes, vejo crítica um pouco infundada ao meu trabalho, dizendo que sou juiz investigador", desafiou, numa palestra[6] que proferiu em março de 2016.

Desde o início da operação, em 2013, Dallagnol e o MPF tentaram passar uma imagem de que Moro atuava com imparcialidade e distância dos acusadores. "Sempre avaliou os pedidos do Ministério Público de modo imparcial e técnico", escreveu o procurador sobre o então juiz, em seu livro de memórias[7]. A Procuradoria-Geral da República endossou essa narrativa[8]. "Assim, inviável a declaração de nulidade de todos os atos praticados no curso da ação penal processada e julgada pelo Juízo Criminal Federal de Curitiba, que se manteve imparcial durante toda a marcha processual", escreveu a PGR em parecer pró-Moro[9].

Mas a proximidade com o juiz facilitou o trabalho do Ministério Público, e o próprio Dallagnol já admitiu isso. "Demos a 'sorte' de que o caso caísse nas mãos de um juiz como Sergio Moro", escreveu Dallagnol no Twitter[10] e no seu livro.

Os diálogos

"viram isso????", escreveu no Telegram Athayde Ribeiro Costa, um dos procuradores da força-tarefa da Lava Jato no Ministério Público Federal do Paraná[11]. "PqP!", respondeu Roberson Pozzobon, membro da equipe e do grupo *FT MPF Curitiba 2*, no qual procuradores da Lava Jato de Curitiba discutiam estratégias para as investigações que transformaram a política brasileira.

As mensagens eram uma reação à notícia "Diretor da Odebrecht que acompanhava Lula em suas viagens será solto hoje"[12], publicada naquele 16 de outubro de 2015 no blog de Lauro Jardim, d'O Globo.

Minutos depois, Dallagnol usou o chat privado do Telegram para discutir o assunto com Moro, até então responsável por julgar os casos da Lava Jato na 13ª Vara Federal de Curitiba.

"Caro, STF soltou Alexandrino. Estamos com outra denúncia a ponto de sair, e pediremos prisão com base em fundamentos adicionais na cota. [...] Seria possível apreciar hoje?", escreveu Dallagnol.

"Não creio que conseguiria ver hj. Mas pensem bem se é uma boa ideia", alertou o então juiz. Nove minutos depois, Moro deu outra dica ao procurador: "Teriam que ser fatos graves".

Depois de ouvir a sugestão, Dallagnol repassou a mensagem de Moro para o grupo de colegas de força-tarefa. "Falei com russo", anunciou, usando o apelido do juiz entre os procuradores. Em seguida, os investigadores da Lava Jato passaram a discutir estratégias para reverter a decisão, mas Alencar não seria preso novamente, numa demonstração clara de que os diálogos entre Moro e Dallagnol influenciaram diretamente os desdobramentos da operação.

> **ALEXANDRINO ALENCAR,** ex-executivo da Odebrecht.

Um mês depois, Sergio Moro enviou uma questão a Deltan Dallagnol pelo Telegram. "Olha está um pouco difícil de entender umas coisas. Por que o mpf recorreu das condenacoes dos colaboradores augusto, barusco e mario goes na acao penal 5012331-04? O efeito pratico é impedir a execução da pena", reclamou a Dallagnol. Em teoria, o juiz não deveria ter interesse em resultados do processo, como, por exemplo, o aumento ou redução de penas de um acusado — nem tirar satisfação com o Ministério Público fora dos autos.

Num despacho publicado às 14h01, o juiz chamou o recurso do MPF de "obscuro". Minutos depois, às 14h08, Dallagnol respondeu pelo Telegram. Moro rebateu, também pelo aplicativo de mensagens: "Na minha opiniao estao provocando confusão. E o efeito pratico sera jogar para as calendas a existência [da] execução das penas dos colaboradores".

Em 21 de fevereiro de 2016, Moro se intrometeu no planejamento do MP de forma explícita. "Olá Diante dos últimos . desdobramentos talvez fosse o caso de inverter a ordem da duas planejadas", afirmou Moro, numa provável menção às fases seguintes da Lava Jato. Dallagnol disse que haveria problemas logísticos para acatar a sugestão. No dia seguinte, ocorreu a 23ª fase da Lava Jato, a operação Acarajé.

Dias depois, Moro cometeu um deslize de linguagem que revela como a acusação e o juiz, que deveria avaliar e julgar o trabalho do MP, viraram uma coisa só. "O que acha dessas notas malucas do diretorio nacional do PT? Deveriamos rebater oficialmente? Ou pela ajufe?", escreveu o juiz em 27 de fevereiro, usando a primeira pessoa do plural, dando a entender que as reações do juiz e do MP deveriam ser coordenadas.

AUGUSTO MENDONÇA, da Toyo Setal, primeiro empresário delator da Lava Jato.

PEDRO BARUSCO, ex-gerente de Serviços da Petrobras e delator premiado.

MARIO GOES, operador de propinas para a Andrade Gutierrez e delator premiado.

JOGAR PARA AS CALENDAS Deixar para uma data muito distante.

Em 31 de agosto de 2016, Moro mais uma vez escancarou seu papel de aliado dos acusadores ao questionar o ritmo das prisões e apreensões. "Não é muito tempo sem operação?", perguntou o então juiz ao procurador às 18h44. A última fase da Lava Jato havia sido realizada 29 dias antes — a operação Resta Um, com foco na empreiteira Queiroz Galvão.

A periodicidade — e até mesmo a realização de operações — não deveria ser motivo de preocupação do juiz, mas Moro trabalhava com Dallagnol para impulsionar as ações do Ministério Público, como comprovam os diálogos e comentários habituais nas conversas entre os dois.

"É sim", respondeu Dallagnol mais tarde. A operação seguinte ocorreu três semanas depois.

'Estou repassando. A fonte é seria'

O MINISTRO DA JUSTIÇA DE BOLSONARO parece ter cruzado a fronteira que separa juiz e investigador numa conversa de 7 de dezembro de 2015, quando ele passou informalmente uma pista sobre o caso de Lula para que a equipe do MP investigasse. "Entao. Seguinte. Fonte me informou que a pessoa do contato estaria incomodado por ter sidoa ela solicitada a lavratura de minutas de escrituras para transferências de propriedade de um dos filhos do ex Presidente. Aparentemente a pessoa estaria disposta a prestar a informação. Estou entao repassando. A fonte é seria", escreveu Moro.

"Obrigado!! Faremos contato", respondeu Dallagnol pouco depois. "E seriam dezenas de imóveis", acrescentou o juiz. O procurador disse que ligou para a fonte, mas ela não quis falar. "Estou pensando em fazer uma intimação oficial até, com base em notícia apócrifa", cogitou Dallagnol. Ao que tudo indica, o procurador estava considerando criar uma denúncia anônima para justificar o depoimento da fonte ao MP. O juiz Sergio Moro poderia condenar a solução — ou ficar quieto. Mas endossou a gambiarra: "Melhor formalizar entao", escreveu Moro.

Mais um sinal de que ele trabalhava em coordenação com a acusação veio numa troca de mensagens em 13 de março de 2016, quando manifestações contra o governo de Dilma Rousseff[13] tomaram as ruas. O juiz revela o desejo de "limpar o congresso".

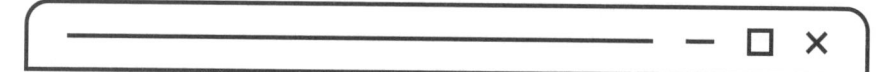

DALLAGNOL – 22:19:29 – E parabéns pelo imenso apoio público hoje. [...] Seus sinais conduzirão multidões, inclusive para reformas de que o Brasil precisa, nos sistemas político e de justiça criminal. [...].
MORO – 22:31:53 – Fiz uma manifestação oficial. Parabens a todos nós.
22:48:46 – Ainda desconfio muito de nossa capacidade institucional de limpar o congresso. O melhor seria o congresso se autolimpar mas isso nao está no horizonte. E nao sei se o stf tem força suficiente para processar e condenar tantos e tao poderosos.

Três dias depois, Dilma tentaria nomear Lula para a Casa Civil[14], e Moro divulgaria a famosa conversa gravada entre a então presidente e o ex-presidente[15]. Naquela manhã, Dallagnol e Moro conversaram sobre a divulgação dos áudios e se consultaram sobre a estratégia.

DALLAGNOL – 12:44:28 – A decisão de abrir está mantida mesmo com a nomeacao, confirma?
MORO – 12:58:07 – Qual é a posicao do mpf?
DALLAGNOL – 15:27:33 – Abrir

As críticas à divulgação dos áudios foram fortes[16] e, seis dias depois, o procurador e o juiz ainda discutiam o assunto:

DALLAGNOL – 21:45:29 – A liberação dos grampos foi um ato de defesa. Analisar coisas com ==hindsight privilege== é fácil, mas ainda assim não entendo que tivéssemos outra opção, sob pena de abrir margem para ataques que estavam sendo tentados de todo jeito...
[...]
MORO – 22:10:55 – nao me arrependo do levantamento do sigilo. Era melhor decisão. Mas a reação está ruim.

> **HINDSIGHT PRIVILEGE**
> Benefício da retrospectiva.

Uma semana depois da conversa, porém, Moro pediu desculpas[17] pela decisão.

O juiz voltaria a dar conselhos ao MP em 21 de junho de 2016. Deltan Dallagnol apresentou uma prévia impressionante dos indícios de corrupção revelados pela delação de 77 executivos da Odebrecht, que implicavam 150 políticos, incluindo nomes como Michel

Temer, Dilma, Lula, Eduardo Cunha, Aécio Neves, Sérgio Cabral e Geraldo Alckmin. "Reservadamente. Acredito que a revelação dos fatos e abertura dos processos deveria ser paulatina para evitar um abrupto *pereat mundus*", disse Moro, usando a expressão em latim para um ditado do meio jurídico — "acabe-se o mundo [mas] faça-se justiça". "Abertura paulatina segundo gravidade e qualidade da prova. Espero que LJ sobreviva ou pelo menos nós", completou.

Outro conselho veio em 15 de dezembro de 2016, quando o procurador atualizou o juiz sobre as negociações da delação dos executivos da Odebrecht[18].

DALLAGNOL – 16:01:03 – Caro, favor não passar pra frente: (favor manter aqui): 9 presidentes (1 em exercício), 29 ministros (8 em exercício), 3 secretários federais, 34 senadores (21 em exercício), 82 deputados (41 em exercício), 63 governadores (11 em exercício), 17 deputados estaduais, 88 prefeitos e 15 vereadores [...].

MORO – 18:32:37 – Opinião: melhor ficar com os 30 por cento iniciais. Muitos inimigos e que transcendem a capacidade institucional do mp e judiciário.

'Não pode cometer esse tipo de erro agora'

EM MARÇO DE 2017, Moro escreveu a Dallagnol para sugerir por baixo dos panos um caminho para a investigação da Lava Jato — o que, na teoria, só poderia ser feito dentro dos autos. "Prezado, a Deputada Mara

Gabrili mandou o texto abaixo para mim, podem dar uma checada nisso. Favor manter reservado", disse o então juiz.

Seguia-se uma longa mensagem de Gabrilli, do PSDB de São Paulo e atualmente senadora, em que ela sugere que o publicitário Marcos Valério, preso após os processos do Mensalão, fosse ouvido a respeito do assassinato de Celso Daniel, ocorrido em 2002. Daniel era prefeito de Santo André, cidade do ABC paulista, berço político de Lula e do Partido dos Trabalhadores.

Menos de uma hora depois, Moro ouviu que o apelo da então deputada seria levado em conta pela Lava Jato. "Falei com Diogo, que checará", respondeu Dallagnol, fazendo referência ao procurador Diogo Castor de Mattos.

Dois meses depois, em 8 de maio de 2017, Curitiba parecia à beira de uma guerra civil. Dali a dois dias, Lula se sentaria pela primeira vez diante de Moro para depor, como réu, no caso do triplex. Diante da chegada de caravanas de apoio ao petista — e, em menor número, de fãs de Moro e da Lava Jato —, a Secretaria de Segurança Pública do Paraná montou um gigantesco esquema que incluiu até atiradores de elite no dia do julgamento[19].

Em meio ao clima de tensão, Moro disparou uma mensagem a Dallagnol em que, duramente, o cobrava sobre a intenção de adiar em cima da hora o depoimento do ex-presidente. "Que história é essa que vcs querem adiar? Vcs devem estar brincando", escreveu, às 19h09. "Não tem nulidade nenhuma, é só um monte de bobagem", completou.

Dallagnol só respondeu no dia seguinte, às 8h41. "Passei o dia fora ontem. Defenderemos manter. Falaremos com Nivaldo", ele prometeu. Referia-se a Nivaldo Brunoni, juiz de primeira instância que cobria as férias do relator da Lava Jato no Tribunal Regional Federal da 4ª Região, João Pedro Gebran Neto. Naquele mesmo dia, Brunoni rejeitou pedido da defesa do petista para adiar o interrogatório.

Dois dias depois, uma outra conversa que revela o clima de camaradagem entre juiz e acusação. "Caro, foram pedidas oitivas na fase do 402, mas fique à vontade, desnecessário dizer, para indeferir. De nossa parte, foi um pedido mais por estratégia", teclou Dallagnol. Moro respondeu antecipando a sua decisão: "Blz, tranquilo, ainda estou preparando a decisão mas a tendência é indeferir mesmo".

Em 26 de junho, seria a vez de Moro ditar a estratégia para o Ministério Público Federal manter preso João Vaccari Neto, tesoureiro do PT que ele condenara, mas que seria absolvido[20] por falta de provas, no dia seguinte, pelo TRF4.

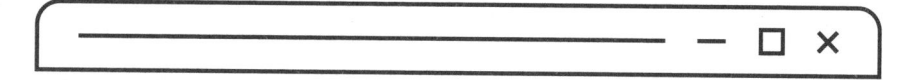

MORO – 18:24:25 – Diante das absolvição do Vaccari seria talvez conveniente agilizar julgamento do caso do Skornicki no qual ele tb está preso e condenado. Parece que está para parecer na segunda instância

DALLAGNOL – 20:54:53 – Providenciamos tb nota de que a PRR vai recorrer

20:57:31 – Tem outras tb no TRF. Alguma razão especial para apontar esta?

MORO – 23:20:53 – Porque Vaccari tb foi condenado nesta?!

A leitura das conversas mostra como Moro e Dallagnol ficaram próximos ao longo dos anos. Entre as últimas mensagens a que o Intercept teve acesso, Moro conversa em tom de amizade com o procurador — que tratava o atual ministro como "Caro juiz" no início dos diálogos.

MORO – 15:28:29 – Cara, recebi uma fotos de vc fantasiado de superhomem com um tal de Castor, não sei o que faço mas a Mônica Bergamin está perguntando se vc preferiu o Superman i, oi ou Iii?

DALLAGNOL – 22:47:06 – Kkkkkkk

22:47:28 – Tá no face tb?

22:48:10 – Se tiver, preciso tirar… ela está me difamando, era na verdade de príncipe que eu estava rs

---

> **MÔNICA BERGAMIN**
> Mônica Bergamo.

Mas também houve momentos tensos entre os dois. Em março de 2016, Moro irritou-se com o que considerou um erro da Polícia Federal. "Tremenda bola nas costas da Pf", digitou o então juiz. As justificativas apresentadas por Dallagnol não o convenceram: "Continua sendo lambança. Não pode cometer esse tipo de erro agora".

Um ano depois, Moro, aparentemente irritado com uma das procuradoras da força-tarefa da Lava Jato, fez um pedido delicado a Dallagnol:

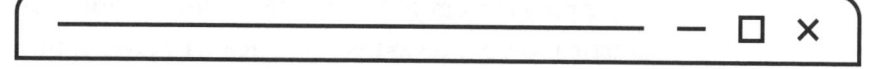

MORO – 12:32:39 – Prezado, a colega Laura Tessler de vcs é excelente profissional, mas para inquirição em audiência, ela não vai muito bem. Desculpe dizer isso, mas com discrição, tente dar uns conselhos a ela, para o próprio bem dela. Um treinamento faria bem. Favor manter reservada essa mensagem.
DALLAGNOL – 12:42:34 – Ok, manterei sim, obrigado!

'Moro não é modelo de juiz imparcial'

AS CONVERSAS ENTRE MORO E DALLAGNOL enviadas pela fonte anônima compreendem um período de dois anos entre 2015 e 2017. Já no grupo de procuradores citado neste texto, o *FT MPF Curitiba*, o conteúdo dos chats totaliza o equivalente a um livro de 1.700 páginas.

Juristas ouvidos pelo Intercept disseram que a proximidade entre procuradores e juízes é normal no Brasil — ainda que seja imoral e viole o código de ética dos magistrados.

"Pela Constituição, o processo penal brasileiro é acusatório. Na prática, é inquisitivo", cravou Lenio Streck, advogado, jurista, pós-doutor em Direito e professor de Direito Constitucional na Unisinos, no Rio Grande do Sul. "O juiz acaba sendo protagonista do processo, age de ofício [ou seja, sem ser provocado por uma das partes], busca provas. Isso acaba fazendo com que o MP, também com postura inquisitiva, acabe encontrando um aliado estratégico no juiz. É um problema anterior, de que a Lava Jato é um sintoma".

Aprovado em 2008 pelo Conselho Nacional de Justiça, o CNJ, o Código de Ética da Magistratura Nacional[21] determina, em seu primeiro artigo, que juízes atuem "norteando-se pelos princípios da independência, da imparcialidade" e "do segredo profissional", entre outros.

O capítulo 3 do código, que trata exclusivamente da imparcialidade, diz, no artigo 8º: "O magistrado imparcial é aquele que busca nas provas a verdade dos fatos, com objetividade e fundamento, mantendo ao longo de todo o processo uma distância equivalente das partes, e evita todo o tipo de comportamento que possa refletir favoritismo, predisposição ou preconceito". O artigo seguinte determina que o juiz, "no desempenho de sua atividade, cumpre dispensar às partes igualdade de tratamento, vedada qualquer espécie de injustificada discriminação".

Em várias decisões, o Supremo Tribunal Federal ratificou decisões que proíbem juízes de promover investigações. "A Constituição de 1988 fez uma opção inequívoca pelo sistema penal acusatório. Disso decorre uma separação rígida entre, de um lado, as tarefas de investigar e acusar e, de outro, a função propriamente jurisdicional. Além de preservar a imparcialidade do Judiciário, essa separação promove a paridade de armas entre acusação e defesa, em harmonia com os princípios da isonomia e do devido processo legal", diz a ementa da Ação Direta de Inconstitucionalidade 5104[22], relatada pelo ministro Roberto Barroso.

As conversas sugerem que o juiz deu acesso privilegiado à acusação e ajudou o Ministério Público a construir casos contra os investigados, o que pode ser usado pela defesa dos acusados na Lava Jato. Esse foi, por exemplo, o argumento da defesa do ex-presidente

> **PARIDADE DE ARMAS**
> Princípio que prevê igualdade entre as partes em um processo.

Luiz Inácio Lula da Silva ao recorrer da condenação e ao denunciar Sergio Moro na Comissão de Direitos Humanos da ONU[23]. "O juiz Moro atuou com pré-julgamento, pois ele foi o juiz de investigação de Lula"[24], disse o advogado que representou o ex-presidente na ONU, Geoffrey Robertson[25], na época em que o petista foi condenado em segunda instância[26]. A defesa de Lula vem, sem sucesso[27], questionando a imparcialidade de Moro no Supremo Tribunal Federal.

"O juiz brasileiro, em regra, é um juiz formal, mais distante, mas tem mais proximidade com o MPF, porque são ambos funcionários públicos. Existe um desequilíbrio nesse sentido", afirmou o advogado Antônio Sérgio Pitombo, que já defendeu[28] na Justiça o atual chefe de Moro, Jair Bolsonaro.

"Conheço o juiz Moro há muitos anos. Não é um modelo de juiz imparcial, tem um viés de favorecer a acusação. [Mas] O ponto sobre a Lava Jato nunca foi o juiz Moro, mas o Tribunal Regional da Quarta Região [responsável por julgar na segunda instância os processos da operação] nunca corrigir o juiz Moro. Juízes com esse ímpeto [punitivista] sempre tivemos no Brasil. Mas nunca tivemos um tribunal tão leniente [com a primeira instância] como o TRF4. Ali parecia haver um pacto ideológico entre tribunal e juiz. O tribunal achava bonito aquilo", criticou Pitombo.

O relator dos processos da Lava Jato no TRF4, o juiz de segunda instância João Pedro Gebran Neto, é amigo pessoal de Moro[29] e, via de regra, se alinha ao atual ministro em suas sentenças.

Muitas das decisões tomadas por Moro ainda podem ser questionadas pelas defesas de condenados na Lava Jato e revistas em tribunais superiores.

Ao contrário do que tem como regra, o Intercept não solicitou comentários de procuradores e outros envolvidos nas reportagens, para evitar que eles atuassem para impedir sua publicação e porque os documentos falam por si. Entramos em contato com as partes mencionadas imediatamente após publicarmos as matérias.

ATUALIZAÇÃO | A força-tarefa da Lava Jato no Ministério Público Federal emitiu três notas[30] após a publicação da reportagem. Nelas, dedicou especial atenção à "ação criminosa de um hacker que praticou os mais graves ataques à atividade do Ministério Público, à vida privada e à segurança de seus integrantes" e disse que sua atuação "é revestida de legalidade, técnica e impessoalidade". Em nenhuma das notas, os procuradores questionaram a veracidade dos diálogos publicados pelo Intercept.

Também em nota[31], o ministro Sergio Moro disse que "não se vislumbra qualquer anormalidade ou direcionamento da atuação enquanto magistrado, apesar de terem sido retiradas de contexto e do sensacionalismo das matérias". O Intercept refuta a acusação de sensacionalismo e informa que trabalhou com rigor para que todas as conversas fossem reproduzidas dentro do contexto adequado.

LINKS

1. https://oglobo.globo.com/brasil/hacker-invade-celular-de-moro-pf-acionada-para-investigar-caso-23720160
2. https://g1.globo.com/sc/santa-catarina/noticia/2019/06/07/nao-houve-captacao-do-conteudo-diz-moro-sobre-celular-que-sofreu-tentativa-de-invasao.ghtml
3. https://theintercept.com/2019/06/09/editorial-chats-telegram-lava-jato-moro/
4. http://www.cnj.jus.br/publicacoes/codigo-de-etica-da-magistratura
5. http://correiodopovo.com.br/Noticias/Politica/2018/01/640639/Jurista-britanico-critica-procedimentos-de-julgamento-de-Lula-no-TRF4
6. https://youtu.be/8mMwU37tPUU?list=PLTBJf5VvlFLNnhTWhW6ngfvc4vZg3qOct&t=3714
7. https://www.amazon.com.br/luta-contra-corrup%C3%A7%C3%A3o-marcado-impunidade/dp/8568377106/ref=sr_1_1?qid=1559751637&refinements=p_27%3ADeltan+Dallagnol&s=books&sr=1-1
8. http://agenciabrasil.ebc.com.br/justica/noticia/2018-07/pgr-envia-parecer-contra-suspeicao-de-moro-para-stj
9. http://agenciabrasil.ebc.com.br/justica/noticia/2018-07/pgr-envia-parecer-contra-suspeicao-de-moro-para-stj
10. https://twitter.com/deltanmd/status/1064639817890320386
11. http://www.mpf.mp.br/grandes-casos/caso-lava-jato/equipe-no-mpf
12. https://blogs.oglobo.globo.com/lauro-jardim/post/alexandrino-o-diretor-da-odebrecht-que-acompanhava-lula-em-suas-viagens-sera-solto-hoje.html
13. http://g1.globo.com/politica/noticia/2016/03/manifestacoes-contra-governo-sao-registradas-pelo-pais-nesta-quarta.html
14. https://www1.folha.uol.com.br/poder/2016/03/1750766-dilma-nomeia-lula-como-novo-ministro-da-casa-civil.shtml
15. http://g1.globo.com/pr/parana/noticia/2016/03/pf-libera-documento-que-mostra-ligacao-entre-lula-e-dilma.html

16. http://www.ebc.com.br/noticias/politica/2016/03/quebra-de-sigilo-de-audios-envolvendo-lula-e-questionada-por-juristas
17. http://agenciabrasil.ebc.com.br/politica/noticia/2016-03/moro-admite-ao-stf-equivoco-ao-divulgar-conversa-de-lula-e-dilma
18. https://brasil.elpais.com/brasil/2017/04/14/politica/1492195255_504539.html
19. https://noticias.uol.com.br/politica/ultimas-noticias/2017/05/10/esquema-de-seguranca-para-depoimento-de-lula-tem-atiradores-de-elite.htm
20. https://g1.globo.com/rs/rio-grande-do-sul/noticia/joao-vaccari-neto-e-absolvido-em-segunda-instancia-em-processo-da-lava-jato.ghtml
21. http://www.cnj.jus.br/images/programas/publicacoes/codigo_de_etica_da_magistratura_nacional.pdf
22. https://stf.jusbrasil.com.br/jurisprudencia/25342451/medida-cautelar-na-acao-direta-de-inconstitucionalidade-adi-5104-df-stf
23. https://g1.globo.com/sp/sao-paulo/noticia/defesa-de-lula-diz-que-protocolou-recurso-junto-a-comite-da-onu-para-impedir-prisao.ghtml
24. http://correiodopovo.com.br/Noticias/Politica/2018/01/640639/Jurista-britanico-critica-procedimentos-de-julgamento-de-Lula-no-TRF4
25. https://twitter.com/alexdesanti/status/956563172911206403
26. https://g1.globo.com/politica/noticia/julgamento-recurso-de-lula-no-trf-4-decisao-desembargadores-da-8-turma.ghtml
27. https://www.poder360.com.br/justica/fachin-rejeita-recurso-de-lula-que-questionava-atuacao-de-moro/
28. https://www1.folha.uol.com.br/poder/2018/08/advogado-de-bolsonaro-afirma-atuar-de-graca-para-o-candidato-no-stf.shtml
29. https://blogs.oglobo.globo.com/lauro-jardim/post/gebran-tem-planos-para-o-stf.html
30. http://www.mpf.mp.br/pr/sala-de-imprensa/noticias-pr
31. https://www.justica.gov.br/news/collective-nitf-content-1560283132.27

'A DEFESA JÁ FEZ O SHOWZINHO DELA'

Sergio Moro, enquanto julgava Lula, sugeriu à Lava Jato emitir uma nota oficial contra a defesa. Eles acataram e pautaram a imprensa.

**RAFAEL MORO MARTINS • LEANDRO DEMORI • GLENN GREENWALD
AMANDA AUDI**
14 de junho de 2019
https://interc.pt/2ILtzBH

UM TRECHO DO CHAT PRIVADO entre Sergio Moro e o então procurador da República Carlos Fernando dos Santos Lima mostra que o ex-juiz pediu aos procuradores da Lava Jato uma nota à imprensa para rebater o que chamou de "showzinho" da defesa de Lula após o depoimento do ex-presidente no caso do triplex do Guarujá. O conteúdo faz parte do arquivo *As mensagens secretas da Lava Jato*.

Os procuradores acataram a sugestão do atual ministro da Justiça de Jair Bolsonaro, em mais uma evidência de que Moro atuava como uma espécie de coordenador informal da acusação no processo do triplex. Em uma estratégia de defesa pública, Moro concedeu uma entrevista nesta sexta-feira ao jornal O Estado de S. Paulo[1] em que disse que considera "absolutamente normal" que juiz e procuradores conversem. Agora, está evidente que não se trata apenas de "contato pessoal" e "conversas", como diz o ministro, mas de direcionamento sobre como os procuradores deveriam se comportar.

Juntamente com as evidências publicadas pelo Intercept no início desta semana[2] — em que Moro e Deltan conversam sobre a troca da ordem de fases da Lava Jato, novas operações, conselhos estratégicos e pistas informais de investigação —, esta é mais uma prova que contraria a tentativa de Moro de minimizar o tipo de relacionamento íntimo que ele teve com os promotores.

Ao contrário da defesa de Moro de que as comunicações eram banais e comuns — contendo apenas notícias e informações, mas não ajudando os promotores a elaborar estratégias ("existia às vezes situações de urgência, eventualmente você também está ali e faz um comentário de alguma coisa que não tem nada a ver com o processo", disse ao Estadão) —, essas conversas provam que Moro estava sugerindo estratégias para que os procuradores realizassem sua campanha pública contra o próprio réu que ele estava julgando.

O showzinho da defesa

O EPISÓDIO OCORREU em 10 de maio de 2017, quando Moro já presidia um processo criminal contra o ex-presidente no caso do "apartamento triplex do Guarujá". Eram 22h04 quando o então juiz federal pegou o celular, abriu o aplicativo Telegram e digitou uma mensagem ao Santos Lima, da força-tarefa da Lava Jato no Ministério Público Federal em Curitiba.

"O que achou?", quis saber Moro. O juiz se referia ao maior momento midiático da Lava Jato até então, ocorrido naquele dia 10 de maio de 2017: o depoimento do ex-presidente Luiz Inácio Lula da Silva no processo em que ele era acusado — e pelo qual seria preso — de receber como propina um apartamento triplex no Guarujá. Disponibilizado em vídeo, o embate entre o juiz e o político era o assunto do dia no país.

Seguiu-se o seguinte diálogo:

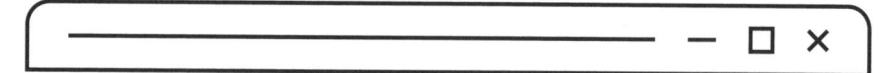

SANTOS LIMA – 22:10 – Achei que ficou muito bom. Ele começou polarizando conosco, o que me deixou tranquilo. Ele cometeu muitas pequenas contradições e deixou de responder muita coisa, o que não é bem compreendido pela população. Você ter começado com o Triplex desmontou um pouco ele.

MORO – 22:11 – A comunicação é complicada pois a imprensa não é muito atenta a detalhes

MORO – 22:11 – E alguns esperam algo conclusivo

Além do depoimento, outro vídeo com Lula também tomava conta da internet e dos telejornais naquele mesmo dia. Depois de sair do prédio da Justiça Federal, o ex-presidente se dirigiu à Praça Santos Andrade, em Curitiba, e fez um pronunciamento diante de uma multidão. Por 11 minutos, Lula atacou a Lava Jato, o Jornal Nacional e o então juiz Sergio Moro; disse que estava sendo "massacrado" e encerrou com uma frase que entraria para sua história judicial: "Eu estou vivo, e estou me preparando para voltar a ser candidato a presidente desse país". Era o lançamento informal de sua candidatura às eleições de 2018.

Um minuto depois da última mensagem, Moro mandou para o procurador Santos Lima:

> **22:10**
> As mensagens foram encaminhadas a um grupo. Por esse motivo, não é possível saber com precisão de segundos em que horário o juiz e o decano da força-tarefa trocaram mensagens.

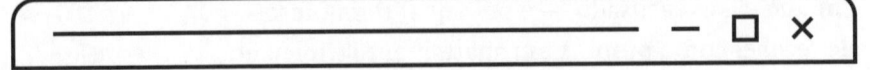

MORO – 22:12 – Talvez vcs devessem amanhã editar uma nota esclarecendo as contradições do depoimento com o resto das provas ou com o depoimento anterior dele

MORO – 22:13 – Por que a Defesa já fez o showzinho dela.

SANTOS LIMA – 22:13 – Podemos fazer. Vou conversar com o pessoal.

SANTOS LIMA – 22:16 – Não estarei aqui amanhã. Mas o mais importante foi frustrar a ideia de que ele conseguiria transformar tudo em uma perseguição sua.

Moro, o juiz do caso, zombava do réu e de seus advogados enquanto fornecia instruções privadas para a Lava Jato sobre como se portar publicamente e controlar a narrativa na imprensa.

As afirmações do então magistrado que o Intercept divulga agora contradizem também o que ele dissera horas antes[3] a Lula, naquele mesmo dia do julgamento, publicamente, ao iniciar o interrogatório do petista: que o ex-presidente seria tratado com "todo o respeito".

"Eu queria deixar claro que, em que pesem alegações nesse sentido, da minha parte não tenho nenhuma desavença pessoal contra o senhor ex-presidente. Certo? O que vai determinar o resultado desse processo no final são as provas que vão ser colecionadas e a lei. Também vamos deixar claro que quem faz a acusação nesse processo é o Ministério Público, e não o juiz. Eu estou aqui para ouvi-lo e para proferir um julgamento ao final do processo", disse Moro.

'Pq resolveram falar agora? Pq era o ex-presidente?'

DEZ MINUTOS DEPOIS DA CONVERSA com o então juiz, naquele 10 de maio, Santos Lima abriu o grupo *Análise de clipping*, em que também estavam assessores de imprensa do MPF do Paraná. Ele estaria em Recife no dia seguinte em um congresso jurídico[4].

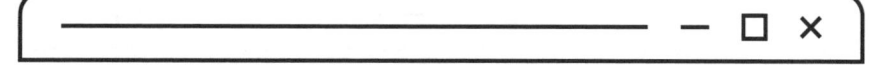

SANTOS LIMA – 22:26:23 – Será que não dá para arranjar uma entrevista com alguém da Globo em Recife amanhã sobre a audiência de hoje?

ASSESSOR 1 – 22:28:19 – Possível é, só não sei se vale a pena. E todos os jornalistas que estão aqui e já pediram entrevista?

ASSESSOR 2 – 22:28:32 – Mas dr., qual o motivo?

ASSESSOR 2 – 22:29:13 – Qual a necessidade, na realidade..

SANTOS LIMA – 22:30:50 – Uma demanda apenas. Como está a repercussão da coletiva dos advogados?

ASSESSOR 2 – 22:30:58 – Rito normal do processo...vcs nunca deram entrevista sobre audiência...vai servir pra defesa bater...mais uma vez...

Oito minutos depois, Santos Lima copiou a conversa que teve em seu chat privado com Moro — em que o juiz sugere a nota pública para apontar as contradições de Lula — e colou em outro chat privado, com o coordenador da Lava Jato no MPF, Deltan Dallagnol. Eram 22h38.

Àquele horário, os procuradores da força-tarefa discutiam num chat chamado *Filhos do Januario 1* se deveriam comentar publicamente o depoimento de Lula. Às 22h43, Santos Lima escreveu no grupo, dirigindo-se a Dallagnol: "Leia o que eu te mandei". Ele se referia às mensagens que trocara com Moro. Três minutos depois, Dallagnol responderia em quatro postagens consecutivas no grupo:

DELTAN – 22:46:46 – Então temos que avaliar os seguintes pontos: 1) trazer conforto para o juízo e assumir o protagonismo para deixá-lo mais protegido e tirar ele um pouco do foco; 2) contrabalancear o show da defesa.

DELTAN – 22:47:19 – Esses seriam porquês para avaliarmos, pq ng tem certeza.

DELTAN – 22:47:50 – O "o quê" seria: apontar as contradições do depoimento.

DELTAN – 22:49:18 – E o formato, concordo, teria que ser uma nota, para proteger e diminuir riscos. O JN vai explorar isso amanhã ainda. Se for para fazer, teríamos que trabalhar intensamente nisso durante o dia para soltar até lá por 16h

---

> **JUÍZO**
> Sergio Moro.

Foi a vez, então, de Dallagnol mandar uma mensagem ao grupo *Análise de clipping*, dos assessores de imprensa.

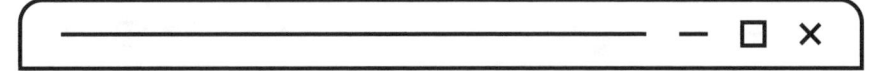

DELTAN – 23:05:51 – Caros, mantenham avaliando a repercussão de hora em hora, sempre que possível, em especial verificando se está sendo positiva ou negativa e se a mídia está explorando as contradições e evasivas. As razões para eventual manifestação são: a) contrabalancear as manifestações da defesa. Vejo com normalidade fazer isso. Nos outros casos não houve isso. b) tirar um pouco o foco do juiz que foi capa das revistas de modo inadequado.

O assessor de imprensa estranhou o pedido e alertou que poderia ser um "tiro no pé".

ASSESSOR 2 – 23:15:30 – Quem bate vai seguir batendo. Quem não bate vai perceber a mudanca de posicionamento e questionar. É uma parte do processo. Na minha visão é emitir opinião sobre o caso sem ele ter conclusão...e abrir brecha pra dizer que tão querendo influenciar juiz. Papel deles vai ser levar pro campo político. Imprensa sabe disso. E já sabe que vcs não falam de audiências geralmente. Mudar a postura vai levantar a bola pra outros questionamentos. Pq resolveram falar agora? Pq era o ex-presidente? E voltar o discurso de perseguição...é o que a defesa fez, faz...pq não tem como rebater a acusação. Acusação utilizar da mesma estratégia pode ser um tiro no pé.

O que os assessores não sabiam é que não era o MPF que queria influenciar o juiz, mas o juiz que estava influenciando o MPF. Três minutos antes de mandar essas mensagens ao grupo, Dallagnol havia escrito a Moro. Além de elogiá-lo pela condução da audiência, o procurador falou sobre a nota:

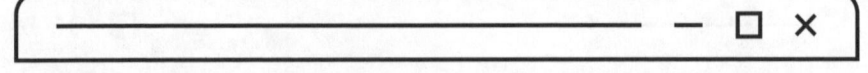

DELTAN – 23:02:20 – Caro parabéns por ter mantido controle da audiência de modo sereno e respeitoso. Estamos avaliando eventual manifestação. A GN acabou de mostrar uma série de contradições e evasivas. Vamos acompanhar.

MORO – 23:16:49 – Blz. Tb tenho minhas dúvidas dá pertinência de manifestação, mas eh de se pensar pelas sulilezas envolvidas

GN
GloboNews.

SULILEZAS
Sutilezas.

O pedido de Moro para apontar as contradições da defesa de Lula seria discutido no chat *Filhos do Januario 1* até o fim da noite e também na manhã do dia seguinte, 11 de maio. E, finalmente, atendido.

Os procuradores, acatando a sugestão de Moro, distribuíram uma nota à imprensa[5], repercutida pela Folha de S. Paulo[6], pelo Estadão[7], pela Jovem Pan[8] e por todos os principais veículos e agências do país. As notícias são centradas justamente na palavra desejada pelo juiz: "contradições".

Na nota, a força-tarefa expõe o que considera serem três contradições do depoimento de Lula e refuta diretamente uma alegação da defesa do petista, que os procuradores consideraram mentirosa.

Naquela noite, Dallagnol enviou uma mensagem a Moro para explicar por que não explorou a fundo as contradições do petista:

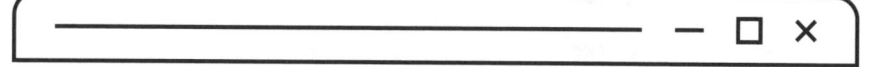

DELTAN – 22:16:26 – Informo ainda que avaliamos desde ontem, ao longo de todo o dia, e entendemos, de modo unânime e com a ascom, que a imprensa estava cobrindo bem contradições e que nos manifestarmos sobre elas poderia ser pior. Passamos algumas relevantes para jornalistas. Decidimos fazer nota só sobre informação falsa, informando que nos manifestaremos sobre outras contradições nas alegações finais.

A resposta do ministro Moro ao Intercept Brasil

> **ASCOM**
> Assessoria de Comunicação da Lava Jato.

NÓS PROCURAMOS A ASSESSORIA do ministro Sérgio Moro nesta sexta-feira e apresentamos com antecedência todos os pontos mostrados nesta reportagem. Recebemos como resposta a seguinte nota: "O ministro da Justiça e Segurança Pública não comentará supostas mensagens de autoridades públicas colhidas por meio de invasão criminosa de hackers e que podem ter sido adulteradas e editadas, especialmente sem análise prévia de autoridade independente que possa certificar a sua integridade. No caso em questão, as supostas mensagens nem sequer foram enviadas previamente".

Apesar de chamar as conversas de "supostas", Moro admitiu, hoje, a autenticidade de um chat. Em uma coletiva, ele chamou de "descuido"[9] o episódio no qual, em 7 de dezembro de 2015, passa uma pista sobre o caso de Lula para que a equipe do MP investigue[10].

Nós também entramos em contato com a assessoria do Ministério Público Federal do Paraná, que não respondeu.

LINKS

1. https://politica.estadao.com.br/blogs/fausto-macedo/leia-a-integra-da-entrevista-com-sergio-moro/
2. https://theintercept.com/2019/06/09/chat-moro-deltan-telegram-lava-jato/
3. https://epoca.globo.com/politica/expresso/noticia/2017/05/nao-tenho-nenhuma-desavenca-contra-o-senhor-disse-moro-lula.html
4. https://blogs.ne10.uol.com.br/jamildo/2017/05/11/assista-a-entrevista-com-o-procurador-da-forca-tarefa-na-lava-jato-no-resenha-politica/
5. http://www.mpf.mp.br/pr/sala-de-imprensa/noticias-pr/forca-tarefa-em-curitiba-esclarece-que-defesa-de-lula-prestou-informacao-falsa-a-sociedade
6. https://www1.folha.uol.com.br/poder/2017/05/1883172-depoimento-de-lula-teve-diversas-contradicoes-dizem-procuradores.shtml
7. https://politica.estadao.com.br/blogs/fausto-macedo/procuradores-da-lava-jato-acusam-defesa-de-lula-de-informacao-falsa-a-sociedade/
8. https://www.youtube.com/watch?v=3lzK_spOWC0
9. https://www1.folha.uol.com.br/poder/2019/06/foi-descuido-meu-diz-moro-sobre-mensagem-a-lava-jato-com-pistas-contra-lula.shtml
10. https://theintercept.com/2019/06/09/chat-moro-deltan-telegram-lava-jato/#two

'TEM ALGUMA COISA MESMO SÉRIA DO FHC?'

Lava Jato fingiu investigar FHC apenas para criar percepção pública de 'imparcialidade', mas Moro repreendeu: 'melindra alguém cujo apoio é importante'.

RAFAEL MORO MARTINS • AMANDA AUDI • LEANDRO DEMORI GLENN GREENWALD • TATIANA DIAS
18 de junho de 2019
https://interc.pt/2IQk2JK

UM TRECHO DO CHAT PRIVADO entre Sergio Moro e o procurador Deltan Dallagnol revela que o ex-juiz discordou de investigações sobre o ex-presidente Fernando Henrique Cardoso na Lava Jato porque, nas palavras dele, não queria "melindrar alguém cujo apoio é importante". O diálogo ocorreu em 13 de abril de 2017, um dia depois do Jornal Nacional ter veiculado uma reportagem[1] a respeito de suspeitas contra o tucano.

Naquele dia, Moro chamou Deltan Dallagnol em um chat privado no Telegram para falar sobre o assunto. O juiz dos processos da Lava Jato em Curitiba queria saber se as suspeitas contra o ex-presidente eram "sérias". O procurador respondeu acreditar que a força-tarefa — por meio de seu braço em Brasília — propositalmente não considerou a prescrição do caso de FHC e o enviou ao Ministério Público Federal de São Paulo, segundo ele, "talvez para [o MPF] passar recado de imparcialidade".

À época, a Lava Jato vinha sofrendo uma série de ataques, sobretudo de petistas e outros grupos de esquerda, que a acusavam de ser seletiva e de poupar políticos do PSDB. As discussões haviam sido inflamadas meses antes, quando o então juiz Moro aparecera sorrindo em um evento público ao lado de Aécio Neves e Michel Temer, apesar das acusações pendentes de corrupção contra ambos.

MORO – 09:07:39 – Tem alguma coisa mesmo seria do FHC? O que vi na TV pareceu muito fraco?

MORO – 09:08:18 – Caixa 2 de 96?

DALLAGNOL – 10:50:42 – Em pp sim, o que tem é mto fraco

MORO – 11:35:19 – Não estaria mais do que prescrito?

DALLAGNOL – 13:26:42 – Foi enviado pra SP sem se analisar prescrição

DALLAGNOL – 13:27:27 – Suponho que de propósito. Talvez para passar recado de imparcialidade

MORO – 13:52:51 – Ah, não sei. Acho questionável pois melindra alguém cujo apoio é importante

---

PP
Princípio.

CONEXÃO BSB-CWB
Conexão Brasília-Curitiba.

FHC foi citado na Lava Jato pelo menos nove vezes (1^2, 2^3, 3^4, 4^5 e 5^6, 6^7, 7^8, 8^9 e 9^{10}). Caso fossem investigados e comprovados, nem todos os possíveis crimes cometidos pelo ex-presidente estariam prescritos.

Naquele dia, antes de responder a Moro, Dallagnol encaminhou a dúvida do juiz para um chat em grupo chamado *Conexão Bsb-CWB*, no qual estavam procuradores das duas cidades. Foi de Brasília, onde o caso tramitava, que ele recebeu a resposta de que a documentação foi encaminhada a São Paulo sem a análise sobre a prescrição.

DALLAGNOL – 11:42:54 – Caros o fato do FHC é só caixa 2 de 96? Não tá prescrito? Teve inquérito?
SÉRGIO BRUNO CABRAL FERNANDES – 11:51:25 – Mandado pra SP
SÉRGIO BRUNO CABRAL FERNANDES – 11:51:44 – Não analisamos prescrição
DALLAGNOL – 13:26:11 – 👍👍😬

A acusação que Dallagnol classificou como "recado de imparcialidade" já era de conhecimento interno do Ministério Público desde o final de 2016, graças à delação de Emílio Odebrecht[11], que afirmou que deu[12] "ajuda de campanha" a FHC para as eleições vitoriosas de 1994 e 1998. "Ajuda de campanha eu sempre dei a todos eles. E a ele também dei. E com certeza teve a ajuda de caixa oficial e não oficial", afirmou o empresário, falando sobre caixa dois. "[Eu] dava e dizia que era para atender mesmo. Então vai fulano de tal lhe procurar, como eu dizia também para Marcelo, e eles então operacionalizavam. Ele me pediu. Todos eles". O valor dos pagamentos não foi divulgado.

O depoimento permaneceu em segredo de justiça até abril de 2017, quando foi enviado para ser investigado pela Procuradoria da República[13] de São Paulo e virou notícia. Mas já nasceu morto: os fatos estavam prescritos, e a investigação não poderia terminar em

> **SÉRGIO BRUNO CABRAL FERNANDES**
> Promotor do Ministério Público do Distrito Federal e dos Territórios (MPDFT) e então membro do grupo de trabalho da Lava Jato na Procuradoria-Geral da República.

> **ELE**
> Fernando Henrique Cardoso.

uma denúncia formal. Foi arquivada pela Justiça[14] três meses depois.

Essas revelações sugerem mais uma vez a parcialidade na Lava Jato, que tanto Moro quanto a força-tarefa negam veementemente. Na nota oficial divulgada pela força-tarefa em resposta à primeira série de reportagens do Intercept no último domingo, por exemplo, eles insistiram que seu trabalho sempre foi movido pela "imparcialidade da atuação da Justiça". Em entrevista ao Estadão na semana passada[15], o ministro Moro disse que não via "nenhum viés político nas mensagens que me foram atribuídas".

Mas, aqui, Moro estava explicitamente preocupado com investigações da Lava Jato contra um apoiador político de seu trabalho. E Dallagnol admitiu acreditar que outros procuradores da força-tarefa passaram adiante uma investigação que sabidamente não resultaria em processo, a fim de fabricar uma falsa percepção pública de "imparcialidade", sem, no entanto, colocar FHC em risco.

As conversas agora reveladas fazem parte de um lote de arquivos secretos enviados ao Intercept por uma fonte anônima (leia nosso editorial e entenda)[16]. Os arquivos publicados até agora mostram, entre outras coisas, que a Lava Jato sempre teve muita preocupação com sua imagem pública e seguia conselhos informais do então juiz Moro, o que é ilegal.

'Porra bomba isso'

PARA OS PROCURADORES, era importante incluir o PSDB no rol de investigados para acalmar o ânimo dos críticos. Eles já falavam sobre isso muito antes de Moro alertar Dallagnol sobre evitar "melindrar" FHC.

Em uma conversa no dia 17 de novembro de 2015, o procurador Roberson Pozzobon mandou uma sugestão em um grupo do Telegram chamado *FT MPF Curitiba 2*: investigar, num mesmo procedimento, pagamentos da Odebrecht aos institutos de Lula e FHC. "Assim ninguém poderia indevidamente criticar nossa atuação como se tivesse vies partidário", justificou Pozzobon. "A da LILS vocês já sabem os indícios para a investigação, mas vejam essa fratura expostas da Fundação iFHC", disse ao grupo. Nesse caso — diferentemente daquele que virou notícia na imprensa sobre caixa dois nos anos 1990 —, os pagamentos ao iFHC aos quais Pozzobon se referia não estariam prescritos, caso fossem propina.

> **LILS**
> Empresa que agencia as palestras de Lula.

Depois de comentar sobre o instituto de FHC, Pozzobon postou duas imagens no grupo.

A primeira é uma troca de e-mails de 2014 entre a secretária de FHC e dois interlocutores: um representante da Associação Petroquímica e Química da Argentina, a Apla[17], identificado como Manuel Diaz, e um empresário do ramo cultural, Pedro Longhi. A secretária fala para verificarem com a Braskem — empresa do ramo petroquímico controlada pela Odebrecht — qual a "melhor maneira para [a empresa] fazer a doação [para o iFHC]".

Figura 01 – Email Instituto Fernando Henrique Cardoso

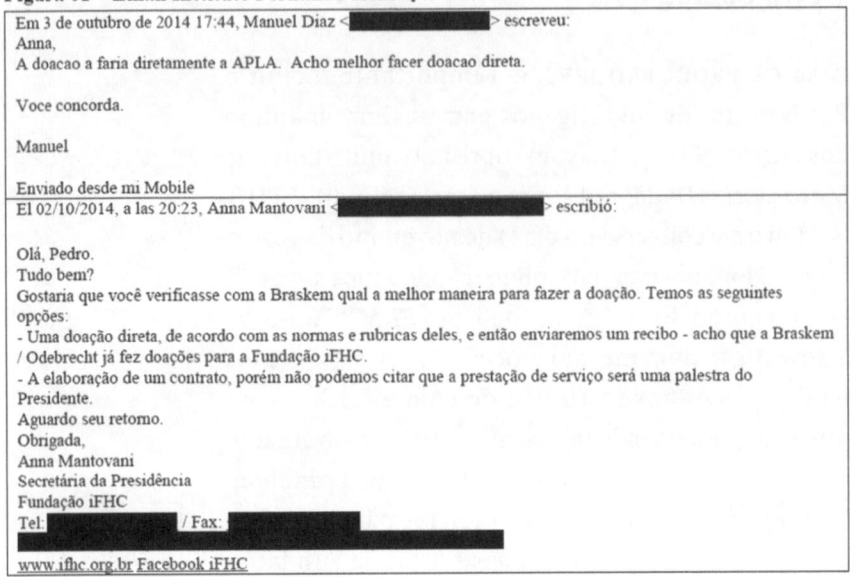

Em 3 de outubro de 2014 17:44, Manuel Diaz < ▓▓▓▓▓▓▓▓ > escreveu:
Anna,
A doacao a faria diretamente a APLA. Acho melhor facer doacao direta.

Voce concorda.

Manuel

Enviado desde mi Mobile

El 02/10/2014, a las 20:23, Anna Mantovani < ▓▓▓▓▓▓▓▓ > escribió:

Olá, Pedro.
Tudo bem?
Gostaria que você verificasse com a Braskem qual a melhor maneira para fazer a doação. Temos as seguintes opções:
- Uma doação direta, de acordo com as normas e rubricas deles, e então enviaremos um recibo - acho que a Braskem / Odebrecht já fez doações para a Fundação iFHC.
- A elaboração de um contrato, porém não podemos citar que a prestação de serviço será uma palestra do Presidente.
Aguardo seu retorno.
Obrigada,
Anna Mantovani
Secretária da Presidência
Fundação iFHC
Tel: ▓▓▓▓▓▓▓▓ / Fax: ▓▓▓▓▓▓▓▓
www.ifhc.org.br Facebook iFHC

A secretária dá duas opções para o que ela chama de "doação". Uma delas seria fazer uma doação direta, ou seja, depositar dinheiro na conta bancária do instituto. A outra seria a contratação de um serviço não especificado. "Não podemos citar que a prestação de serviço será uma palestra do presidente", afirmou. Manuel respondeu que poderia fazer doação direta. Poucos dias depois, Helena Gasparian, então assessora de FHC, enviou outro e-mail à Braskem dizendo que o ex-presidente não iria comparecer ao evento.

Figura 02 – Email ausência Presidente FHC

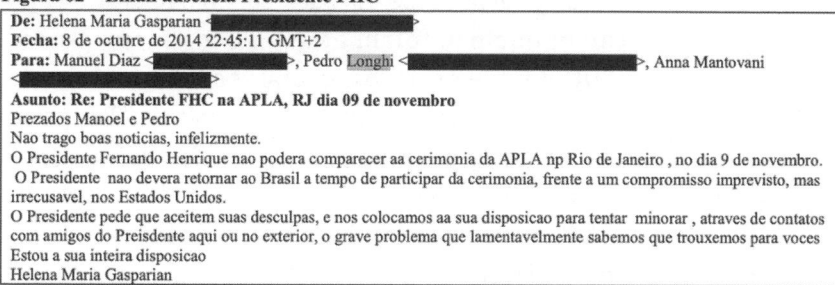

De: Helena Maria Gasparian <███████████>
Fecha: 8 de octubre de 2014 22:45:11 GMT+2
Para: Manuel Diaz <███████████>, Pedro Longhi <███████████>, Anna Mantovani <███████████>
Asunto: Re: Presidente FHC na APLA, RJ dia 09 de novembro
Prezados Manoel e Pedro
Nao trago boas noticias, infelizmente.
O Presidente Fernando Henrique nao podera comparecer aa cerimonia da APLA np Rio de Janeiro , no dia 9 de novembro.
O Presidente nao devera retornar ao Brasil a tempo de participar da cerimonia, frente a um compromisso imprevisto, mas irrecusavel, nos Estados Unidos.
O Presidente pede que aceitem suas desculpas, e nos colocamos aa sua disposicao para tentar minorar , atraves de contatos com amigos do Preisdente aqui ou no exterior, o grave problema que lamentavelmente sabemos que trouxemos para voces
Estou a sua inteira disposicao
Helena Maria Gasparian

A segunda imagem encaminhada por Pozzobon era de um laudo da Polícia Federal daquele mesmo ano[18], que mostrava que a Odebrecht havia feito pagamentos mensais que somaram R$ 975 mil ao iFHC entre dezembro de 2011 e de 2012.

Tabela 9 – Fernando Henrique Cardoso

Data	Valor_Partida	D/C	HIST
13/12/2011	R$ 75.000,00	C	Referente Lote de Pagto CNO-ELE-399-13/12/2011.200 . Pagto 842166 . Banco/Conta CSC 399-0454-010512-3 a favor de FUNDACAO INSTITUTO FERNANDO HENRIQUE CARDOSO .
26/01/2012	R$ 75.000,00	C	REFERENTE LOTE DE PAGTO CNO-ELE-399-26/01/2012.200 . PAGTO 917212 . BANCO/CONTA CSC 399-0454-010512-3 A FAVOR DE FUNDACAO INSTITUTO FERNANDO HENRIQUE CARDOSO .
13/02/2012	R$ 75.000,00	C	REFERENTE LOTE DE PAGTO CNO-ELE-399-13/02/2012.200 . PAGTO 945584 . BANCO/CONTA CSC 399-0454-010512-3 A FAVOR DE FUNDACAO INSTITUTO FERNANDO HENRIQUE CARDOSO .
14/03/2012	R$ 75.000,00	C	REFERENTE LOTE DE PAGTO CNO-ELE-399-14/03/2012.200 . PAGTO 1000118 . BANCO/CONTA CSC 399-0454-010512-3 A FAVOR DE FUNDACAO INSTITUTO FERNANDO HENRIQUE CARDOSO .
11/04/2012	R$ 75.000,00	C	REFERENTE LOTE DE PAGTO CNO-ELE-399-11/04/2012.200 . PAGTO 1050082 . BANCO/CONTA CSC 399-0454-010512-3 A FAVOR DE FUNDACAO INSTITUTO FERNANDO HENRIQUE CARDOSO .
11/05/2012	R$ 75.000,00	C	REFERENTE LOTE DE PAGTO CNO-ELE-399-11/05/2012.200 . PAGTO 1103358 . BANCO/CONTA CSC 399-0454-010512-3 A FAVOR DE FUNDACAO INSTITUTO FERNANDO HENRIQUE CARDOSO .
15/06/2012	R$ 75.000,00	C	REFERENTE LOTE DE PAGTO CNO-ELE-399-15/06/2012.200 . PAGTO 1165442 . BANCO/CONTA CSC 399-0454-010512-3 A FAVOR DE FUNDACAO INSTITUTO FERNANDO HENRIQUE CARDOSO .
13/07/2012	R$ 75.000,00	C	REFERENTE LOTE DE PAGTO CNO-ELE-399-13/07/2012.200 . PAGTO 1217595 . BANCO/CONTA CSC 399-0454-010512-3 A FAVOR DE FUNDACAO INSTITUTO FERNANDO HENRIQUE CARDOSO .
22/08/2012	R$ 75.000,00	C	REFERENTE LOTE DE PAGTO CNO-ELE-399-22/08/2012.201 . PAGTO 1288335 . BANCO/CONTA CSC 399-0454-010512-3 A FAVOR DE FUNDACAO INSTITUTO FERNANDO HENRIQUE CARDOSO .
10/10/2012	R$ 150.000,00	C	REFERENTE LOTE DE PAGTO CNO-ELE-399-10/10/2012-200 . PAGTO 1374855 . BANCO/CONTA CSC 399-0454-010512-3 A FAVOR DE FUNDACAO INSTITUTO FERNANDO HENRIQUE CARDOSO .
19/11/2012	R$ 75.000,00	C	REFERENTE LOTE DE PAGTO CNO-ELE-399-19/11/2012.200 . PAGTO 1444292 . BANCO/CONTA CSC 399-0454-010512-3 A FAVOR DE FUNDACAO INSTITUTO FERNANDO HENRIQUE CARDOSO .
14/12/2012	R$ 75.000,00	C	REFERENTE LOTE DE PAGTO CNO-ELE-399-14/12/2012.200 . PAGTO 1494202 . BANCO/CONTA CSC 399-0454-010512-3 A FAVOR DE FUNDACAO INSTITUTO FERNANDO HENRIQUE CARDOSO .

PAULO ROBERTO GALVÃO
Procurador da Lava Jato.

ROBERSON POZZOBON
Procurador da Lava Jato.

PIC
Procedimento de investigação criminal.

BA
Busca e apreensão.

Os policiais federais que fizeram o relatório explicaram que não foram atrás desses pagamentos ao iFHC porque os dados da Braskem não foram colocados à disposição deles. Mas ressaltaram: "É possível que outros pagamentos tenham sido feitos e não tenham sido encontrados" por causa das limitações dos dados ou caso tenham sido feitos por "meio de triangulação entre Grupo Odebrecht, o contratante do serviço (exemplo do evento APLA) e o Instituto Fernando Henrique Cardoso".

Após enviar as imagens, Pozzobon sugeriu ao grupo aprofundar a investigação sobre as doações. Ao contrário da investigação referente aos recursos recebidos nos anos 1990, esses fatos, se investigados, não estariam prescritos e poderiam apontar caixa dois em campanhas do PSDB. Os procuradores reagiram com empolgação:

PAULO GALVÃO – 20:35:08 – porra bomba isso

ROBERSON – 20:35:20 – MPF Pois é!!!

ROBERSON – 20:35:39 – O que acha da ideia do PIC?

ROBERSON – 20:35:47 – Vai ser massa!

PAULO GALVÃO – 20:35:51 – Acho excelente sim Robinho

ROBERSON – 20:36:47 – Legal! Se os demais tb estiverem de acordo, faço a portaria amanha cedo

ROBERSON – 20:38:08 – Acho que vale até uma BA na Secretaria da iFHC que mandou o email. Ela é secretária da Presidencia!

LAURA TESSLER – 20:38:36 – Sensacional esse email!!!!

ROBERSON – 20:38:48 – Mais, talvez pudessemos cumprir BA nos três concomitantemente: LILS, Instituto Lula e iFHC

A euforia durou pouco, e os procuradores começaram a ponderar que o caso teria chance de ser enquadrado apenas como crime tributário — e que os argumentos de defesa de FHC poderiam também ser usados por Lula. O argumento: Lula também poderia alegar que os pagamentos feitos ao Instituto Lula e à LILS, sua empresa de palestras, não escondiam propinas ou caixa dois.

> **DIOGO CASTOR DE MATTOS**
> À época procurador da Lava Jato.

DIOGO - 21:44:28 - Mas será q não será argumento pra defesa da lils dizendo q eh a prova q não era corrupção?
WELTER - 21:51:24 - 149967.ogg
ROBERSON - 22:07:24 - Pensei nisso tb. Temos que ter um bom indício de corrupção do fhc/psdb antes
DALLAGNOL - 22:14:24 - Claro
DALLAGNOL - 22:18:00 - Será pior fazer PIC, BA e depois denunciar só PT por não haver prova. Doação sem vinculação a contrato, para influência futura, é aquilo em Que consiste TODA doação eleitoral

Quase um ano e meio depois dessa conversa, o fim do sigilo da delação de Marcelo Odebrecht, filho de Emílio, mostraria que o esquema de remessa de dinheiro aos institutos de FHC e de Lula tinha um *modus operandi* semelhante. A Fundação FHC — ex-iFHC — disse ao Intercept que os valores recebidos foram regularmente contabilizados e que "não tem conhecimento de qualquer investigação ou denúncia do MPF tendo por base as doações feitas pela Odebrecht".

> **ANTONIO CARLOS WELTER**
> Procurador da Lava Jato.

> **149967.OGG**
> Áudio silencioso de um segundo.

'Dará mais argumentos pela imparcialidade'

NO ANO SEGUINTE ÀS CONVERSAS dos procuradores, em 2016, FHC ainda apareceria em outras três delações (1[19], 2[20], 3[21]). Em uma delas, ele apareceu na boca do operador ligado ao MDB Fernando Baiano, por causa do suposto beneficiamento da empresa de um filho do ex-presidente, Paulo Henrique Cardoso, em contratos com a petroleira. Em junho, o caso do filho de FHC foi mencionado no chat *FT MPF Curitiba 3*. A preocupação dos procuradores era, novamente, criar a percepção pública de imparcialidade da Lava Jato:

> NESTOR CERVERÓ
> Ex-diretor internacional da Petrobras e delator da Lava Jato.

DALLAGNOL – 09:54:59 – Viram do filho do FHC?

DALLAGNOL – 09:55:01 – http://pgr.clipclipping.com.br/impresso/ler/noticia/6092614/cliente/19

DALLAGNOL – 09:56:20 – Creio que vale apurar com o argumento de que pode ter recebido benefícios mais recentemente, inclusive com outros contratos ... Dará mais argumentos pela imparcialidade... Esses termos já chegaram, Paulo? Esse já tem grupo?

PAULO GALVÃO – 10:00:38 – Chegaram vários do Cervero, mas não sei se esse especificamente desceu

PAULO GALVÃO – 10:00:59 – Nos temos de qq forma todos os depoimentos na pasta

DALLAGNOL – 10:24:20 – Algum grupo se voluntaria? Eu acho o caso bacanissimo, pelo valor histórico. E recebendo naquela época pode ter lavagem mais recente pela conversão de ativos ou outro método como compra subfaturada de imóvel o que é mto comum.... Seria algo para analisar

PAULO GALVÃO – 10:26:33 – Deixa ver antes se desceu. Pode ter sido mandado p outro lugar, como os que foram p o rio (e isso é um dos temas q eu quero tratar na reunião)

Três dias depois, no mesmo grupo, o assunto voltou a ser discutido.

> **PAULO GALVÃO – 11:42:39 –** Mas vejo que, sobre o filho do FHC, é um termo que ficou no STF por conta do Delcídio e teria vindo para cá por cópia. É o mesmo termo que trata da GE, lembrando que a GE protocolou petição querendo colaborar e está fazendo investigação interna
>
> **DALLAGNOL – 12:04:38 –** se veio pra cá, é nosso
>
> **DALLAGNOL – 12:04:40 –** se veio pra cá com cópia, é nosso
>
> **DALLAGNOL – 12:04:46 –** se pensaram em mandar pra cá, é nosso tb

Nós perguntamos ao Ministério Público Federal do Paraná, sede da força-tarefa da Lava Jato, quais são os ex-presidentes investigados e em que fase está cada um dos procedimentos. Também questionamos quais fatos envolvendo os ex-presidentes foram mandados para outros órgãos. Eles não responderam aos questionamentos e se limitaram a enviar as notas já divulgadas pela instituição[22], que dizem que não há ilegalidade nas trocas de mensagens reveladas pelo Intercept.

Em uma conversa com os procuradores Paulo Galvão e Carlos Fernando Santos Lima, em 20 de maio do ano passado, no entanto, Deltan Dallagnol relembrou quais foram os ex-presidentes investigados pela operação. Dilma Rousseff e FHC são os únicos que ficam de fora:

DALLAGNOL – 01:46:42 – CF, só tem 2 (ex) presidentes presos: Lula e Humala no peru
DALLAGNOL – 01:48:12 – Opa o Jorge Glas no equador tb
DALLAGNOL – 01:48:38 – No BR, vou considerar como investigados Temer, Collor, Sarey e Lula
DALLAGNOL – 01:49:07 – (excluindo Dilma e FHC – não lembro de investigações sobre eles fora o que tá bem sigiloso da dilma, sem conclusão)

CARLOS FERNANDO DOS SANTOS LIMA
Então procurador da força-tarefa.

JORGE DAVID GLAS ESPINEL
Ex-vice-presidente do Equador, condenado na versão local da Lava Jato.

SAREY
José Sarney.

Antes da publicação desta reportagem, o Intercept procurou as assessorias do ministro Sergio Moro, do MPF no Paraná e em São Paulo, da Procuradoria-Geral da República e da Fundação Fernando Henrique Cardoso, antigo iFHC.

A PGR disse que não vai se manifestar.

A força-tarefa da Lava Jato em São Paulo informou que "não cuidou de caso relativo a Fernando Henrique Cardoso. Desdobramento oriundo da operação Lava Jato, relativo ao ex-presidente, veio para São Paulo junto com outros casos da 'lista do Facchin' e foi distribuído para uma procuradora que não integra o grupo". O órgão afirmou que está esperando resposta da procuradora responsável pelo caso, mas confirma que a única investigação envolvendo FHC é a que foi arquivada.

A assessoria de Moro respondeu que ele "não comenta supostas mensagens de autoridades públicas colhidas por meio de invasão criminosa, que podem ter sido adulteradas e editadas e que sequer foram encaminhadas previamente para análise. Cabe esclarecer que o caso supostamente envolvendo o ex-presidente Fernando Henrique Cardoso nunca passou pelas mãos do ministro, então juiz da 13ª Vara Federal de Curitiba, sendo encaminhado diretamente pelo Supremo Tribunal Federal a outros fóruns de justiça. Então, nenhuma interferência do então juiz seria sequer possível e nenhuma foi de fato feita".

Já o MPF do Paraná, em um segundo contato, afirmou que "a divulgação de supostos diálogos obtidos por meio absolutamente ilícito, agravada por um contexto de sequestro de contas virtuais, torna impossível aferir se houve edições, alterações, acréscimos ou supressões no material alegadamente obtido". Para o MPF, os diálogos inteiros podem ter sido "forjados pelo hacker". Eles disseram também que "um hackeamento ilegal traz consigo dúvidas inafastáveis quanto à sua autenticidade, o que inevitavelmente também dará azo à divulgação de fake news", dizendo que há uma "uma agenda político-partidária" nas reportagens.

O Intercept reafirma que as reportagens da série são publicadas assim que produzidas, editadas e checadas dentro de princípios editoriais rigorosos, e que o material é autêntico.

Na época em que foi citado na delação de Emílio Odebrecht, Fernando Henrique Cardoso disse[23] que não tinha "nada a temer" e defendeu a operação Lava Jato. "O Brasil precisa de transparência. A Lava Jato está colaborando no sentido de colocar as cartas na mesa", afirmou. Ao Intercept, o ex-presidente disse, por meio de sua assessoria, que não teve conhecimento de nenhum inquérito ou denúncia relacionados à delação de Cerveró. Também afirmou desconhecer as menções sobre seu filho e a compra de votos nas eleições — por isso, "não sabe se teriam resultado em investigação ou denúncia". A única confirmada pelo ex-presidente foi a investigação que terminou arquivada.

Após a divulgação da primeira leva de reportagens sobre as mensagens secretas da Lava Jato, FHC fez uma defesa pública de Moro[24]. "O vazamento de mensagens entre juiz e promotor da Lava Jato mais parece tempestade em copo d'água. A menos que haja novos vazamentos mais comprometedores...", disse.

LINKS

1. http://g1.globo.com/jornal-nacional/noticia/2017/04/fhc-e-mais-um-ex-presidente-citado-nas-delacoes-da-odebrecht.html
2. FHC pede doação a Marcelo Odebrecht para dois candidatos do PSDB ao Senado: https://g1.globo.com/pr/parana/noticia/em-e-mail-de-2010-fhc-pede-que-marcelo-odebrecht-faca-doacoes-para-campanhas-de-2-candidatos-tucanos.ghtml
3. Acordo de leniência da Keppel Fels fala em suborno de R$ 300 mil durante governo FHC: https://www.gazetadopovo.com.br/politica/republica/fhc-ou-lula-em-qual-governo-a-corrupcao-foi-maior-delacao-de-estaleiro-esclarece-9jvxoygbft9c64v0qiqfhpjo2/
4. Delação de Emílio Odebrecht trata de pagamentos entre 1993 e 1997: https://www1.folha.uol.com.br/poder/2017/04/1874830-fhc-recebeu-vantagens-indevidas-em-eleicoes-diz-dono-da-odebrecht.shtml
5. Em delação, Delcídio diz que governo FHC tinha práticas semelhantes às investigadas na Lava Jato: https://m.folha.uol.com.br/poder/2016/03/1750190-delcidio-diz-que-esquema-na-petrobras-era-semelhante-no-governo-fhc.shtml
6. Fernando Baiano citou em delação que Petrobras beneficiou empresa ligada a filho de FHC: https://politica.estadao.com.br/blogs/fausto-macedo/mais-um-delator-da-lava-jato-relata-ordem-superior-para-beneficiar-empresa-ligada-a-filho-de-fhc/
7. Nestor Cerveró fala em R$ 100 milhões de propina durante governo FHC: http://g1.globo.com/pr/parana/noticia/2016/01/nestor-cercero-cita-us-100-milhoes-de-propina-ao-governo-de-fhc.html
8. Laudo da PF aponta que Construtora Norberto Odebrecht pagou R$ 975 mil a Instituto FHC: https://politica.estadao.com.br/blogs/fausto-macedo/pf-aponta-que-instituto-fhc-recebeu-r-975-mil-da-odebrecht/
9. Pedro Barusco delatou propina da Petrobras com SBM Offshore desde 1997: https://politica.estadao.com.br/blogs/fausto-macedo/ex-gerente-da-petrobras-diz-ter-recebido-propina-desde-1997/

10. Leniência de Setal e SOG fala em propina desde 1990: https://congressoemfoco.uol.com.br/especial/noticias/acordo-de-leniencia-cartel-de-empresas-investigadas-na-lava-jato-atuou-desde-governo-fhc/

11. http://g1.globo.com/jornal-nacional/noticia/2017/04/fhc-e-mais-um-ex-presidente-citado-nas-delacoes-da-odebrecht.html

12. https://theintercept.com/2017/04/18/fhc-e-lula-dois-investimentos-certeiros-da-odebrecht/

13. https://www.nexojornal.com.br/expresso/2017/04/11/O-que-h%C3%A1-na-lista-de-inqu%C3%A9ritos-de-Fachin.-E-como-ela-atinge-governo-e-oposi%C3%A7%C3%A3o

14. https://g1.globo.com/sao-paulo/noticia/justica-arquiva-investigacao-sobre-fhc-baseada-em-delacao-da-odebrecht.ghtml

15. https://politica.estadao.com.br/blogs/fausto-macedo/leia-a-integra-da-entrevista-com-sergio-moro/

16. https://theintercept.com/2019/06/09/editorial-chats-telegram-lava-jato-moro/

17. http://www.apla.lat/

18. https://politica.estadao.com.br/blogs/fausto-macedo/wp-content/uploads/sites/41/2015/11/182_LAU1.pdf

19. http://g1.globo.com/pr/parana/noticia/2016/01/nestor-cercero-cita-us-100-milhoes-de-propina-ao-governo-de-fhc.html

20. https://brasil.elpais.com/brasil/2016/06/03/politica/1464971152_968822.html

21. https://politica.estadao.com.br/blogs/fausto-macedo/mais-um-delator-da-lava-jato-relata-ordem-superior-para-beneficiar-empresa-ligada-a-filho-de-fhc/

22. http://www.mpf.mp.br/pr/sala-de-imprensa

23. https://g1.globo.com/politica/operacao-lava-jato/noticia/video-delacao-de-emilio-odebrecht.ghtml

24. https://talesfaria.blogosfera.uol.com.br/2019/06/10/fhc-ve-tempestade-em-copo-dagua-no-vazamento-de-conversas-de-sergio-moro/?

'CARAAAAACA'

Lava Jato tramou vazamento de delação para interferir na política da Venezuela após sugestão de Sergio Moro.

LEANDRO DEMORI • ANDREW FISHMAN • AMANDA AUDI
07 de julho de 2019
https://interc.pt/329NRxM

PROCURADORES DA LAVA JATO se articularam para vazar informações sigilosas da delação da Odebrecht para a oposição venezuelana após uma sugestão do então juiz Sergio Moro. As conversas privadas pelo aplicativo Telegram em agosto de 2017 indicam que a principal motivação para o vazamento era política, e não jurídica, e que os procuradores sabiam que teriam que agir nas sombras. "Talvez seja o caso de tornar pública a delação dá Odebrecht sobre propinas na Venezuela. Isso está aqui ou na PGR?", sugeriu Moro ao coordenador da força-tarefa da Lava Jato em Curitiba, Deltan Dallagnol, às 14h35 do dia 5 de agosto.

Deltan respondeu mais tarde, explicando como eles poderiam fazer a operação: "Naõ dá para tornar público simplesmente porque violaria acordo, mas dá pra enviar informação espontãnea [à Venezuela] e isso torna provável que em algum lugar no caminho alguém possa tornar público". Antes, Deltan já havia dito a Moro, em meio a uma conversa sobre os vazamentos: "Haverá críticas e um preço, mas vale pagar para expor e contribuir com os venezuelanos".

Deltan respondia a mais uma das várias sugestões[1] que o ex-juiz Moro deu a procuradores ao longo da Lava Jato, atuando como coordenador de fato[2] da força-tarefa, o que é ilegal.

A intenção de expor informações secretas comprometedoras contra o governo de Nicolás Maduro, agindo politicamente, o que não é papel do MPF, chegaria em um momento bastante tenso. Em julho daquele ano, os EUA tinham ameaçado Maduro com novas sanções[3] se a Venezuela prosseguisse com a fundação de uma Assembleia Constituinte — uma nova entidade legislativa criada para fortalecer o governo e desmoralizar o Congresso, dominado pela oposição. Uma semana depois, Trump faria uma ameaça de ação militar pela primeira vez desde o começo das tensões entre Washington e Caracas, quando Hugo Chávez foi eleito presidente em 1999.

À época, o Brasil ainda mantinha relações normais com a Venezuela — o reconhecimento do governo paralelo de Juan Guaidó só aconteceria mais de um ano depois[4]. A divulgação não autorizada de informações sigilosas por parte dos procuradores poderia caracterizar, em tese, o crime previsto no artigo 325 do Código Penal, que pune com até dois anos de prisão o agente público que "revelar fato de que tem ciência em razão do cargo e que deva permanecer em segredo, ou facilitar-lhe a revelação".

Com poucos interlocutores em Caracas, a Lava Jato recorreu à ex-procuradora-geral Luísa Ortega Díaz, naquele momento já destituída de seu cargo por ser vista como uma ameaça a Maduro. Moro enviou mensagem a Deltan sugerindo a abertura das informações da Odebrecht no mesmo dia em que a

Assembleia Constituinte venezuelana aprovou o afastamento de Ortega. Semanas antes, ela tinha feito denúncia ligada à corrupção da Odebrecht[5]. Batia direto em Maduro.

Poucos dias depois de se autoexilar no Brasil, Ortega se reuniu[6] com a Procuradoria-Geral da República brasileira. As mensagens obtidas pelo Intercept mostram agora o que ela desejava: cooperar com a Lava Jato mesmo não tendo mais a atribuição de conduzir negociações. "Assistimos a um estupro institucional do Ministério Público venezuelano"[7], declarou o então procurador-geral Rodrigo Janot, ao recebê-la em Brasília. "Sem independência, o Ministério Público do nosso vizinho ao norte não tem mais condições de [...] conduzir investigações criminais ou atuar em juízo com isenção".

Fora dos holofotes, a força-tarefa discutia o assunto intensamente, debatendo inclusive o poder de mobilização que as informações teriam em uma Venezuela em crise profunda. "Vejam que uma guerra civil lá é possível e qq ação nossa pode levar a mais convulsão social e mais mortes", ponderou o procurador Paulo Galvão em 5 de agosto, semanas antes do encontro entre Janot e Ortega, em Brasília, no dia 23 daquele mês. Colega dele, Athayde Ribeiro Costa também mostrou cautela: "Imagina se ajuizamos e o maluco manda prender todos os brasiliros no territorio venezuelano".

Horas depois, Deltan tentou amenizar o temor dos colegas. "PG, quanto ao risco, é algo que cabe aos cidadãos venezuelanos ponderarem. Eles têm o direito de se insurgir". No dia seguinte, ele voltaria à carga:

> **PAULO ROBERTO GALVÃO**
> Procurador da Lava Jato.

6 DE AGOSTO DE 2017 – GRUPO FILHOS DO JANUARIO 2

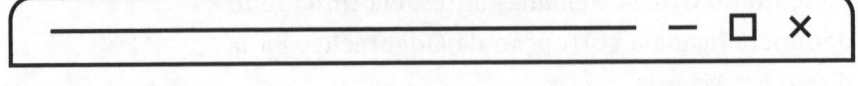

DELTAN – 14:48:25 – Temos os fatos cíveis e compartilhamos para fins criminais. Não vejo como uma questão de efetividade, mas simbólica. Como Maluf ter ordem de prisão em NY e condenação na França. Não vejo problema de soberania. E há justificativa para fazer qto à Venezuela e não outros pq destituiu a procuradora geral e é ditadura

DELTAN – 14:50:42 – O propósito de priorizar seria contribuir com a luta de um povo contra a injustiça, revelando fatos e mostrando que se não há responsabilização lá é pq lá há repressão. Qto a travar a possibilidade de processamento lá, podemos fazer só em relação a parte dos fatos, o que resolveria o problema

As revelações, que publicamos em parceria com o jornal Folha de S. Paulo, estão em um arquivo de documentos fornecidos exclusivamente ao Intercept por uma fonte anônima (leia nossa declaração editorial)[8] e fazem parte da série #VazaJato.

'Vcs que queriam leakar as coisas da Venezuela, tá aí o momento'

DEPOIS DE CONVERSAR COM MORO no início da noite de 5 de agosto de 2017, Deltan foi debater a questão com os colegas do grupo *Filhos do Januario 2*. A conversa durou algumas horas até que, já perto do final da noite, os procuradores fecharam questão.

5 DE AGOSTO DE 2017 - GRUPO FILHOS DO JANUARIO 2

PAULO - 19:23:59 - Mas pessoal, vamos refletir. Já tinha conversado com Orlando sobre isso. Vejam que uma guerra civil lá é possível e qq ação nossa pode levar a mais convulsão social e mais mortes (ainda que justa ou correta a ação). Lá não é Brasil.

PAULO - 19:24:33 - Não estou dizendo que sim ou que não, apenas que precisa ser refletido

ROBERSON MPF - 19:26:38 - Caraaaaaca

ORLANDO SP - 19:29:47 - Pessoal, sobre Venezuela. Não dá para abrir simplesmente o que temos. Descumpriríamos o acordo. Não dá para arriscar um descumprimento de acordo, inclusive com consequências cíveis de nossa parte, bem como da União.

ORLANDO SP - 19:30:44 - A solução de fazermos algo aqui, creio que demoraria muito. Teríamos que alinhavar uma denúncia ou algo semelhante, sem ouvir pessoas, etc. Acho que não aproveitaria o timing.

ROBERSON MPF - 19:30:47 - Acho que se propusermos a ação aqui não dá descumprimento, Orlandinho

ORLANDO SP - 19:31:02 - Mas o problema é o timing

ORLANDO SP - 19:31:50 - A solução que vejo é fazer uma comunicação espontânea para o próprio país. No caminho isso certamente vazará em algum lugar, sem qq participação nossa. Isso posso fazer de imediato.

ORLANDO SP - 19:32:39 - Sem prejuízo de trabalharmos em uma denúncia

ORLANDO SP - 19:33:25 - Quanto a denúncia, certamente enfrentaremos uma crítica ferrada, mas aí Moro declina para a capital e boa.... o fato estará revelado.

PAULO ROBERTO GALVÃO
Procurador da Lava Jato.

ROBERSON POZZOBON
Procurador da Lava Jato.

ORLANDO MARTELLO
Procurador da Lava Jato.

Pouco mais de duas horas depois, Deltan respondeu:

5 DE AGOSTO DE 2017 – GRUPO FILHOS DO JANUARIO 2

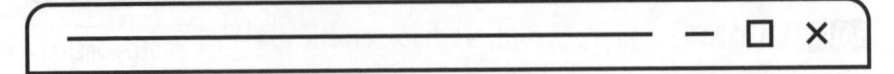

DELTAN – 21:47:19 – PG, quanto ao risco, é algo que cabe aos cidadãos venezuelanos ponderarem. Eles têm o direito de se insurgir.

[PROCURADOR NÃO IDENTIFICADO] – 22:21:18 – De qualquer forma, é preciso analisar bem os fatos, pois se estiverem sob sigilo do STF não será possível usar. Além disso Maduro tem imunidade e salvo por questões de direitos humanos, fica difícil processar, pelo menos enquanto estiver no poder. Mas não é de se afastar de todo a ideia. É de qualquer forma teríamos ainda que convencer o Russo.

DELTAN – 22:35:57 – Russo diz que temos que nós aqui estudar a viabilidade. Ou seja, ele considera

DELTAN – 22:36:19 – Não rejeitou prima facie, o que tomo como uma abertura para analisarmos concretamente com perspectiva

DELTAN – 22:36:22 – boa

PG
Paulo Roberto Galvão.

Na tarde do dia 28 de agosto, o procurador Orlando Martello mandou uma mensagem no grupo relatando uma conversa telefônica sua com Vladimir Aras. Então secretário de Cooperação Judicial Internacional do Ministério Público, Aras dissera, no início de 2016, que não confiava em Ortega. "Temos bom contato com um ou dois 'fiscales' na Venezuela, mas a PGR lá não nos inspira confiança", declarou no chat *Acordo LMeirelles*. Pelo teor da ligação com Orlando, Aras havia mudado de ideia, e Ortega passou a ser a ponte crucial para organizar a cooperação clandestina com o Ministério Público venezuelano.

Pelos chats, foi Aras quem organizou a acolhida de dois procuradores venezuelanos que vieram ao Brasil em segredo, em meados de setembro, para trabalhar nos documentos, ideia de Ortega. Dois procuradores de Curitiba ofereceram suas casas, enquanto Deltan pediu ajuda à Transparência Internacional para que a ONG financiasse a estadia deles no Brasil.

Ortega chegou[9] antes deles no Brasil, em 22 de agosto, duas semanas depois de a força-tarefa começar a se movimentar. "Vcs que queriam leakar as coisas da Venezuela, tá aí o momento. A mulher está no Brasil", escreveu o procurador Paulo Galvão. Como se Galvão estivesse brincando, os colegas reagiram com ironias.

> **LEAKAR**
> Vazar.

Semanas depois, em outubro, Ortega publicou[10] em seu site[11] dois vídeos: eram trechos de depoimentos do ex-diretor da Odebrecht na Venezuela Euzenando Azevedo, nos quais ele admite ter repassado 35 milhões de dólares da empreiteira à campanha eleitoral de Maduro. Na delação, ele também admitiu[12] ter pagado 15 milhões de dólares para a campanha do candidato da oposição, Henrique Capriles, fato que não foi incluído nos vídeos divulgados por Ortega.

Risco de vida

APÓS O VAZAMENTO, Mauricio Bezerra, advogado da Odebrecht, mandou uma mensagem para o procurador Carlos Bruno Ferreira, da Secretaria de Cooperação Internacional da PGR, encaminhada ao grupo *Filhos do Januario 2* pelo procurador Roberson Pozzobon. Nela, Bezerra reclama que o vazamento "aumentou significativamente o risco" para várias pessoas:

13 DE OUTUBRO DE 2017 – GRUPO FILHOS DO JANUARIO 2

15:36:44
Mensagem encaminhada, por isso aparece com o mesmo horário da mensagem abaixo.

AGOSTO
Parte da delação foi publicada pelo jornalista Guilherme Amado, n'O Globo, em fins de julho.

ROBERSON MPF – 15:36:44 **–** ↱ Boa noite. Infelizmente, assim como ocorreu no mês de agosto, fomos mais uma vez surpreendidos pela veiculação de um vídeo dos depoimentos tomados pela PGR dos nossos colaboradores na fase final do processo de cooperação. Dessa vez, diferentemente do que vinha ocorrendo, o áudio veio à público através da ex-Fiscal da Venezuela, a Sra. Luiza Ortega, exilada e oposicionista ao atual Governo, como pode ver no link abaixo. Mais grave ainda é que o vídeo foi veiculado no momento em que estamos mantendo negociações delicadas com aquele país, conforme informamos a Vossas Senhorias. A veiculação do vídeo aumentou significativamente o risco aos nossos integrantes, aos cidadãos venezuelanos e as nossas operações. Já estamos adotando as medidas de cautela. Amanhã faremos um novo requerimento para que os vazamentos desses vídeos sejam apurados. Importante que a PGR abra o quanto antes um inquérito para apurar os fatos e assegurar que que eventos dessa natureza não tenham continuidade, pois além de prejudicar a correta investigação dos fatos coloca em risco a integridade física dos nossos empregados e suas famílias. Grato pela atenção sempre dispensada, Mauricio Link: https://www.oantagonista.com/brasil/em-video-executivo-da-odebrecht-confirma-us-35-milhoes-para-maduro/

ROBERSON MPF – 15:36:44 – Prezados, bom dia. A mensagem acima foi enviada pelo dr mauricio Bezerra ao dr Carlos Bruno hoje pela manhã. Compartilho com os senhores.

ROBERSON MPF – 15:38:01 – Sabe se o audio já tinha sido compartilhado com eles, PG?

PAULO – 15:48:22 – Nos não passamos... Só se foi Vlad

PAULO – 15:48:28 – Ou Orlando, escondido

Faltavam poucos dias para as eleições dos governos estaduais quando a população venezuelana viu nas redes o ex-diretor da Odebrecht no país detalhando a corrupção no governo Maduro. A Odebrecht chegou a apresentar uma notícia-crime[13] no STF, insinuando fortemente que a Procuradoria-Geral da República, entidade que chefia a Lava Jato, teria vazado o vídeo. Segundo eles, apenas a PGR teve acesso à gravação.

"Os vídeos dos relatos de todos os colaboradores da companhia, especialmente daqueles que abordam fatos ocorridos no exterior, encontram-se custodiados pela PGR, sendo que jamais foram oficialmente entregues aos colaboradores, aos seus causídicos ou a quem quer que seja", alegou a empresa.

> **CAUSÍDICOS**
> Advogados.

A PGR foi chamada a prestar esclarecimentos[14]. Há um mês, a procuradora-geral Raquel Dodge informou que há um inquérito sigiloso na Justiça Federal em Brasília.

O risco de vida dos funcionários da Odebrecht, comentado pelo representante da empresa, era preocupação da própria Lava Jato, mesmo antes dos procuradores debaterem os vazamentos. Em dezembro de 2016, o próprio Deltan se disse contra a divulgação daquelas informações, reconhecendo que eram potencialmente explosivas. "Eu estou preocupado com a transmissão de informação internacional", escreveu em uma carta em inglês que compartilhou com seus colegas pelo chat. A primeira justificativa que ele listou foi "para evitar o risco de vida para funcionários da Odebrecht em países como Angola e Venezuela, como os contratos ainda estão em andamento aí".

> **CARTA**
> Provavelmente destinada a Christopher Cestaro, procurador do Departamento de Justiça dos EUA.

> *a) one is to avoid life risks for Odebrecht employees in countries such as Angola and Venezuela, since the contracts are still going on there.*

Quando Ortega teve acesso ao depoimento do ex-diretor da Odebrecht, Brasil e Venezuela tinham um termo de compromisso assinado sobre a delação do ex-marqueteiro petista João Santana. O acordo não previa acesso dos venezuelanos à toda a delação da empreiteira, disse a Procuradoria-Geral da República quando procurada pela reportagem da Folha.

'FHC veio conversar comigo no final e disse que é uma boa ideia'

NOS CHATS, fica clara a preocupação da Transparência Internacional com a situação cada vez mais crítica da Venezuela. A ONG passou a defender publicamente a abertura de um processo contra autoridades do país, e discutiu o assunto com o ex-presidente Fernando Henrique Cardoso[15] durante um evento realizado em sua fundação.

"FHC veio conversar comigo no final e disse que é uma boa ideia", teclou o diretor-executivo da Transparência Internacional no Brasil, Bruno Brandão, numa mensagem enviada a Deltan em outubro de 2017.

31 DE OUTUBRO DE 2017 – CHAT PRIVADO

BRUNO – 15:53:40 – Delta, tudo bem? Voltei hj e já estou novamente na ativa.

BRUNO – 15:55:49 – Estou num debate sobre Venezuela na Fundação FHC e queria comentar que a TI está defendendo, junto à FTLJ, que se abram processos extraterritoriais contra autoridades venezuelanas.

BRUNO – 15:59:13 – Alguma objeção?

DELTAN – 19:51:31 – Sem objeções

DELTAN – 19:51:50 – É até bom pra testar terreno

BRUNO – 20:04:16 – FHC veio conversar comigo no final e disse que é uma boa ideia

BRUNO – 20:04:27 – outros vieram tb

Mas uma conversa entre procuradores do último dia 12 de abril revela que o ministro Edson Fachin, relator da Lava Jato no Supremo Tribunal Federal, decidiu que o caso venezuelano não deve ser tocado em Curitiba por não ter relação com a Petrobras.

"Estou com sérias dúvidas se podemos prosseguir aqui Cwb com o caso em razão do 'reconhecimento da incompetência' da 13VF", escreveu Orlando Martello no chat *Venezuela Dream*. "Fachin reconheceu que nos fatos relatados por Euzenando, embora possa ter fatos relacionados ao setor de operação estruturadas (essa era a tese do mpf para manter os termos em Cwb), ele afastou a conexão pq não tem relação com a Petrobras".

> **BRUNO BRANDÃO**
> Diretor-executivo da Transparência Internacional no Brasil.

> **EUZENANDO AZEVEDO**
> Ex-executivo da Odebrecht na Venezuela.

> **SETOR DE OPERAÇÕES ESTRUTURADAS**
> Departamento de propinas da Odebrecht.

Outro lado

O MINISTRO DA JUSTIÇA, Sergio Moro, não quis fazer comentários sobre o conteúdo das mensagens. Ele limitou-se a reafirmar o posicionamento adotado nas últimas semanas, pondo em dúvida a autenticidade das mensagens obtidas pelo Intercept e sugerindo que elas podem ter sido adulteradas.

Como em outras vezes que falou sobre o assunto, Moro não nega ter dito o que aparece nos chats. "Mesmo se as supostas mensagens citadas na reportagem fossem autênticas, não revelariam qualquer ilegalidade ou conduta antiética, apenas reiterada violação da privacidade de agentes da lei com o objetivo de anular condenações criminais e impedir novas investigações".

A força-tarefa da operação Lava Jato em Curitiba seguiu a mesma linha. "O material apresentado pela reportagem não permite verificar o contexto e a veracidade das mensagens", afirmou sua assessoria.

A Procuradoria-Geral da República afirmou que não se manifestará sobre o assunto, assim como a Odebrecht. A advogada Carla Domenico não quis comentar as citações ao ex-diretor da empresa Euzenando Azevedo, que coopera com a Lava Jato e é seu cliente.

A Transparência Internacional afirmou defender medidas para aprimorar a cooperação jurídica internacional e ações das instituições brasileiras para responsabilizar autoridades estrangeiras envolvidas com esquemas de corrupção, como os desvendados pela Lava Jato.

"Além de consolidar sua liderança internacional no enfrentamento da corrupção, (o Brasil) pode estabelecer importante jurisprudência contra a impunidade em nações institucionalmente mais frágeis, incluindo ditaduras que se valem sistematicamente da corrupção para sua manutenção no poder", disse a organização.

"O caso da Venezuela talvez seja um dos mais graves no contexto internacional da Lava Jato, pois a reação do governo local contra os procuradores responsáveis pelas investigações dos crimes revelados pelos brasileiros foi tão extrema que resultou no exílio destas autoridades, com suas vidas e as de seus familiares ameaçadas", acrescentou.

O ex-presidente Fernando Henrique Cardoso afirmou não se lembrar das conversas.

LINKS

1. https://theintercept.com/2019/06/09/chat-moro-deltan-telegram-lava-jato/
2. https://veja.abril.com.br/politica/dialogos-veja-capa-intercept-moro-dallagnol/
3. https://www.reuters.com/article/us-venezuela-politics-usa/trump-threatens-sanctions-if-venezuela-creates-constituent-assembly-idUSKBN1A22EJ
4. https://oglobo.globo.com/mundo/brasil-reconhece-juan-guaido-como-presidente-interino-da-venezuela-23395947
5. https://www1.folha.uol.com.br/mundo/2017/07/1900847-mp-da-venezuela-acusa-parentes-de-ex-ministro-por-elo-com-caso-odebrecht.shtml

6. http://www.mpf.mp.br/pgr/noticias-pgr/procuradora-geral-destituida-da-venezuela-diz-que-crise-no-pais-e-resultado-da-corrupcao
7. https://www1.folha.uol.com.br/mundo/2017/08/1912265-ex-procuradora-da-venezuela-diz-que-e-perseguida-para-nao-denunciar-corrupcao.shtml
8. https://theintercept.com/2019/06/09/editorial-chats-telegram-lava-jato-moro/
9. https://noticias.uol.com.br/internacional/ultimas-noticias/2017/08/23/crise-na-venezuela-ameaca-estabilidade-da-regiao-diz-ex-procuradora-geral.htm
10. https://twitter.com/lortegadiaz/status/918535944432766977?ref_src=twsrc%5Etfw%7Ctwcamp%5Etweetembed%7Ctwterm%5E918535944432766977&ref_url=https%3A%2F%2Fwww.oantagonista.com%2Fbrasil%2Fem-video-executivo-da-odebrecht-confirma-us-35-milhoes-para-mad
11. https://lortegadiaz.com/2017/10/12/declaracion-del-presidente-de-odebrecht-venezuela-sobre-financiamiento-a-nicolas-maduro-video-completo/
12. https://www.jota.info/especiais/cooperacao-internacional-no-caso-odebrecht-venezuela-29052019
13. https://www1.folha.uol.com.br/poder/2017/10/1928256-o-debrecht-indica-que-janot-vazou-delacao-sobre-propina-na-venezuela.shtml
14. https://www.conjur.com.br/2018-fev-27/pgr-explicar-supremo-vazamento-delacao-venezuela
15. https://theintercept.com/2019/06/18/lava-jato-fingiu-investigar-fhc-apenas-para-criar-percepcao-publica-de-imparcialidade-mas-moro-repreendeu-melindra-alguem-cujo-apoio-e-importante/

'ISSO É UM PEPINO PRA MIM'

Deltan Dallagnol deu palestra remunerada para empresa investigada na Lava Jato.

AMANDA AUDI • LEANDRO DEMORI • RAFAEL MORO MARTINS
26 de julho de 2019
https://interc.pt/2K3KdgP

O PROCURADOR DELTAN DALLAGNOL foi pago para dar uma palestra para uma empresa investigada por corrupção pela Lava Jato, operação que ele comanda em Curitiba. Dallagnol recebeu R$ 33 mil da Neoway, uma companhia de tecnologia, quando ela já estava citada numa delação que tem como personagem central Cândido Vaccarezza, ex-líder de governos petistas na Câmara que foi preso em 2017, e em negociatas na BR Distribuidora, subsidiária da Petrobras privatizada na terça-feira[1].

Não ficou só na palestra, realizada em março de 2018. Deltan também aproximou a Neoway de outros procuradores com a intenção de comprar produtos para uso da Lava Jato. Ele chegou a gravar um vídeo para a empresa, enaltecendo o uso de produtos de tecnologia em investigações — a Neoway vende *softwares* de análise de dados.

Quando finalmente percebeu que havia recebido dinheiro e feito propaganda grátis para uma empresa investigada pela operação que comanda no Paraná, o procurador confessou a colegas: "Isso é um pepino pra mim". Mas só escreveu à corregedoria do Ministério Público Federal para prestar "informações sobre declaração de suspeição por motivo de foro íntimo" quase um ano depois, quando o processo foi desmembrado no STF e uma parte foi remetida à Lava Jato de Curitiba.

RPS - RECIBO DE PRESTAÇÃO DE SERVIÇOS

	Competência:	mar/18
	Data do Pagamento:	08/mar/18

Valor do Serviço Bruto	R$ 33.250,00
(Desconto Máximo INSS)	R$ 0,00

valor-base para cálculo do IR	R$ 33.250,00

IRRF	27,50%	R$ 9.143,75
Parcela a Deduzir		R$ 869,36
valor do IRRF		R$ 8.274,39

Valor ISS (CONTRIBUINTE SEM CCM)	5%	R$ 1.662,50

Valor do Serviço Líquido	R$ 23.313,11

Recebi da Neoway Tecnologia Integrada Assessoria e Negócios SA, pessoa jurídica de direito privado, estabelecida na Rua Patrício Farias, 131, sala 201 - Itacorubi - Florianópolis -SC - cep: 88034-132r, inscrita no CNPJ/MF sob o nº 05.337.875/0001-05, o valor líquido acima descrito referente à palestra do dia 9 de março de 2018 em Florianópolis, SC.

Curitiba, 9 de março de 2018.

Deltan Martinazzo Dellagnol
CPF/MF nº ▓▓▓▓▓

Cópia do recibo entregue por Deltan Dallagnol à Neoway pelo pagamento da palestra.

Os diálogos fazem parte de um pacote de mensagens que o Intercept começou a revelar em 9 de junho na série #VazaJato. Os arquivos reúnem chats, fotos, áudios e documentos de procuradores da Lava Jato compartilhados em vários grupos e chats privados do aplicativo Telegram. A declaração conjunta dos editores do The Intercept e do Intercept Brasil[2] explica os critérios editoriais usados para publicar esses materiais.

'Podemos ir pra cima em CWB?'

A PRIMEIRA CITAÇÃO à Neoway nos chats secretos da Lava Jato aconteceu dois anos antes da palestra de Deltan, em 22 de março de 2016, em um grupo no Telegram chamado *Acordo Jorge Luz*. O grupo fora criado para que os procuradores da Lava Jato discutissem os termos de delação de Jorge Antonio da Silva Luz, um operador do MDB que tentava negociar uma delação com a força-tarefa. Dallagnol participava ativamente do grupo.

Naquele dia, o procurador Paulo Galvão mandou um documento que trazia a primeira versão do que viria a ser o depoimento de Luz sobre diversas empresas, entre elas a Neoway. No documento, o candidato a delator narrava: "Lembro-me ainda de um projeto de tecnologia para Petrobras com a empresa Neoway que recorri ao Vander e Vaccarezza para me ajudarem agendando uma reunião na BR Distribuidora. Houve esta reunião e recebi valores por esta apresentação e destas repassei parte para eles. Posteriormente a tecnologia foi contratada sem minha interferência ou dos deputados".

VANDER LOUBET
Deputado federal pelo PT-MS.

CANDIDO VACAREZZA
Ex-deputado federal pelo PT-SP. Hoje está no Avante.

Deltan já estava no grupo quando os documentos foram enviados. Foi ele quem enviou os primeiros depoimentos prestados por Luz, que haviam sido rejeitados anteriormente e ajudariam a embasar uma nova rodada de negociações.

O coordenador da Lava Jato voltou a se manifestar no chat em 6 de julho de 2016. "Caros, confirmam que negociações com Luz foram encerradas? Se é isso mesmo, alguém disse para o Luz que as negociações foram encerradas? Isso precisa ficar bem claro com os advs antes de retomarmos ações. Podemos ir pra cima em CWB?", disse.

Meses depois, em 24 de abril de 2017, no mesmo grupo do Telegram, Galvão enviou um novo documento, que continha novas delações da proposta de colaboração do lobista. O arquivo, intitulado *Novos anexos e complementações.docx*, segundo os metadados, foi escrito pelos advogados de Luz. O documento trazia detalhes inéditos sobre negócios envolvendo a Neoway em um esquema de corrupção.

Neles, Jorge Luz afirmava: "Paguei ao Vaccarezza para arrumar o negócio. Não me recordo o ano, mas será fácil verificar pela conferência de dados financeiros acessíveis a época que checarmos nossa contabilidade, uma vez que tudo relativo a Neoway foi feito com contratos executados no Brasil por empresas brasileiras, mas creio que seja por volta do ano de 2011/2012".

Em abril de 2019, o ministro do Supremo Tribunal Federal Edson Fachin determinou que os trechos da delação de Luz relativos à Neoway dessem origem a um processo específico na corte superior. Ele está sob sigilo, mas estava anexado às conversas obtidas pelo Intercept[3].

> **METADADOS**
> Informações sobre um determinado arquivo. Inclui dados como data de criação e modificação e autor, entre outros.

> III) NEOWAY (BR DISTRIBUIDORA) AJUDA DO VACCAREZZA:
>
> - DESCRIÇÃO DA CONDUTA:
>
> ==Paguei ao **Vaccarezza** para arrumar o negócio. Não me recordo o ano, mas será fácil verificar pela conferência de dados financeiros acessíveis a época que checarmos nossa contabilidade, uma vez que tudo relativo a Neoway foi feito com contratos executados no Brasil por empresas brasileiras, mas creio que seja por volta do ano de 2011/2012.==
>
> Fui (**Jorge**) apresentado ao **Jaime de Paula** pelo advogado **Sergio Tourinho Dantas**. **Jaime de Paula**, um engenheiro com doutorado em tecnologia da informação, havia desenvolvido uma tecnologia super inovadora que podia criar informações públicas na velocidade da luz.

'Isso é um pepino pra mim'

APARENTEMENTE, DELTAN E SEUS COLEGAS de Curitiba se esqueceram da investigação sobre a Neoway quando, em 5 de março de 2018, o chefe da força-tarefa foi contratado para fazer a palestra para a empresa e comemorou enviando uma mensagem no grupo *Incendiários ROJ*, que reunia procuradores da Lava Jato. O procurador demonstrou entusiasmo e mencionou o dono da firma, Jaime de Paula — que também é citado pelo delator Jorge Luz.

"Olhem que legal. Sexta vou dar palestra para a Neoway, do Jaime de Paula. Vejam a história dele: https://endeavor.org.br/empreendedores-endeavor/jaime-de-paula/. A neoway é empresa de soluções de big data que atende 500 grandes empresas, incluindo grandes bancos etc.".

Acima, trecho da proposta de delação premiada do lobista Jorge Luz

O procurador da República Júlio Noronha, também integrante da Lava Jato, então sugeriu que Deltan buscasse marcar uma reunião com o dono da Neoway para tratar de produtos para um projeto da Procuradoria chamado de Laboratório de Investigação Anticorrupção, o LInA. "Top Delta!!! De repente, se conseguir um espaço para conversarmos com ele e tentarmos algo para trazer uma solução para agregar ao LInA, seria massa tb!", disse Noronha.

Deltan concordou e afirmou que iria procurar agradar o empresário. "Exatamente. Isso em que estava no meu plano. Vou até citar ele na palestra pra ver se sensibilizo kkkk".

Quatro dias depois, Deltan fez a palestra para a Neoway num evento chamado *Data Driven Business*, realizado no Costão do Santinho, um badalado — e caro — resort em Florianópolis. A estratégia traçada por ele funcionou: no fim daquela mesma noite, ele procurou os colegas noutro grupo, chamado *LInA — Coordenação*, para marcar a reunião com os representantes da empresa. "Caros podem receber a Neoway de bigdata na segunda para apresentar os produtos???? Ou quarta?".

O procurador afirmou que a companhia cogitava fornecer produtos gratuitamente. "Como fiz um contato bom aqui valeria estar junto. Eles estão considerando fazer de graça. O MP-MG está contratando com inexigibilidade".

Houve impasse quanto à data da reunião, e Deltan disse que eles deveriam ser rápidos para não perder a oportunidade. "Minha única preocupação é perdermos o *timing* da boa vontade deles rs. Mas entendo. Marcamos dia 20 então?". Noronha concordou e emendou: "Kkkk a gente ganha eles de novo qdo encontrarmos!".

> **INEXIGIBILIDADE**
> Órgãos públicos podem contratar serviços ou comprar produtos sem concorrência pública em hipóteses nas quais só há um fornecedor apto a atender às necessidades da administração pública.

Os diálogos e documentos analisados pelo Intercept e pela Folha de S. Paulo indicam que a reunião foi realizada, e a ideia de integrar a Neoway ao projeto de sistema de dados da Procuradoria ganhou força internamente.

Foi só quatro meses após ter vendido sua palestra para a Neoway — e já em meio às negociações para a aquisição de produtos da empresa — que Deltan abriu o Telegram e disse aos procuradores que havia descoberto a citação à empresa na colaboração premiada do lobista Jorge Luz apenas naquele momento. "Isso é um pepino pra mim", afirmou, então. Era 21 de julho de 2018.

Apesar disso, foi só em 4 de junho de 2019 — quase 11 meses depois — que Dallagnol enviou um ofício[4] ao corregedor do Ministério Público Federal, Oswaldo José Barbosa Silva. Nele, confessava que em 3 de março de 2018 (ou seja, havia um ano e três meses) "participei de congresso anual da empresa Neoway, que oferece soluções de bancos de dados e *softwares*, inclusive para fins de *compliance* e investigações internas, realizando palestra remunerada por valor de mercado, sobre combate à corrupção e ética nos negócios".

"Na data da palestra, a empresa não era investigada no âmbito desta força-tarefa da Lava Jato e eu desconhecia que a empresa seria mencionada no futuro em colaboração premiada a qual seria firmada pela Procuradoria-Geral da República, em Brasília. No sistema que contém informações sobre delações da Lava Jato e em sua base de dados, não constava qualquer menção à existência de delação ou investigação sobre a empresa que pudesse indicar a existência de potencial conflito de interesses", prosseguiu Deltan.

Mas a Neoway já havia aparecido em documentos oficiais em duas ocasiões. A primeira vez foi no rascunho da proposta de delação de Luz, cujo documento foi criado em março de 2016, de acordo com os metadados. A segunda noutro documento, criado em abril de 2017, que continha novos depoimentos do lobista. Ambos foram enviados ao grupo de Telegram do qual Dallagnol fazia parte. Além disso, convenientemente o procurador deixou de mencionar ao corregedor que nos grupos de Telegram, que não eram uma ferramenta oficial do MPF, ela apareceu pela primeira vez em 22 de março de 2016 — ou seja, quase dois anos antes da palestra.

Há ainda outro intervalo de tempo que vale a pena notarmos: Deltan enviou sua confissão voluntária à corregedoria apenas cinco dias antes do Intercept começar a publicar as reportagens sobre os chats da Lava Jato no Telegram, em 9 de junho passado. Na declaração editorial[5] publicada naquele mesmo dia, dissemos que trabalhávamos com o material havia diversas semanas.

21 DE JULHO DE 2018 – CHAT PRIVADO

DELTAN DALLAGNOL – 11:04:20 – ↪ Qto isso é ruim? Legalmente não vejo qualquer problema, mas já estou sofrendo por antecipação com as críticas.

DALLAGNOL – 11:04:20 – ↪ Dando uma passada de olhos nos anexos do Luz, vejam o que achei

DALLAGNOL – 11:04:20 – ↪ (pdf ou link perdido)

DALLAGNOL – 11:04:20 – ↪ Empresa de TI que veio apresentar produtos de TI para LJ

DALLAGNOL – 11:04:20 – ↪ Isso é um pepino pra mim. É uma brecha que pode ser usada para me atacar (e a LJ), porque dei palestra remunerada para a Neoway, que vende tecnologia para compliance e due diligence, jamais imaginando que poderia aparecer ou estaria em alguma delação sendo negociada. Quero conversar com Vcs na segunda para ver o que fazer, acho que é o caso de me declarar suspeito e não sei até que ponto isso afeta o trabalho de todos (prov tem que ser redistribuído para colega da PRPR e dai designar todos menos eu para assinar). Pensando rapidamente o que provavelmente poderia fazer ou informar: -Não tinha conhecimento, não participei da negociação -assim que tomei, me declarei suspeito e me afastei -a palestra remunerada é autorizada pelo CNMP e se deu em contexto de mercado (lançamento de produto de compliance) e por valor de mercado -já recusei palestra por conflito de interesses, mas nesse caso não foi identificado -como voltará à baila a questão das palestras, a maior parte das palestras é gratuita e grande parte do valor é doado

---

11:04:20
Mensagem encaminhada de Deltan Dallagnol para o colega Carlos Fernando dos Santos Lima em chat privado. As mensagens originais são do grupo *Filhos do Januario 2*.

'Delta nao quer... Problema da Neoway'

EM AGOSTO DE 2018, os procuradores iniciaram a conversa sobre quem iria trabalhar nos casos relativos a Jorge Luz e a Neoway voltou à tona quando o procurador Paulo Galvão indagou aos colegas: "vcs nao preferem ficar de fora do luz [processos de Jorge Luz]?"

Laura Tessler, então, sugeriu que todos os procuradores da equipe entrassem no caso, mas Galvão lembrou do episódio da palestra de Deltan. "Delta nao quer... problema da neoway, laurinha", disse Galvão à colega.

Em seguida, Deltan mostrou estar incomodado com a situação. "Quero distância rs Acho que Robito e Júlio tb não queriam", postou o procurador. Por fim, a procuradora Jerusa Viecili indicou os nomes de apenas sete procuradores para trabalhar nos processos de Luz e arrematou: "Melhor deixar fora quem teve contato com a neoway".

O vídeo gravado por Deltan a pedido da Neoway no evento da empresa em março de 2018 — no qual o procurador discorreu sobre a importância do uso de sistemas de dados em investigações — também gerou debate nos chats.

"A tecnologia é essencial para nós podermos avançar contra a corrupção em investigações como a Lava Jato, por exemplo. Hoje, nós lidamos com uma imensa massa de dados, uma imensa massa de dados em investigações, uma imensa massa de dados que podem ser usados para avaliar potenciais fornecedores ou clientes, e fazer *due diligence*. Isso nos faz precisar, se nós queremos investigar melhor, tanto no âmbito público como no privado, a usar sistemas de big data", disse Deltan no vídeo.

DUE DILIGENCE
Avaliação prévia de potenciais riscos de um negócio.

Na semana seguinte ao evento, ele recebeu a gravação feita pela empresa e pediu que um assessor de imprensa da Procuradoria avaliasse sua fala. A ele, o procurador se disse preocupado em parecer um garoto-propaganda da Neoway, apesar de não ter citado a empresa expressamente no vídeo.

"Fiquei um pouco preocupado porque ficou parecendo que estou vendendo os produtos deles rsrsrs, mas não foi proposital. Dei respostas sinceras às perguntas, mas encaixa perfeitamente com o que eles vendem, que é sistemas de big data rs", disse Deltan. O assessor da Procuradoria não fez críticas ao conteúdo do vídeo, publicado na página da Neoway no YouTube[6].

Outro lado

SEGUNDO OS ARTIGOS 104 e 258 do Código de Processo Penal e o artigo 145 do Código de Processo Civil, procuradores, assim como os juízes, devem se declarar suspeitos e se afastar de processos em que sua atuação pode ser questionada — como ter tido contrato de trabalho ou relação de parentesco com alguma das partes. A declaração de suspeição deve ser registrada no processo.

Como o inquérito 5028472-59.2019.4.04.7000, que envolve o caso da Neoway em Curitiba, é sigiloso, não foi possível apurar se Deltan e outros procuradores de fato registraram suas suspeições no caso.

Deltan Dallagnol pediu um prazo adicional de 24 horas para responder aos fatos apresentados nesta reportagem — ela estava programada para ser publicada ontem, quinta-feira — se comprometendo a falar com os repórteres. Nós aceitamos o pedido dele. Em seguida, ele mudou de ideia e se recusou a conversar com os profissionais do Intercept, aceitando apenas responder às perguntas da Folha. A declaração a seguir, assim, foi feita ao repórter Flávio Ferreira:

"Não reconheço a autenticidade e a integridade dessas mensagens, mas o que posso afirmar, e é fato, é que eu participava de centenas de grupos de mensagens, assim como estou incluído em mais [de] mil processos da Lava Jato. Esse fato não me faz conhecer o teor de cada um desses processos. Se, por acaso, por hipótese, eu tivesse feito parte [do grupo no qual a Neoway apareceu em documentos], certamente não tomei conhecimento. Se soubesse não teria feito, e, sabendo, me afastei", disse.

Nós também procuramos a Neoway. Em nota, a empresa confirmou que presta serviços para a BR Distribuidora. Os contratos foram firmados em janeiro de 2012, novembro de 2014, março de 2017 e março de 2019 — este último ainda está vigente, com duração até março de 2020, no valor de R$ 3.385.140, e foi fechado com inexigibilidade de licitação.

Ainda em nota, a Neoway diz que a contratação de Dallagnol para a palestra realizada em março de 2018 "foi remunerada em valores compatíveis com o mercado para atividades dessa natureza, com total observância às leis". A empresa também informa que não prestou serviços para o projeto LInA, do MPF, e para o MP-MG, e "desconhece a menção a seu nome em depoimentos de terceiros".

A defesa do ex-deputado Cândido Vaccarezza informou que Jorge Luz mente a seu respeito, e que ele "nunca sugeriu, pediu, aceitou, recebeu ou autorizou quem quer que seja a receber em seu nome vantagem, pagamento, benefício ou dinheiro de forma ilícita". Vander Loubet disse que "desconhece os termos" em que foi citado e que "suas relações sempre foram institucionais".

A defesa de Jorge e Bruno Luz "assevera que seus clientes estão à disposição das autoridades públicas para prestar todos os esclarecimentos, no momento oportuno e nos autos dos eventuais processos".

LINKS

1. https://www1.folha.uol.com.br/mercado/2019/07/petrobras-vende-r-86-bi-em-acoes-da-br-distribuidora-e-privatiza-subsidiaria.shtml
2. https://theintercept.com/2019/06/09/editorial-chats-telegram-lava-jato-moro/
3. https://theintercept.com/document/2019/07/25/decisao-fachin/
4. https://theintercept.com/document/2019/07/25/oficio-deltan-dallagnol/
5. https://theintercept.com/2019/06/09/editorial-chats-telegram-lava-jato-moro/
6. https://www.youtube.com/watch?v=FpG3KeL9SOo

'CONSEGUE AINDA O ENDEREÇO DO TOFFOLI?'

Deltan Dallagnol incentivou cerco da Lava Jato ao ministro do STF Dias Toffoli.

PAULA BIANCHI
1 de agosto de 2019
https://interc.pt/2ysYVbS

O PROCURADOR DELTAN DALLAGNOL incentivou colegas em Brasília e Curitiba a investigar o ministro Dias Toffoli sigilosamente em 2016, numa época em que o atual presidente do Supremo Tribunal Federal começava a ser visto pela operação Lava Jato como um adversário disposto a frear seu avanço.

Mensagens obtidas pelo Intercept e analisadas em conjunto com a Folha revelam que Dallagnol, coordenador da força-tarefa da Lava Jato em Curitiba, buscou informações sobre as finanças pessoais de Toffoli e sua mulher e evidências que os ligassem a empreiteiras envolvidas com a corrupção na Petrobras.

Ministros do STF não podem ser investigados por procuradores da primeira instância, como Dallagnol e os demais integrantes da força-tarefa. A Constituição diz que eles só podem ser julgados pelo próprio tribunal, onde quem atua em nome do Ministério Público Federal é o procurador-geral da República.

As mensagens examinadas pela Folha e pelo Intercept mostram que Dallagnol desprezou esses limites ao estimular uma ofensiva contra Toffoli e sugerem que ele também recorreu à Receita Federal para levantar informações sobre o escritório de advocacia da mulher do ministro, Roberta Rangel.

A movimentação de Dallagnol, no entanto, não tem relação com o episódio em que Toffoli foi identificado pelo empresário Marcelo Odebrecht como o "amigo do amigo do meu pai" citado num e-mail enviado a executivos da empreiteira em 2007. Colaborador da Lava Jato, Marcelo fez a ligação ao responder questionamentos da Polícia Federal. O caso veio à tona quando seu ofício à Polícia Federal foi revelado pela revista Crusoé, em reportagem publicada em abril deste ano, censurada pelo STF e republicada pelo Intercept[1].

'Temos que ver como abordar esse assunto'

O CHEFE DA FORÇA-TAREFA começou a manifestar interesse por Toffoli em julho de 2016, quando a empreiteira OAS negociava um acordo para colaborar com as investigações da Lava Jato em troca de benefícios penais para seus executivos.

No dia 13 de julho, Dallagnol fez uma consulta aos procuradores que negociavam com a empresa. "Caros, a OAS trouxe a questão do apto do Toffoli?", perguntou no grupo *Acordo OAS*, no Telegram. "Que eu saiba não", respondeu o promotor Sérgio Bruno Cabral Fernandes, de Brasília. "Temos que ver como abordar esse assunto. Com cautela".

13 DE JULHO DE 2016 – GRUPO ACORDO OAS

DELTAN DALLAGNOL – 22:36:58 – Caros, a OAS trouxe a questão do apto do Toffoli?
SÉRGIO BRUNO CABRAL FERNANDES – 22:55:26 – Que eu saiba não. Temos que ver como abordar esse assunto. Com cautela.
DALLAGNOL – 23:09:42 – Quando é a próxima reunião?

SÉRGIO BRUNO CABRAL FERNANDES
Procurador.

Em 27 de julho, duas semanas depois, Dallagnol procurou Eduardo Pelella, chefe do gabinete do então procurador-geral Rodrigo Janot, para repassar informações que apontavam Toffoli como sócio de um primo num resort no interior do Paraná. Dallagnol não indicou a fonte da dica.

No dia seguinte, o chefe da força-tarefa insistiu com o assessor de Janot. "Queria refletir em dados de inteligência para eventualmente alimentar Vcs", escreveu. "Sei que o competente é o PGR rs, mas talvez possa contribuir com Vcs com alguma informação, acessando umas fontes".

Dallagnol continuava interessado no caso do ministro do Supremo. "Vc conseguiria por favor descobrir o endereço do apto do Toffoli que foi reformado?", perguntou. "Foi casa", respondeu Pelella. Ele evitou esticar a conversa na hora, mas informou o endereço a Dallagnol dias depois.

28 DE JULHO DE 2016 – CHAT PRIVADO

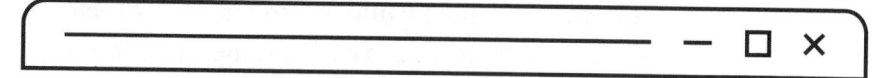

DALLAGNOL – 22:09:59 – Pelella, queria refletir em dados de inteligência para eventualmente alimentar Vcs. Sei que o competente é o PGR rs, mas talvez possa contribuir com Vcs com alguma informação, acessando umas fontes. Vc conseguiria por favor descobrir o endereço do apto do Toffoli que foi reformado?
PELLELA – 23:16:05 – Foi casa
PELLELA – 23:16:09 – Consigo sim
PELLELA – 23:16:15 – Amanhã de manhã
DALLAGNOL – 23:21:39 – ótimo, obrigado!

Dallagnol não foi atendido. Mas o procurador insistiu:

4 DE AGOSTO DE 2016 – CHAT PRIVADO

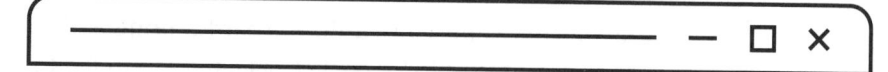

DALLAGNOL – 20:05:09 – Pelella consegue ainda o endereço do Toffoli?
PELLELA – 20:30:31 – Sim
PELLELA – 20:30:34 – Perai
PELLELA – 20:49:55 – ▮▮▮▮▮▮▮▮
DALLAGNOL – 21:01:34 – Valeu!!

Todas as mensagens foram reproduzidas com a grafia encontrada nos arquivos originais obtidos pelo Intercept, incluindo erros de português e abreviaturas.

As revelações, que publicamos em parceria com o jornal Folha de S. Paulo, estão em um arquivo de documentos fornecidos exclusivamente ao Intercept por uma fonte anônima (leia nossa declaração editorial)[2] e fazem parte da série Vaza Jato.

Em suas primeiras reuniões com os procuradores da Lava Jato, os advogados da OAS contaram que a empreiteira havia participado de uma reforma na casa de Toffoli[3] em Brasília. Os serviços tinham sido executados por outra empresa indicada pela construtora ao ministro, e ele fora o responsável pelo pagamento.

O ex-presidente da OAS Léo Pinheiro, que disse ter tratado do assunto com Toffoli e era réu em vários processos da Lava Jato, afirmou a seus advogados que não havia nada de errado na reforma, mas o caso despertou a curiosidade dos procuradores mesmo assim.

Duas decisões de Toffoli no STF tinham contrariado interesses da força-tarefa nos meses anteriores. Ele votara[4] para manter longe de Curitiba as investigações sobre corrupção na Eletronuclear e soltara[5] o ex-ministro petista Paulo Bernardo, poucos dias após sua prisão pelo braço da Lava Jato em São Paulo.

Os procuradores Carlos Fernando dos Santos Lima e Diogo Castor de Mattos, da força-tarefa de Curitiba, chegaram a criticar Toffoli[6] num artigo publicado pela Folha no início de julho daquele ano. Eles compararam a soltura de Bernardo a um duplo twist carpado, por causa da "ginástica jurídica" usada para justificar a decisão.

As mensagens obtidas pelo Intercept não permitem esclarecer se alguma investigação formal sobre o ministro do STF foi aberta, mas mostram que Dallagnol continuou insistindo no assunto mesmo depois que um vazamento obrigou os procuradores a recuar.

Em agosto de 2016, a revista Veja publicou uma reportagem de capa sobre a reforma na casa de Toffoli[7], apontando a delação de Léo Pinheiro como fonte das informações. Embora os advogados da OAS tivessem mencionado o caso aos procuradores, eles ainda não tinham apresentado nenhum relato por escrito sobre o assunto.

O vazamento causou mal-estar no Supremo e levou a Procuradoria-Geral da República a suspender as negociações com a OAS[8], para evitar uma crise que poderia prejudicar o andamento de outras investigações.

O rompimento dividiu a força-tarefa de Curitiba, segundo as mensagens do chat *FT MPF Curitiba 3* analisadas pela Folha e pelo Intercept. Carlos Fernando defendeu a medida, mas Dallagnol achava que o recuo seria interpretado como uma tentativa de proteger Toffoli e o STF, impedindo a apuração de desvios.

"Qdo chega no judiciário, eles se fecham", disse o procurador aos colegas em 21 de agosto, um dia após a reportagem sobre Toffoli chegar às bancas. "Corrupção para apurar é a dos outros".

Carlos Fernando temia que os ministros do Supremo reagissem impondo obstáculos para novos acordos de colaboração e criando outras dificuldades para a Lava Jato.

"Só devemos agir em relação ao STF com provas robustas", afirmou. "O que está em jogo aqui é o próprio instituto da colaboração. Quanto a OAS e ao toffoli, as coisas vão crescer e talvez daí surjam provas".

No mesmo dia, horas mais tarde, o procurador Orlando Martello sugeriu que os colegas pedissem à Secretaria de Pesquisa e Análise (SPEA) da Procuradoria-Geral da República um levantamento sobre pagamentos da OAS ao escritório da mulher de Toffoli.

"A respeito do Toffoli, peçam pesquisa para a Spea de pagamentos da OAS para o escritório da esposa do rapaz q terão mais alguns assuntos para a veja", disse Orlando no Telegram. "Não é nada relevante, mas acho q da uns 500 mil".

Em resposta ao colega, Dallagnol afirmou que a Receita Federal já estava pesquisando o assunto, mas disse que não sabia dos pagamentos que teriam sido feitos pela OAS. "A RF tá olhando", escreveu o chefe da força-tarefa. "Mas isso eu não sabia".

Dias após a publicação da reportagem sobre a delação da OAS, o ministro Gilmar Mendes saiu em defesa de Toffoli[9] e do STF e apontou os procuradores da Lava Jato como responsáveis pelo vazamento, acusando-os de abuso de autoridade.

Dallagnol propôs aos colegas a divulgação de uma nota em resposta ao ataque do ministro, mas não conseguiu apoio suficiente para a iniciativa. "Não acho que seja uma boa estratégia", disse Pelella em um chat privado com Dallagnol. "Isso tende a acirrar os ânimos no STF".

Pouco depois, Dallagnol escreveu a Orlando Martello em busca de novidades sobre a mulher de Toffoli. As pesquisas não pareciam ter avançado, e o chefe da força-tarefa sugeriu que o colega também procurasse informações sobre a mulher de Gilmar, Guiomar Mendes.

"Tem uma conversa de que haveria recebimentos cruzados pelas esposas do Toffoli e Gilmar", escreveu Dallagnol. "Tem mta especulação. Temos a prova disso na nossa base? Vc teve contato com isso?"

Martello disse que não tinha nada que confirmasse as suspeitas, mas compartilhou com Dallagnol informações que recebera um ano antes sobre a atuação do escritório da mulher de Toffoli na defesa de outra empreiteira, a Queiroz Galvão, no Tribunal de Contas da União.

O informante de Martello, que ele não identificou na conversa com Dallagnol, dizia ter encontrado uma procuração que nomeava Toffoli e a mulher como representantes da empresa no TCU e sugeria que essa ligação obrigava o ministro a se afastar dos processos da Lava Jato.

26 DE AGOSTO DE 2016 – CHAT PARTICULAR

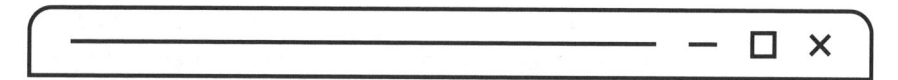

ORLANDO MARTELLO – 09:10:04 – Esposa do Toffoli; não do gilmar. Sim, prestação de serviços do escritório de advocacia dela para, acho, OAS. Só estou em dúvida se foi para a OAS ou outra empreiteira, mas quase certeza de que foi para a oas. Fatos de 2009 ou 2010. Não me recordo bem. Jonathas pode fazer esta pesquisa.

DELTAN DALLAGNOL – 10:02:15 – Tem uma conversa de que haveria recebimentos cruzados pelas esposas do Toffoli e Gilmar. Tem mta especulação. Temos a prova disso na nossa base? Vc teve contato com isso?

DALLAGNOL – 10:02:25 – Aí é diferente rs

MARTELLO – 12:20:46 – Não. Não tenho nada sobre isso.

MARTELLO – 12:21:23 – achei o que me mandaram.

MARTELLO – 12:21:30 – Achei uma procuração do toffoli e da mulher dele, representando Queiroz Galvão no tcu... Então eles podem ter recebido pagamentos em 2009, ano que tem quebra fiscal por aí. Nós vamos tratar isso com toda a gravidade que merece. ele tinha que ter se declarado impedido... Não pode ajudar só a achar esses pagamentos?? Com certeza tem algum pagamento em 2009 pela Queiroz Possíveis favorecidos: TOFFOLI E TELESCA ADVOGADOS

> ASSOCIADOS S C CNPJ ▓▓▓▓ TOFFOLI RAVANELLI E MASSULA
> ADVOGADOS ASSOCIADOS ME CNPJ ▓▓▓▓ JOSE ANTONIO
> DIAS TOFFOLI CPF ▓▓▓▓ ROBERTA MARIA RANGEL CPF
> ▓▓▓▓ RANGEL ADVOCACIA CNPJ ▓▓▓▓
>
> **MARTELLO – 12:22:10 –** É sobre a queiroz galvão e não sobre a oas
>
> **DALLAGNOL – 13:53:13 –** 👍👍👍
>
> **MARTELLO – 14:50:43 –** Mas olha que não pedi pesquisa em relação a OAS!!!

Toffoli e a mulher foram sócios do mesmo escritório de advocacia até 2007, quando ele saiu para assumir a chefia da Advocacia-Geral da União. Duas semanas depois do diálogo de Dallagnol com Martello, a Folha publicou reportagem[10] sobre pagamentos que um consórcio liderado pela Queiroz Galvão fez ao escritório em 2008 e 2011, no valor total de R$ 300 mil.

As mulheres de Toffoli e Gilmar foram mesmo alvo da Receita. Em fevereiro deste ano, o jornal O Estado de S. Paulo informou[11] que elas fizeram parte de um grupo de 134 contribuintes investigados por uma equipe especial criada pelo fisco em 2017.

Em 14 de novembro de 2016, Dallagnol ainda fez uma brincadeira com a possibilidade de o ministro ser enquadrado pela operação. "Quem aposta que Toffoli cai até o fim da LJ? Por enquanto a aposta de que cai para mais, mas a coisa pode se inverter kkkk", escreveu aos colegas do grupo *Filhos do Januari 1*.

Toffoli não foi o único alvo da Lava Jato na cúpula do Judiciário. As mensagens obtidas pelo Intercept mostram que Dallagnol também usou a delação da OAS para tentar barrar a indicação de um ministro do

Superior Tribunal de Justiça, Humberto Martins, para a vaga aberta no STF com a morte de Teori Zavascki em 2017.

Os procuradores voltaram à mesa de negociações com os advogados da OAS em março de 2017, quando Léo Pinheiro estava preso em Curitiba e se preparava para depor no processo em que incriminou o ex-presidente Luiz Inácio Lula da Silva por causa do triplex do Guarujá.

O acordo com o empreiteiro foi assinado no fim do ano passado, mas até hoje não foi encaminhado pela procuradora-geral Raquel Dodge ao Supremo para homologação. Sem isso, Pinheiro não pode sair da cadeia e receber os benefícios acertados com a Lava Jato, e as informações que ele forneceu às autoridades não podem ser usadas.

Mesmo assim, quando o nome de Humberto Martins apareceu na imprensa como um dos cotados para a vaga no Supremo, Dallagnol procurou Pelella para sugerir que Janot alertasse o então presidente Michel Temer de que ele era um dos alvos da delação de Léo Pinheiro.

"É importante o PGR levar ao Temer a questão do Humberto Martins, que é mencinoado na OAS como recebendo propina...", disse Dallagnol ao colega. "Deixa com 'nós'", respondeu Pelella.

O chefe da força-tarefa de Curitiba sugeriu que o assessor de Janot conferisse os documentos anexados pela OAS à sua proposta de colaboração, mas depois se lembrou de que a Lava Jato não recebera até então nenhum relato escrito sobre Martins.

Mesmo assim, Dallagnol insistiu com Pelella para que avisasse o presidente. "Não tá nos anexos, mas iriam entregar. Só não lembramos se era corrupção ou filho... vou ver se alguém lembra e qq coisa aviso, mas já cabe a ponderação pq seria incompatível", afirmou no Telegram.

Fazia cinco meses que as negociações com a OAS tinham sido encerradas. Como o acordo com a empreiteira não fora assinado nem homologado, as informações fornecidas por Léo Pinheiro durante as negociações não podiam ser usadas pelos investigadores.

O anexo com o relato sobre Martins só surgiu após a retomada das negociações em março de 2017. Segundo Léo Pinheiro, a OAS pagou R$ 1 milhão a um filho do ministro em 2013 para obter uma decisão favorável no STJ. Em janeiro, Martins disse[12] à Folha que nunca atendeu pedidos da OAS e sempre se declarou impedido de julgar ações em que o filho atue.

Questionada sobre as mensagens, a força-tarefa à frente da operação Lava Jato em Curitiba afirmou que é seu dever encaminhar à Procuradoria-Geral da República informações sobre autoridades com direito a foro especial no Supremo Tribunal Federal sempre que as recebe, e que isso tem sido feito de forma legal. A força-tarefa, no entanto, não fez comentários específicos sobre o conteúdo das conversas.

"É comum o intercâmbio de informações para verificar, em caráter preliminar, supostos fatos de que o Ministério Público tenha conhecimento", afirmou a força-tarefa, por meio de nota. "Isso impede inclusive que se dê início a apurações injustificadas".

A força-tarefa tampouco respondeu como Dallagnol soube da participação da OAS na reforma da casa de Toffoli e como soube que a Receita Federal estava analisando as finanças do escritório de sua mulher, Roberta Rangel. O procurador preferiu não se manifestar.

O chefe da força-tarefa também não quis esclarecer por que usou informações da delação do empreiteiro Léo Pinheiro para tentar impedir a nomeação do ministro Humberto Martins para uma vaga no STF, como revelam as mensagens obtidas pelo Intercept.

O procurador Eduardo Pelella, que trocou informações sobre Toffoli com Deltan, não comentou o conteúdo das mensagens em si, mas afirmou que o Ministério Público tem obrigação de verificar as informações que recebe para evitar acusações falsas. "Embora não seja possível verificar o contexto dos supostos diálogos, a checagem da consistência mínima dos elementos de informação que chegam ao conhecimento do Ministério Público Federal é necessária, até para que se possam identificar falsas imputações", afirmou.

Os ministros Dias Toffoli e Gilmar Mendes não quiseram se manifestar, assim como a Procuradoria-Geral da República.

O ministro Humberto Martins, do Superior Tribunal de Justiça, afirmou estranhar sua citação pela delação de Léo Pinheiro e disse que, na maioria dos casos, sempre decidiu contrariamente aos interesses da OAS e de seu ex-presidente.

LINKS

1. https://theintercept.com/2019/04/15/toffoli-crusoe-reportagem-stf-censura/
2. https://theintercept.com/2019/06/09/editorial-chats-telegram-lava-jato-moro/
3. https://veja.abril.com.br/brasil/ex-presidente-da-oas-delata-ministro-do-stf-dias-toffoli/
4. https://politica.estadao.com.br/noticias/geral,stf-decide-manter-fatiamento-da-lava-jato-relativo-a-eletronuclear,10000021452
5. https://www1.folha.uol.com.br/poder/2016/06/1786852-stf-revoga-prisao-do-ex-ministro.shtml
6. https://www1.folha.uol.com.br/opiniao/2016/07/1788002-medalha-de-ouro-para-o-habeas-corpus.shtml
7. https://veja.abril.com.br/brasil/ex-presidente-da-oas-delata-ministro-do-stf-dias-toffoli/
8. http://agenciabrasil.ebc.com.br/politica/noticia/2016-08/pgr-cancela-negociacao-de-delacao-premiada-com-ex-presidente-da-oas
9. http://g1.globo.com/politica/operacao-lava-jato/noticia/2016/08/gilmar-mendes-critica-vazamento-e-diz-que-mp-se-acha-o--o-do-borogodo.html
10. https://www1.folha.uol.com.br/poder/2016/09/1813060-escritorio-de-mulher-de-toffoli-recebeu-de-consorcio-alvo--da-lava-jato.shtml
11. https://politica.estadao.com.br/blogs/fausto-macedo/mulher--de-toffoli-e-ministra-do-stj-tambem-foram-alvos-da-receita/
12. https://www1.folha.uol.com.br/poder/2019/01/ex-presidente-da-oas-aponta-propina-a-atual-corregedor-de-justica.shtml

'INTERCEPTA ELA'

Moro autorizou devassa na vida de filha de investigado da Lava Jato para tentar prendê-lo.

RAFAEL NEVES • LEANDRO DEMORI
11 de setembro de 2019
https://interc.pt/31njOC9

O MINISTÉRIO PÚBLICO FEDERAL pediu duas vezes ao então juiz Sergio Moro operações contra a filha de um alvo da Lava Jato que vive em Portugal como forma de forçá-lo a se entregar. Apesar de ser titular de contas no exterior que receberam propinas, ela não era suspeita de planejar e executar crimes.

O plano, revelado em mensagens de Telegram trocadas entre procuradores e entregues ao Intercept por uma fonte anônima[1], era criar um "elemento de pressão", como disse o procurador Diogo Castor de Mattos[2], sobre o empresário luso-brasileiro Raul Schmidt. O MPF apelou a Moro mirando na filha do investigado: queria que o passaporte de Nathalie fosse cassado e que ela fosse proibida de sair do Brasil. O plano era forçá-lo a se entregar para evitar mais pressão sobre a filha.

Na primeira tentativa, Moro vetou a manobra dos procuradores. "Apesar dos argumentos do MPF, não há provas muito claras de que Nathalie Angerami Priante Schmidt Felippe tinha ciência de que os valores tinham origem ilícita e/ou eram fruto de atos de corrupção", argumentou num despacho.

A tentativa frustrada dos procuradores de cassar o passaporte de Nathalie para pressionar o pai a se entregar ocorreu em fevereiro de 2018. A justiça portuguesa havia determinado o cumprimento da extradição[3] de Schmidt para o Brasil no mês anterior, mas ele não foi encontrado[4] onde morava, em Lisboa, pelas autoridades locais.

Em maio daquele ano, após novo fracasso em buscas por Schmidt em Portugal, a Lava Jato reapresentou seu pedido a Moro. Dessa vez, sem que houvesse qualquer suspeita adicional contra ela, o juiz mudou de ideia e deu sinal verde ao desejo da Lava Jato, que incluía uma varredura na casa, nas comunicações e nas contas de Nathalie.

No dia seguinte, os policiais cumpriram o mandado de busca e apreensão na casa da filha do investigado, no Rio de Janeiro. A defesa alegou que ela foi coagida pela Polícia Federal, na ocasião, a dizer onde o pai estava. O plano, no entanto, não teve tempo de ser testado. No mesmo dia, Raul Schmidt conseguiu extinguir seu processo de extradição em Portugal. A Lava Jato tenta até hoje trazê-lo ao Brasil.

'Pensamos em fazer uma operação nela para tentar localizá-lo'

APONTADO COMO OPERADOR DE PROPINAS para ex-dirigentes da Petrobras, o empresário Raul Schmidt foi preso pela primeira vez em março de 2016, na 25ª fase da Lava Jato. Na primeira etapa internacional da operação, ele foi encontrado e detido em Lisboa, onde vivia. Dias depois, quando foi liberado para responder ao processo em prisão domiciliar, o Brasil já havia pedido sua extradição.

O requerimento foi aceito em dezembro de 2016, e o último recurso da defesa de Schmidt foi derrubado em 9 de janeiro de 2018, após o caso chegar ao Tribunal Constitucional de Portugal — equivalente ao STF brasileiro. Quinze dias depois, a Justiça em Lisboa emitiu um mandado de detenção contra Raul, para que ele fosse entregue às autoridades brasileiras.

A notícia da ordem de prisão em Portugal foi dada pelo procurador Roberson Pozzobon no grupo de Telegram *Filhos do Januario 2*, que reunia apenas membros da força-tarefa da Lava Jato no Paraná. Mas Diogo Castor de Mattos, que estava à frente do caso, esfriou os ânimos da equipe dez minutos mais tarde: "Msg do mp português: Olá Diogo, eu acho que ele fugiu. Ninguém o encontra".

Mais de uma semana depois, Raul ainda estava desaparecido. Foi quando Castor de Mattos expôs aos colegas uma ideia para fazê-lo aparecer:

1º DE FEVEREIRO DE 2018 – GRUPO FILHOS DO JANUARIO 2

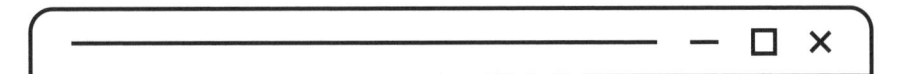

DIOGO CASTOR DE MATTOS – 16:52:58 – prezados, gostaria de submeter à analise de todos a questão da operação na filha do raul schmidt.. basicamente, ela esta envolvida em algumas lavagens por ser beneficiária de uma offshore do pai.. pensamos em fazer uma operação nela para tentar localizá-lo.. oq acham?

PAULO ROBERTO GALVÃO – 16:56:11 – pegar o celular?

CASTOR DE MATTOS– 16:57:53 – eh

DELTAN DALLAGNOL – 17:05:13 – Nse fizer, ele some no mesmo dia...

DALLAGNOL – 17:05:21 – ele muda de lugar

CASTOR DE MATTOS– 17:10:47 – mas ela mandou renovar o passaporte e entorou com pedido de visto em portugal..

> **UE**
> União Europeia.
>
> **ERB**
> Sigla para "estação rádio base". Trata-se do equipamento que faz a conexão entre as companhias telefônicas e os aparelhos celulares. Por meio da ERB é possível identificar o local em que estavam os investigados no momento das ligações que interessam à investigação.

> **CASTOR DE MATTOS– 17:11:04 –** se nao fizermos nada ela foge do país e nunca mais achamos
>
> **DALLAGNOL – 17:14:04 –** mas o que ganha? –salvo se realmente achar que ela tá envolvida nos crimes, não haverá provas deles –quanto à loalização dele, pode até achar, mas terá poucas horas pra prendê-lo, ou menos de poucas horas, tendo de mobilizar polícia fora em país que não sabemso qual em território de fronteiras abertas UE...
>
> **CASTOR DE MATTOS – 17:15:36 –** na minha perspectiva, ela nao poder sair do país é um elemento de pressão em cima dele
>
> **CASTOR DE MATTOS – 17:15:57 –** e ai estamos falando de imóveis adquiridos em nome dela no exterior de USD 2 milhoes
>
> **ATHAYDE RIBEIRO COSTA – 17:25:22 –** Intercepta ela. Se ela habilitar o cel e usar la, tem a erb
>
> **CASTOR DE MATTOS – 17:26:22 –** mas o cara tá na europa

A sugestão de Castor acabou aceita. No dia seguinte, 2 de fevereiro, o MPF pediu a Moro que a filha de Raul Schmidt fosse proibida de deixar o Brasil. Não queria apenas a apreensão do passaporte, mas também outras medidas: busca e apreensão na casa de Nathalie, bloqueios em contas bancárias dela e da empresa dela, quebras de sigilo fiscal e do sigilo das mensagens de um número dela no WhatsApp.

O MPF justificou as medidas com evidências de que Nathalie era beneficiária de contas bancárias no exterior abastecidas com dinheiro pago a Raul Schmidt por multinacionais investigadas na Lava Jato. Parte desses valores, segundo o Ministério Público, foi usada na compra de um apartamento em Paris registrado no nome de uma empresa pertencente a Nathalie.

Na petição ao então juiz federal, os procuradores informaram que a filha de Schmidt havia pedido recentemente a renovação de seu passaporte brasileiro. E defenderam "a imprescindibilidade da aplicação da medida cautelar em face de Nathalie para assegurar a aplicação da lei penal brasileira, na medida em que, no exterior, a investigação e processamento de seus crimes estaria indubitavelmente prejudicada".

> **IMPRESCINDIBI-LIDADE**
> Algo que é essencial, inevitável.

Os argumentos da petição são bastante diferentes dos discutidos no Telegram. Ou seja, enquanto argumentava no processo que Nathalie não poderia sair do país para não prejudicar a investigação sobre os crimes que teria cometido, no Telegram os procuradores admitiam que a finalidade das medidas era pressionar Schmidt.

Um dia depois, em 3 de fevereiro, Raul foi encontrado e preso[5] em Sardoal, a cerca de uma hora de carro de Lisboa. Os procuradores foram informados no mesmo dia e comemoraram a captura no grupo *Filhos do Januario 2*, mas não fizeram menção às medidas contra Nathalie, que haviam requisitado na véspera.

Moro só respondeu em 5 de fevereiro. No despacho em que tratou do assunto, o magistrado não viu "causa suficiente" para a ação mais drástica pedida pelo MPF contra Nathalie — proibi-la de deixar o país. O juiz escreveu que não havia comprovação suficiente de culpa e que o nome dela era inédito nas investigações até ali.

"Apesar dos argumentos do MPF, não há provas muito claras de que Nathalie Angerami Priante Schmidt tinha ciência de que os valores tinham origem ilícita e/ou eram fruto de atos de corrupção praticado por Raul Schmidt Felippe Junior", escreveu Moro. E emendou: "O nome dela, ademais, só apareceu agora nas investigações, aparentando ser talvez prematuro de pronto impor-lhe medida de restrição de locomoção pessoal".

Tendo negado a cassação do passaporte de Nathalie, Moro perguntou ao MPF se as demais medidas contra ela (bloqueios de contas e quebras de sigilo fiscal e de comunicações no WhatsApp) ainda eram necessárias, considerando que Raul já havia sido preso em Portugal dois dias antes.

Isso significa que o juiz, assim como o MPF, justificou a operação contra Nathalie pelo fato de Raul estar foragido. Uma vez que ele foi encontrado, a força-tarefa da Lava Jato não viu mais motivos para impor as restrições a ela.

Raul, no entanto, acabaria não sendo extraditado: ele foi solto 12 dias após a prisão, para responder em liberdade ao julgamento do recurso.

O processo contra Nathalie ficou adormecido até que o MPF o utilizasse, mais de três meses depois, com o mesmo objetivo de capturar o pai. No dia 18 de maio de 2018, a Justiça portuguesa determinou o cumprimento imediato da ordem de extradição. Quatro dias depois os procuradores pediram a Moro, com urgência, o cumprimento das medidas contra Nathalie, afirmando que Raul "se evadiu" ao ser procurado pelas autoridades.

Desta vez, Moro acatou o desejo dos procuradores, sem qualquer incremento nas provas contra ela. O MPF não fez nenhum adendo ao processo, apenas reapresentou o pedido que fizera em fevereiro.

Nathalie teve o passaporte retido e foi alvo de busca e apreensão em casa, no Rio de Janeiro, em 24 de maio. Nessa busca, segundo a defesa dela alegou quatro dias depois em pedido de *habeas corpus* ao Tribunal Regional Federal da 4ª Região, "três agentes da Polícia Federal portando metralhadora ingressaram na residência da paciente de forma truculenta, exigindo, aos berros, que ela revelasse o atual paradeiro do seu genitor, sob ameaça de 'evitar dor de cabeça para seu filho'", referindo-se à criança dela, um menino então com sete anos.

No entanto, o principal objetivo das medidas, que era aumentar as chances de prisão de Raul Schmidt em Portugal, esvaziou-se logo em seguida. No mesmo dia em que Nathalie foi visitada pela Polícia Federal no Rio, um desembargador do Tribunal de Relação de Lisboa (primeira instância a que Schmidt recorria) determinou o cancelamento da extradição do empresário, que voltou a responder em liberdade. Assim, a segunda tentativa de usar a perseguição à filha para pressioná-lo fracassou.

A extradição de Raul foi arquivada[6] pela Justiça portuguesa em janeiro de 2019, e o Ministério Público do país recorre[7] da sentença desde então. Nathalie foi denunciada pela Lava Jato por lavagem de dinheiro pela compra do imóvel em Paris no final de 2018, mas o caso corre, até hoje, sob sigilo.

Questionado a respeito do caso pelo Intercept, o Ministério Público Federal alegou que "os procuradores da força-tarefa Lava Jato formulam pedidos cautelares ou denúncias apenas quando estão presentes os requisitos legais", e que "Nathalie Schmidt foi beneficiária de contas secretas que receberam milhões de dólares ilícitos no exterior, podendo estar sujeita, por tais condutas, a sanções criminais".

Questionada sobre as ameaças relatadas pela defesa de Nathalie Schmidt, a Polícia Federal disse que "supostos envolvidos, caso intimados, devem se manifestar em juízo para apresentarem suas versões".

O ex-juiz Sergio Moro, atual ministro da Justiça e Segurança Pública do governo de extrema direita de Jair Bolsonaro, também foi procurado para comentar o caso. A manifestação dele será incluída no texto assim que for enviada.

LINKS

1. https://theintercept.com/2019/06/09/editorial-chats-telegram-lava-jato-moro/
2. https://theintercept.com/2019/08/26/lava-jato-procurador-audios-outdoor/
3. http://www.mpf.mp.br/pgr/noticias-pgr/lava-jato-justica-portuguesa-confirma-extradicao-de-raul-schmidt-para-o-brasil
4. https://g1.globo.com/politica/operacao-lava-jato/noticia/apos-autorizar-extradicao-justica-de-portugal-diz-que-operador-da-lava-jato-esta-foragido.ghtml
5. http://www.pf.gov.br/agencia/noticias/2018/02/pf-prende-alvo-da-25a-fase-da-operacao-lava-jato
6. https://www.conjur.com.br/2019-jan-15/corte-portuguesa-arquiva-definitivamente-extradicao-raul-schmidt
7. https://www.conjur.com.br/2019-fev-16/mp-portugues-recorre-arquivamento-extradicao-raul-schmidt

'EUA ESTÃO COM FACA E QUEIJO NA MÃO'

Lava Jato fez de tudo para ajudar justiça americana — inclusive driblar o governo brasileiro.

ANDREW FISHMAN • NATALIA VIANA • MARYAM SALEH
12 de março de 2020
https://interc.pt/2QaeMFc

CONVERSAS VAZADAS DE PROCURADORES do Ministério Público Federal revelam o funcionamento de uma colaboração secreta da operação Lava Jato com o Departamento de Justiça dos EUA, o DOJ, na sigla em inglês. Os diálogos, analisados em parceria com a Agência Pública, mostram que a equipe liderada pelo procurador Deltan Dallagnol fez de tudo para facilitar a investigação dos americanos — a tal ponto que pode ter violado tratados legais internacionais e a lei brasileira.

A Lava Jato é notória por sua estratégia midiática: raramente uma ação de busca e apreensão ou condução coercitiva foi realizada sem a presença das câmeras de TV. Mas a equipe de Dallagnol fez de tudo para manter sua relação com procuradores americanos e agentes do FBI no escuro.

Os "americanos não querem que divulguemos as coisas", justificou Dallagnol num bate-papo com um assessor de comunicação em 5 de outubro de 2015. Era a resposta ao aviso de que a "imprensa está em polvorosa com a vinda de agentes/promotores dos eua para cá esta semana".

> FBI
> Escritório Central de Investigações, na sigla em inglês.

À época, ao menos 17 americanos viajavam para a sede do MPF em Curitiba para quatro dias de reuniões com a força-tarefa. Deltan tentou manter sigilo, mas a visita vazou para jornalistas. E foi pela imprensa que o Ministério de Justiça — comandado pelo petista José Eduardo Cardozo — soube da vinda dos investigadores estrangeiros quando eles já estavam no Brasil.

O tratado de assistência legal mútua assinado por Brasil e EUA, chamado de MLAT, na sigla em inglês, estipula que caberia a Cardozo aprovar colaboração jurídica entre os procuradores brasileiros e americanos. Mas isso era tudo que Dallagnol queria evitar.

"Eu não goste da ideia do executivo olhando nossos pedidos e sabendo o que há", ele disse a um colega. Era uma resposta sobre dúvidas relacionadas à visita levantadas por um delegado federal que trabalhava no DRCI, a divisão do Ministério de Justiça que faz a coordenação de cooperação internacional.

Quando o governo Dilma Rousseff descobriu a visita, ficou "indignado", segundo Vladimir Aras, procurador responsável pela cooperação internacional na Procuradoria-Geral da República, a PGR, disse a Dallagnol. Foi então que o chefe do DRCI enviou várias perguntas a respeito do passeio dos americanos no Brasil à PGR. Mas Dallagnol convenceu Aras a limitar as informações que repassaria ao DRCI, revelam as conversas entregues ao Intercept[1]. O chefe da Lava Jato resistiu até mesmo a enviar os nomes dos agentes americanos que estavam em Curitiba. "Os contatos estão sendo feitos de acordo com as regras nacionais e internacionais. Sugiro que sugira que o DRCI pare de ter ciúmes da relação da SCI/MPF com outros países rs", Dallagnol escreveu.

DRCI
Departamento de Recuperação de Ativos e Cooperação Jurídica Internacional.

PGR
Procuradoria-Geral da República, a PGR, instância máxima do MPF.

SCI/MPF
Secretaria de Cooperação Internacional/ Ministério Público Federal.

Não é verdade. As informações do arquivo entregue ao Intercept indicam que — de novo[2] — Dallagnol e seus colegas atropelaram as regras que disciplinam a atuação de procuradores da República.

Além do governo federal, o próprio Aras parecia receoso quanto à atitude do colega de Curitiba: "Delta, como já conversamos, essa investigação dos americanos realmente me preocupa. Fiquei tranquilo quando vc garantiu que esse grupo de americanos não fez investigações em Curitiba quando esteve aí", ele escreveu em um bate-papo privado. "O MPF e a SCI não podem permitir isso", Aras insistiu.

Mas os americanos pareciam ter uma outra perspectiva sobre a visita. Os pedidos de visto de pelo menos dois dos promotores do Departamento de Justiça dos EUA informam que eles planejavam ir a Curitiba "para reuniões com autoridades brasileiras a respeito da investigação sobre a Petrobras", e que "o objetivo das reuniões é levantar evidências adicionais sobre o caso e conversar com advogados sobre a cooperação de seus clientes com a investigação em curso nos EUA". Esses documentos são do Ministério das Relações Exteriores brasileiro e foram obtidos recentemente pelo Intercept — não fazem parte do arquivo da Vaza Jato.

'Esse é o ponto da minha preocupação'

OS PROMOTORES E POLICIAIS AMERICANOS passaram seus dois primeiros dias em Curitiba imersos em apresentações dos procuradores brasileiros sobre os delatores premiados da Lava Jato. Em seguida, gastaram mais dois dias em reuniões com os advogados de vários desses colaboradores. Tudo foi feito na sede do MPF na capital paranaense.

Na resposta ao DRCI, Aras e Dallagnol garantiram que "A presença dessa missão americana é de interesse da Justiça brasileira, porque facilita a formalização de futuros pedidos de cooperação, por intermédio da autoridade central". Mas, no processo formal de cooperação, seguindo as regras do MLAT[3], o governo brasileiro pode negar apoio aos americanos caso a "solicitação prejudicar a segurança ou interesses essenciais" do país. É esse o provável motivo do chefe da Lava Jato para preferir que sua relação com DOJ e FBI fosse a mais informal possível. Assim, ele não precisaria — como manda a regra — colocar o governo na conversa.

Dias depois da partida dos americanos de Curitiba, o procurador Orlando Martello rascunhou um e-mail para os americanos em que os incentiva a conduzir as entrevistas com delatores diretamente nos EUA. Assim, não teriam que obedecer às restrições da lei brasileira. Martello também se ofereceu para "pressioná-los um pouco para ir para os EUA, em especial aqueles que não têm problemas financeiros, dizendo que essa é uma boa oportunidade". Por fim, ofereceu estratégias para que os americanos fizessem interpretações "mais flexíveis" da lei e de decisões do Supremo Tribunal Federal.

Os procuradores da Lava Jato poderiam ter insistido para que os acordos com delatores nos EUA fossem feitos segundo o MLAT. Mas, como vários dos colaboradores não estavam presos e estavam sendo convidados a ir aos EUA voluntariamente, isso não era obrigatório — e serviu como uma oportunidade para Dallagnol e sua equipe.

"O ideal seria eles pedirem isso via DRCI", recomendou Aras, que parecia contrariado — ou temeroso — com a atitude do colega. Mas, quando os americanos avisaram que a intenção deles era fazer os acordos diretamente com os advogados, que já conheciam graças às reuniões em Curitiba, Dallagnol deu aval.

"Pelo que entendi não há nenhum papel firmado por vcs concordando com tais viagens, ou há? Esse é o ponto da minha preocupação", perguntou Aras quando soube. "Nenhum papela nosso concordando, com certeza", Dallagnol garantiu. "Melhor assim. Joia", respondeu o colega.

Quase dois meses seguintes à reunião em Curitiba, as preocupações de Aras se acumularam quando Dallagnol o informou que "o DOJ já veio e teve encontro formal com os advogados dos colaboradores, e a partir daí os advogados vão resolver a situação dos clientes lá... Isso atende o que os americanos precisam e não dependerão mais de nós". Na visão de Dallagnol, os "EUA estão com faca e queijo na mão" — a investigação nos EUA já era um fato consumado, que nem o MPF nem o governo Dilma poderiam frear. Os acordos de delação nos EUA continuam sob sigilo até hoje.

> DOJ
> Departamento de Justiça.

Enquanto isso, a relação entre os americanos, a PGR e o governo brasileiro deteriorava. A percepção geral era de que faltava reciprocidade. Aras chegou a pedir que a Lava Jato parasse de prestar apoio aos estrangeiros. "Alguém tem de pagar o pato pelo DOJ rsrsr", disse Aras em agosto de 2017. Mas Dallagnol se recusou. Não quis colocar em risco sua relação com os americanos.

Em 2018, a Petrobras aceitou pagar[4] uma multa de US$ 853 milhões nos EUA — 80% do dinheiro voltou ao Brasil. O plano da Lava Jato era investir a metade disso em um fundo privado, sediado em Curitiba, para financiar projetos que "reforcem a luta da sociedade brasileira contra a corrupção". À época, isso equivalia a R$ 1,25 bilhão — para efeitos de comparação, era quase um terço[5] do orçamento anual do MPF. O dinheiro seria administrado por um conselho em que o MPF teria assento, mas nunca ficou claro como ele poderia ser gasto e fiscalizado.

Logo que se tornou pública, a intenção da Lava Jato foi abortada pelo STF[6], que a considerou inconstitucional. Na época, o ministro Gilmar Mendes deu uma surra na proposta, dizendo que os promotores que supostamente lutavam contra corrupção estavam "participando de uma corrida do ouro".

Outro lado

O DEPARTAMENTO DE JUSTIÇA DOS EUA não quis comentar a reportagem.

A assessoria de imprensa da operação Lava Jato disse ao Intercept que "eventuais reuniões com autoridades alienígenas — e foram dezenas, algumas presenciais e outras virtuais com diversos países — não necessitam de qualquer formalização via DRCI, mas apenas autorização interna dos respectivos órgãos interessados".

Também afirmou que "vários colaboradores procuraram diretamente autoridades estrangeiras — e não apenas os EUA — para formalizar diretamente acordos de colaboração". "Isso foi — e é — incentivado pelo MPF", prosseguiu a nota da assessoria.

Aras defendeu a legalidade da visita e disse ao Intercept que eles "não estão obrigados a revelar ou a reportar esses contatos a qualquer autoridade do Poder Executivo". Segundo Aras, "o contato direto entre membros do Ministério Público de diferentes países é uma boa prática internacional".

Ricardo Saadi, ex-chefe da DRCI, disse ao Intercept que não lembrava se o Ministério Público respondeu às suas perguntas sobre a visita de outubro de 2015. Ele acrescentou que "o contato informal e direto entre as autoridades de diferentes países é permitido e previsto em convenções internacionais. Para esse tipo de contato, não há a necessidade de elaboração de pedido baseado no MLAT".

Para ler mais sobre a relação secreta da Lava Jato com o FBI e o Departamento de Justiça dos EUA, veja as reportagens completas no The Intercept[7] (em inglês) e na Agência Pública (parte 1[8] e parte 2[9]).

LINKS

1. https://theintercept.com/2019/06/09/editorial-chats-telegram-lava-jato-moro/
2. https://theintercept.com/2020/01/20/linha-do-tempo-vaza-jato/
3. http://www.planalto.gov.br/ccivil_03/decreto/2001/D3810.htm
4. https://www.justice.gov/opa/pr/petr-leo-brasileiro-sa-petrobras-agrees-pay-more-850-million-fcpa-violations
5. http://www.mpf.mp.br/pgr/noticias-pgr/conselho-superior-do-mpf-aprova-proposta-orcamentaria-para-2019
6. https://www.google.com/search?q=funda%C3%A7%C3%A3o+lava+jato&oq=funda%C3%A7%C3%A3o+lava+jato&aqs=chrome..69i57.3352j0j4&sourceid=chrome&ie=UTF-8
7. https://theintercept.com/2020/03/12/united-states-justice-department-brazil-car-wash-lava-jato-international-treaty
8. https://apublica.org/2020/03/como-a-lava-jato-escondeu-do-governo-federal-visita-do-fbi-e-procuradores-americanos
9. https://apublica.org/2020/03/desde-2015,-lava-jato-discutia-repartir-multa-da-petrobras-com-americanos

'PQP. MATÉRIAS FURADAS NA INTERNET'

Como a Lava Jato caiu numa mentira de internet e esperava prender em flagrante o ex-presidente Lula por roubar um objeto que era dele mesmo.

**RAFAEL MORO MARTINS • RAFAEL NEVES
LEANDRO DEMORI**

INÉDITA

O PROCURADOR DA REPÚBLICA Deltan Dallagnol estava esfuziante naquele fim de tarde de quarta-feira. Havia alguns dias que ele só pensava em uma figura de um Cristo agonizante. Era 9 de março de 2016 e, poucos dias antes, a operação Lava Jato — que ele comandava no Ministério Público Federal do Paraná — jogara seu lance mais ousado até então: a condução coercitiva do ex-presidente Luiz Inácio Lula da Silva.

Evangélicos como o procurador não costumam ter apreço[1] por imagens e figuras de santos ou profetas. Mas aquele Cristo era diferente: com 1,5 metro de altura, ganhara fama por aparecer pendurado na parede do gabinete presidencial[2] em dezenas de fotos tiradas durante a administração de Lula. Além disso, o procurador acreditava que a peça em madeira de tília havia sido esculpida por Antônio Francisco Lisboa, o Aleijadinho.

Com a saída do político da Presidência, o crucifixo também deixou Brasília. Para Dallagnol, seus colegas procuradores e vários delegados da Polícia Federal, a conclusão era óbvia: Lula havia roubado o objeto. Aquela seria a melhor chance de prender o ex-presidente em flagrante. O impacto na imprensa, os procuradores já comentavam, seria explosivo.

Apesar de não ser o objeto inicial dos pedidos de busca e apreensão contra Lula, a caça ao crucifixo mobilizou procuradores, policiais federais e o então juiz Sergio Moro durante a 24ª fase da Lava Jato. Pomposamente batizada de *Aletheia*, uma expressão grega para a "verdade", a ação mobilizou 200 policiais federais e 30 auditores da Receita Federal[3] para o cumprimento de 33 mandados de busca e apreensão e 11 de condução coercitiva. Um show feito para a televisão: desde muito cedo que equipes andavam de um lado para o outro enquanto helicópteros sobrevoavam os endereços do político em São Paulo. Policiais e procuradores vasculharam o apartamento do ex-presidente, em São Bernardo do Campo, a sede do Instituto Lula, na capital paulista, e o sítio que ele usava em Atibaia. Casas e empresas de familiares do petista também foram alvo.

Na operação, em 4 de março, documentos e recibos que serviriam para acusar e condenar Lula haviam sido encontrados. Um deles fazia referência a um cofre em uma agência do Banco do Brasil no Centro de São Paulo. Além da então mulher do ex-presidente, Marisa Letícia, o cofre também estaria em nome de Fábio Luis, o Lulinha, seu filho mais velho. Policiais federais foram à agência naquele dia 9 e se depararam com 132 itens acondicionados em 23 caixas lacradas[4]. Os bens eram desejados pela Lava Jato havia muito tempo, e a caça ao tesouro terminou quando os policiais federais confirmaram: o cofre guardava o crucifixo.

Foi essa a notícia que fez Dallagnol exultar junto aos colegas no Telegram. Para ele, a conclusão era óbvia: ao meter as mãos no crucifixo que seria patrimônio da União, Lula havia cometido crime de peculato (roubo de patrimônio público cometido por servidor público) e ocultação de bens. Por isso, seria preso em flagrante. *Frisson* em Curitiba.

"Orlando, parece que acharam o Cristo do alejadinho no cofre do BB... se for isso, será nosso primeiro respiro", escreveu Dallagnol pelo aplicativo de mensagens ao colega Orlando Martello. Eram 16h56.

Martello respondeu vinte minutos depois, com uma pergunta:

9 DE MARÇO DE 2016 – CHAT PESSOAL

ORLANDO MARTELLO – 17:15:44 – O q é cofre de BB?

DELTAN DALLAGNOL – 17:16:35 – operação de hoje no cofre do BB em nome do Lulinha e da Marisa, pra cujos nomes foi passado após depósito do Aurélio... lá está a cruz do alejadinho que estava desde Itamar no Planalto... prov de valor inestimável

DALLAGNOL – 17:16:43 – Peculato com lavagem... coisa pouca kkkk

DALLAGNOL – 17:16:52 – Isso, pode sorrir

DALLAGNOL – 17:16:56 – Agora pode sorrir mais

DALLAGNOL – 17:17:00 – Pode agora começar a pular

DALLAGNOL – 17:17:11 – Agora segura tudo que aguardamos confirmação de 100% kkkk

A prisão de Lula em flagrante por roubo de um simbólico Jesus Cristo crucificado seria uma das cenas mais fortes da história da Lava Jato. Era tudo o que os procuradores precisavam para destruir o ex-presidente.

'Nosssa. Se achar isso'

DURANTE A OPERAÇÃO NOS IMÓVEIS de Lula, os procuradores salivavam com os relatos dos policiais enviados pelo celular. O que mais chamava a atenção dos investigadores, inclusive pelo tamanho, eram as caixas com o acervo de objetos que Lula trouxera de sua estada no Palácio do Planalto. Ao ver as caixas, os agentes ficaram ainda mais convictos de que o ex-presidente surrupiara o patrimônio público e que a OAS bancava a estada dos bens num depósito usando dinheiro desviado da Petrobras.

Responsável por buscar Lula em casa para levá-lo ao aeroporto de Congonhas, o delegado Luciano Flores (depois promovido[5] quando Sergio Moro se tornou ministro da Justiça da extrema direita) mandava mensagens de áudio contando como Lula o recebera e orientava os colegas sobre as buscas que viriam a seguir:

4 DE MARÇO DE 2016 – GRUPO AMIGO SECRETO

> **LUCIANO FLORES**
> Delegado da Polícia Federal.

LUCIANO FLORES – 06:13:10 –

[QR code]

ORLANDO MARTELLO – 06:17:03 – Show. Julio e eu indo para o local

MARTELLO – 06:17:09 – De encontro

FLORES – 06:22:47 –

[QR code]

ATHAYDE RIBEIRO JÚNIOR, PROCURADOR DA REPÚBLICA – 06:23:25 – Otimo

DELTAN DALLAGNOL – 06:33:47 – 👍👍👍

IGOR ROMÁRIO DE PAULA, DELEGADO DA PF – 06:34:33 – Tudo certo até agora

FLORES – 06:36:54 – ↪ Luciano, a carga se trata de duas carretas e foram levadas p o Sindicato em São Bernardo. E agora?

FLORES – 06:37:17 – Mensagem recebida do chefe da equipe que está conduzindo o motorista

FLORES – 06:37:49 – Fiquem em **QAP** caso seja necessário solicitar novo mandado

ROBERSON POZZOBON – 06:37:59 – Podemos pedir extensão do mandado

> **QAP**
> Sigla do código internacional "Q" que significa "está na escuta?". Aqui tem o sentido de "fique de prontidão".

> **ROBERSON POZZOBON**
> Procurador da República.

POZZOBON – 06:38:01 – Isso

POZZOBON – 06:38:18 – Avise-nós se for necessário

ROMÁRIO DE PAULA – 06:38:25 – Acho importante já ir adiantando...

POZZOBON – 06:38:48 – Qual foi o motorista que passou a info?

FLORES – 06:45:47 – O nome é Luís Antônio Pazzini

FLORES – 06:46:35 – Lula acabou de me confirmar que boa parte das coisas estão no Sindicato...

FLORES – 06:47:16 – Disse que são bens muito valiosos que deveriam estar num museu da República

POZZOBON – 06:47:52 – Ok. Estamos preparando a peticao para pedir o novo local

POZZOBON – 06:48:03 – Sabem o endereço?

MÁRCIO ANSELMO – 06:48:24 – Isso não era peculato?

ANSELMO – 06:49:03 – Acho que devo ter matado essa aula na faculdade

FLORES – 06:49:11 – É no Sindicato dos Metalúrgicos

ANSELMO – 06:49:13 – Nunca aprendi penal

POZZOBON – 06:49:35 – Blz

> **MÁRCIO ANSELMO**
> Delegado da Polícia Federal.

Os agentes de campo já estavam familiarizados com o desejo dos procuradores pelo Cristo. A primeira menção ao objeto havia aparecido em uma conversa no Telegram um mês antes da abertura do cofre custodiado no Banco do Brasil. Em fevereiro de 2016, uma foto foi compartilhada pelo procurador Januário

Paludo, um dos veteranos da Lava Jato. Pela reação do delegado Márcio Anselmo — um sujeito que serviu de inspiração a um dos personagens centrais do filme *Polícia Federal — A lei é para todos*[6] —, a notícia de que Lula havia roubado a obra já corria solta entre os investigadores.

19 DE FEVEREIRO DE 2016 – GRUPO AMIGO SECRETO

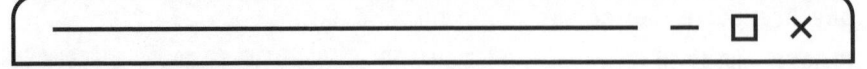

JANUÁRIO PALUDO – 19:32:28 –

PALUDO – 19:32:41 – dizem que essa sumiu. Aleijadinho.
ATHAYDE RIBEIRO COSTA – 19:33:04 – NOSSSA. SE ACHAR ISSO
MÁRCIO ANSELMO – 19:33:20 – Eu vi isso hj
ANSELMO – 19:33:31 – Deve estar na sala dele
LUCIANO FLORES – 19:45:08 – a imagem de Cristo ou o Itamar??

Em outro grupo, no dia seguinte, o procurador Carlos Fernando dos Santos Lima também estava interessado na história do crucifixo. Ele pedia a colegas e policiais que iriam conduzir Lula coercitivamente e realizar buscas para que ficassem de olho na peça.

20 DE FEVEREIRO DE 2016 – GRUPO FT MPF CURITIBA 3

CARLOS FERNANDO DOS SANTOS LIMA – 21:51:52

SANTOS LIMA – 21:52:47 – Quem for no instituto, é bom mesmo ver se este crucifixo realmente está lá.

No dia da operação, já em São Bernardo do Campo, o delegado Igor Romário de Paula mandava fotos do resultado da busca enquanto seu colega Márcio Anselmo pedia prisão em flagrante com base em fotos de caixas de papelão.

4 DE MARÇO DE 2016 – GRUPO AMIGO SECRETO

IGOR ROMÁRIO DE PAULA, DELEGADO DA PF – 10:09:35 –

ROMÁRIO DE PAULA – 10:09:51 – Material depositado dele em São Bernardo
MÁRCIO ANSELMO – 10:09:59 – Meu
ANSELMO – 10:10:03 – Peculato
ROMÁRIO DE PAULA – 10:10:06 – Pegamos tudo
ANSELMO – 10:10:07 – Prende em flagrante
ANSELMO – 10:10:11 – Quero ver ser macho
ROMÁRIO DE PAULA – 10:10:13 – O que acham?
WILIGTON GABRIEL PEREIRA – 10:10:27 – Carrega tudo
ANSELMO – 10:10:34 – Traz tudo
ANSELMO – 10:10:45 – Kkkkkkk
ANSELMO – 10:11:09 – Isso é surreal

WILIGTON GABRIEL PEREIRA
Agente da Polícia Federal.

Empolgados, os agentes se depararam com um problema: não havia mandado judicial para recolher aquilo tudo. Seguiu-se, então, um debate sobre o que fazer. Aqui aparecem novos personagens, entre eles o delegado Maurício Moscardi, que um ano depois iria comandar uma outra operação famosa que se revelou um fiasco: a *Carne Fraca*. Nela, Moscardi diria a jornalistas que frigoríficos misturavam carne estragada com produtos químicos para mascarar o aspecto do produto e vendê-lo normalmente, o que não foi comprovado.

4 DE MARÇO DE 2016 – GRUPO AMIGO SECRETO

MÁRCIO ANSELMO – 10:50:34 – Vai pedir pra apreender as caixas do sindicato???

ROBERSON POZZOBON – 10:53:23 – Moro pediu parcimônia nessa apreensão. Acho que vale a pena ver exatamente o que vamos apreender

ANSELMO – 10:53:45 – O pessoal lá pediu pra retificar o mandado

ANSELMO – 10:53:58 – Não sei o que fazer

ANSELMO – 10:54:05 – Vivo ainda continua um impasse

ROMÁRIO DE PAULA – 10:54:38 – Vai ser difícil checar isso no local

ANSELMO – 10:55:58 – Aguardo decisão de vcs

DELTAN DALLAGNOL – 10:56:20 – concordo, tudo

ANSELMO – 10:56:21 – Tem coisa muito valiosa

POZZOBON – 10:56:29 – Igor, pode ligar para o Moro para explicar?

ANSELMO – 10:56:33 – Moscardi disse que tem coisa que vale mais de 100 mil

POZZOBON – 10:56:41 – Ou Marcio

ANSELMO – 10:56:41 – Moro tá em audiência

POZZOBON – 10:57:24 – Acho que vale a pena pedir para a equipe esperar um pouco para termos o aval do juiz

DALLAGNOL – 10:57:52 – boa

RENATA RODRIGUES – 10:58:16 – Márcio tá pedindo extensão do mandado pra possibilitar apreensão

> **RENATA RODRIGUES**
> Delegada da Polícia Federal.

ANSELMO – 10:59:01 – Pedi

DALLAGNOL – 10:59:06 – Boa

POZZOBON – 11:00:21 – Ótimo!

DALLAGNOL – 11:00:33 – Tem que apreender e avaliar itens para devolver ou reter por peculato... Impossível fazer isso rapidamente, hoje mesmo, então não vejo muita solução. Dá pra lacrar , arrolar, fazer fotos e deixar como depositários se houver problema de tranpsorte, porque se transortar e quebrar coisas podem ser coisas caras tbém, mas o ideal seria pegar... se der peculato vai pro museu da Lj

Mas Moro negou a apreensão dos bens — o ex-juiz alegou que seria desproporcional apreender todo o acervo e que, se os investigadores tivessem suspeitas específicas, fizessem pedidos específicos para cada caixa.

No dia seguinte, a solução viria pelas mãos do procurador Januário Paludo, amigo pessoal de Sergio Moro e muito respeitado pelos jovens da Lava Jato — é a ele que os vários grupos intitulados *Filhos do Januario* fazem referência.

5 DE MARÇO DE 2016 – CHAT 3PLEX RESTRITO

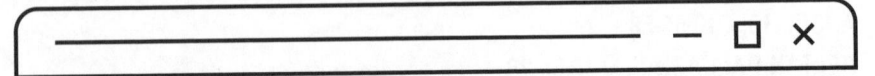

JANUÁRIO PALUDO – 08:57:25 – Atencao,,,

PALUDO – 08:57:50 – Falei com moro. Vamos inventariar e documentar tudo no depósito. Acho que dá para apreender o mais relevante e de forma cirúrgica. Segunda vou lá conversar com ele.

PALUDO – 08:58:12 – Para operacionalizar.

PALUDO – 08:58:34 – Roberson já se organize, please...

PALUDO – 08:59:56 – Estou pensando em pedir uma ordem judicial para devolução ao acervo do planalto... Isso evitaria problemas de armazenagem

PALUDO – 09:00:58 – Ou para o museu do olho (isso seria mais radical)...

O museu a que Paludo se refere é uma ala do Museu Oscar Niemeyer, mais conhecido como Museu do Olho, em Curitiba, cedida à Lava Jato para exibição de obras de arte usadas para lavar dinheiro apreendidas pela operação. À época, o Paraná era governado por Beto Richa, do PSDB. Anos depois, Richa seria ele mesmo alvo da operação e acabaria preso.

A conversa terminou assim:

> **ROBERSON POZZOBON – 12:49:53 –** Booooua! Conversei ontem com Leonel e ele acionou o Nelson do Spei/SP para ajudar. Pedi para o Mauat para que disponibilizasse uma equipe na segunda com DPF, Perito e agentes para viabilizar tb. Segunda de manhã, confirmamos tudo isso. Acho importantíssimo esse inventário. Se o LILS fez o depósito na oculta, e pq é ainda mais ilícito do que o resto que ordinariamente ele já faz.. 🙈🙈

A solução veio na forma de uma nova ordem de busca e apreensão, dessa vez no Banco do Brasil, cumprida quatro dias depois.

'Seria top… duas repercussões'

AS CENTENAS DE CAIXAS DE PAPELÃO encontradas no sindicato guardavam, como a força-tarefa viria a descobrir, muitos documentos e fotos, além de objetos como obras de arte, maquetes, um gongo e até duas esculturas de urso polar do Canadá. Mas foi só no dia 9 de março, do meio para o fim da tarde, que a Lava Jato finalmente recebeu a notícia que esperava, pelo teclado do celular do delegado Igor Romário de Paula. Às 16:34, ele disparou uma mensagem: "Jesus Cristo encontrado no BB em São Paulo 👏👏👏👏👏".

A mensagem causou um pico de ansiedade nos grupos da Lava Jato. A sonhada prisão em flagrante de Lula, afinal, parecia à vista.

9 DE MARÇO DE 2016 – GRUPO AMIGO SECRETO

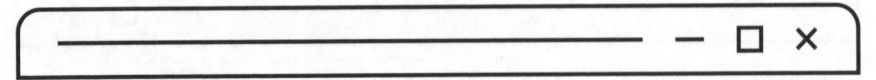

ATHAYDE RIBEIRO COSTA – 16:35:04 – HEHEHEH
ROBERSON POZZOBON – 16:35:06 – Pein!
ROMÁRIO DE PAULA – 16:35:18 – Situação flagrancial....
ROMÁRIO DE PAULA – 16:35:20 – Kkkkk
JANUÁRIO PALUDO – 16:35:49 – cade a foto??? kkk
ROMÁRIO DE PAULA – 16:37:03 – Vai longe lá o procedimento... Muitos itens de valor... obras de arte
MÁRCIO ANSELMO – 16:37:43 – Uhuuuuuuuuu
PALUDO – 16:37:45 – tem como pegar o documento que foi pedido a retirada dos itens?
ANSELMO – 16:38:05 – [sticker não encontrado]
PALUDO – 16:38:35 – ta todo mundo esperando a foto!!!!
PALUDO – 16:39:28 – e a confirmação.
RIBEIRO COSTA – 16:58:41 – Será que a taça JULES RIMET ta la tb?
LUCIANO FLORES – 17:27:28 – 😄😄😄
JULIO NORONHA – 17:30:43 – Luciano, teria a foto do crucifixo? 😬
FLORES – 17:34:32 – nenhuma foto até o momento, eles fizeram contato apenas por telefone fixo, não tem sinal de internet lá
NORONHA – 17:35:31 – Ok! Obrigado! Estamos na expectativa aqui!

Enquanto o papo corria no grupo, Dallagnol, ansioso, comunicava Sergio Moro a respeito da descoberta.

9 DE MARÇO DE 2016 – CHAT PESSOAL

DELTAN DALLAGNOL – 17:00:18 – Caro, já deve ter sido informado de que acharam o Cristo...

DALLAGNOL – 17:00:34 – Aguardamos confirmação de 100% de que é o mesmo

De pronto, o procurador-chefe da Lava Jato também acionou diretamente o delegado Romário de Paula atrás da confirmação. Preocupado em convencer a população de que a Lava Jato fazia avanços, ele queria planejar a repercussão midiática da impressionante descoberta sobre o crime do **"9"**:

> **9**
> Apelido de Lula na Lava Jato, numa óbvia referência ao dedo amputado do ex-presidente.

9 DE MARÇO DE 2016 – CHAT PESSOAL

DELTAN DALLAGNOL – 17:02:19 – Igor, estamos muito na expectativa aqui... por favor nos avisem qdo houver qq confirmação ou notícia nova, inclusive confirmação de 100% de que é o mesmo objeto das fotos do Cristo... Todos torcendo.

DALLAGNOL – 17:02:54 – Esse será nosso primeiro respiro...

IGOR ROMÁRIO DE PAULA – 17:17:22 – Com certeza. O local lá é difícil para uso de celular... a noite o Ivan passa mais detalhes

DALLAGNOL – 17:18:00 – Queria falar com Vc sobre isso

DALLAGNOL – 17:18:33 – Se sair à noite, repercute menos do que soltar amanhã... contudo, não sei se os funcionários do BB e outros não começarão a soltar hje... importante que o Moro levante o sigilo também...

DALLAGNOL – 17:18:41 – Peculato com lavagem... coisa pouca...

ROMÁRIO DE PAULA – 17:20:32 – Pois é mas ainda estão fazendo a avaliação pericial e vai demorar um pouco para termos certeza absoluta...

DALLAGNOL – 17:20:55 – Talvez fosse o caso de nota de que foi feita nova fase hoje, sem dizer de resultado, e amanhã juntar aos autos e Moro levantar sigilo

DALLAGNOL – 17:21:00 – Seria top... duas repercussões

DALLAGNOL – 17:21:18 – Vcs soltariam nota e amanhã Vcs juntam relatório e Moro abre...

ROMÁRIO DE PAULA – 17:22:06 – Mas eles não vão conseguir fazer um relatório antes de amanhã no fim do dia.

ROMÁRIO DE PAULA – 17:22:33 – Precisamos ter certeza absoluta antes

DALLAGNOL – 17:24:07 – Concordo. Não sabia que demorava tanto assim. Mas Vc acha que nem uma nota da nova fase, sem falar o objeto, só dizendo que foi cumprido mandado no BB sobre cofre em nome de familiares do 9?

DALLAGNOL – 17:24:22 – Se quiser, vejo com o Moro se para ele estaria ok essa nota.

DALLAGNOL – 17:26:08 – Se soltarmos, escalamos.

ROMÁRIO DE PAULA – 17:26:12 – Mas a imprensa vai cair de pau em cima querendo saber o conteúdo da apreensão.

A alegria do procurador não durou uma hora.

9 DE MARÇO DE 2016 – GRUPO AMIGO SECRETO

JANUÁRIO PALUDO – 17:43:40 – http://revistaepoca.globo.com/Revista/Epoca/0,,EMI214549-15223,00-A+REAL+HISTORIA+DO+CRISTO+DE+LULA.html

PALUDO – 17:43:49 – olha a reportagem.

A Lava Jato, que havia focado todas as atenções no Cristo depois de receber uma fotomontagem que sugeria que a obra de arte estaria no Palácio do Planalto desde os tempos do ex-presidente Itamar Franco, não tinha se dado ao trabalho de procurar a história no Google. Cinco anos antes, a revista Época já desmentira a história do roubo.

Claudio Soares, diretor da documentação histórica da Presidência, reafirmou que o crucifixo "foi presente pessoal de um amigo ao Presidente Lula" e disse que a imagem de Itamar que circula na internet "trata-se de edição grosseira", publicou a revista ainda em 2011. A própria reportagem[7] aponta que a foto é real, porém foi feita em outro contexto: durante uma visita de Itamar ao Planalto em 2006. O Cristo também não havia sido esculpido por Aleijadinho. A autointitulada maior operação anticorrupção de todos os tempos estava perseguindo uma fake news.

Frustrado, Dallagnol lamentou em uma conversa privada com o procurador Orlando Martello. Ele chegou a proferir um raro palavrão:

9 DE MARÇO DE 2016 – CHAT PESSOAL

DALLAGNOL – 17:44:36 – Cara, agora sente. Descobrimos que o crucifixo é dele mesmo. Recebeu de presente. Pqp. Matérias furadas na internet. Mas há 23 caixas com itens de valor, inclusive com número de catálogo (patrimônio?)... vamos ver o que sai desse mato

MARTELLO – 17:52:12 – Porra!!!!

DALLAGNOL – 18:51:58 – pqp mesmo

Dallagnol também foi se explicar a Moro, que lhe deu um pito.

9 DE MARÇO DE 2016 – CHAT PESSOAL

SERGIO MORO – 17:47:26 – Sim. Sem bola fora.

MORO – 17:47:26 – Melhor depois deste episodio suspender aquela outra coisa pois ja ha teatro

DELTAN DALLAGNOL – 17:49:30 – Concordamos.

DALLAGNOL – 17:49:54 – Descobrimos matéria dizendo que o Cristo é dele, presente que recebeu

DALLAGNOL – 17:50:15 – http://revistaepoca.globo.com/Revista/Epoca/0,,EMI214549-15223,00-A+REAL+HISTORIA+DO+CRISTO+DE+LULA.html

DALLAGNOL – 17:51:35 – Há 23 caixas, foram abertas 6. Em uma há medalhas comemorativas, inclusive de ouro. Em outra espadas e adegas com pedras preciosas, uma das quais parece ser a indicada no site que informa que teria sumido da presidência (contudo, mesmo site que fala do Cristo). Há vários itens com números que parecem ser de patrimônio. Parece que o laudo fica pronto no fim da tarde de amanhã só.

MORO – 18:10:57 – Bem. Então tratar com muito cuidado pois a historia do crucifixo é aparentemente falsa.

MORO – 18:11:23 – Segundo link que vc mesmo divulgou

MORO – 18:12:04 – Ja avisaram a pf?

DALLAGNOL – 18:28:26 – Positivo

A inacreditável e grotesca comédia de erros da força-tarefa teria, ainda, mais um capítulo. Foi só na noite daquela quarta-feira, cinco dias após ter pedido a apreensão de bens levados de Brasília por Lula e julgar que havia encontrado ali o motivo para uma prisão em flagrante, que a Lava Jato resolveu espiar o que diz a legislação a respeito de bens de ex-presidentes da República:

9 DE MARÇO DE 2016 - GRUPO 3PLEX RESTRITO

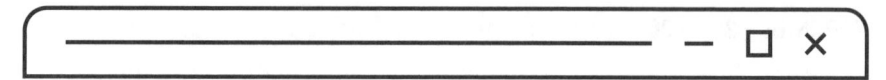

PAULO ROBERTO GALVÃO - 20:35:42 - Lendo a lei 8934 e o decreto 4344, extraí que: - o acervo documental do presidente é privado, de propriedade do presidente, ainda que sujeito a restrições por ser de interesse público (se vender a preferência é para a União e não pode vender para o exterior); - mesmo obras de arte, recebidas no mandato, são do acervo privado do presidente; - o que não é do acervo privado são os presentes recebidos de autoridades estrangeiras em visitas oficias.

GALVÃO - 20:36:57 - Em princípio, não é proibido que o presidente receba um presente de um particular. No caso do crucifixo, se correta a história da Época, não haveria irregularidade em ele levar o crucifixo se recebeu durante o mandato. Poderia haver alguma irregularidade administrativa por não se submeter à tal comissão especial, mas não seria peculato.

GALVÃO - 20:38:10 - A Lei de Improbidade proíbe receber presente de quem tenha interesse em algum ato do presidente (caso em que poderiam ser enquadrados benesses das empreiteiras). Mas a depender do que for encontrado lá, pode ou não haver esse interesse em ato do presidente.

GALVÃO - 20:39:32 - A aceitação de presentes, por outro lado, é violação ao código de conduta da alta administração federal, mas também não é crime.

GALVÃO – 20:40:05 – Não consegui concluir bem a questão de saber se qualquer obra de arte é considerada acervo documental, mas parece realmente que sim

JULIO NORONHA – 20:40:09 – Acho Q o código da alta administração federal não se aplica ao presidente

NORONHA – 20:40:17 – Só até ministro, salvo engano

GALVÃO – 20:40:31 – verdade

GALVÃO – 20:41:18 – então só seria de nosso interesse encontrar nesse depósito bens recebidos de outros chefes de estado, e bens existentes antes da presidência dele. é isso?

NORONHA – 20:43:00 – Em principio, sim. Mas, acho q devemos aguardar para ver o Q apreenderam lá. De repente, há algo diferente

GALVÃO – 20:46:36 – Uma coisa ruim: a própria lei prevê que entidades privadas podem manter o acervo documental privado de ex-presidente. Ideal então talvez seja descaracterizar esse material como acervo documental.

DALLAGNOL – 20:47:29 – Então o BB manter não tem problema

DALLAGNOL – 20:47:42 – Diferente da OAS que manteve como contraprestação

GALVÃO – 20:48:10 – Demonstrar que a OAS manteve bens pessoais e não o acervo documental.

GALVÃO – 20:49:32 – A reforma no Planalto durou de março de 2009 a agosto de 2010, período em que o L despachou no centro cultural banco do brasil.

DALLAGNOL – 20:52:38 – Qual a definição de acervo documental?

DALLAGNOL – 20:52:48 – Entram todos os presentes?

DALLAGNOL – 20:53:06 – tudo, menos o que recebeu de chefes de estado em viagens ou visitas oficiais

ATHAYDE RIBEIRO COSTA – 20:53:54 – Entao tem mt coisa q nao podia levar

Enquanto o procurador Galvão fazia observações tardias sobre o que diz a lei a respeito de presentes a ex-presidentes, a revista Época já exibia em seu site[8] uma reportagem sobre os bens apreendidos do ex-presidente. Santos Lima se penitenciou com Deltan — e acusou a Polícia Federal pela divulgação com tom de vazamento. "Já está na época. Foi a PF. Ilusão ficar cheio de dedos. Poderíamos ter capitalizado melhor", escreveu Santos Lima.

A estratégia funcionou. Mesmo sendo legais, os presentes de Lula foram vistos pela população como uma espécie de benefício imoral do ex-presidente. Dias depois, um grampo ilegal de uma conversa entre Lula e a então presidente Dilma Rousseff — sugerindo a ideia de ambos de que Lula poderia assumir um ministério e, assim, garantir foro especial — seria divulgado pela GloboNews depois do levantamento de sigilo feito por Sergio Moro.

O caldo acabou impedindo Lula de assumir o Ministério da Casa Civil por uma decisão do ministro Gilmar Mendes, do Supremo Tribunal Federal. Em 2019, uma reportagem da Vaza Jato em parceria com a Folha de S. Paulo revelou que, além de dar publicidade apenas ao grampo ilegal, Moro ainda escondera da população outros 21 áudios. As conversas gravadas pela Polícia Federal em 2016 enfraquecem a tese usada por Moro para justificar a decisão de publicar o áudio.

Os diálogos, que incluem conversas de Lula com outros atores políticos, entre eles o então vice-presidente Michel Temer, revelam que o ex-presidente relutou em aceitar o convite para ser ministro e só o aceitou após sofrer pressões de aliados. Lula, nos áudios que até hoje não vieram a público, só menciona as investigações em curso uma vez.

Sergio Moro absolveria Lula e Léo Pinheiro, ex-presidente da OAS, da acusação feita pela Lava Jato de que a guarda dos bens presidenciais se tratou de "contraprestação" de contratos da empreiteira com a Petrobras.

Já o acervo no Banco do Brasil, aquele que a Lava Jato acreditou ser a chave para prender Lula em flagrante e proceder uma via sacra de humilhações ao petista, nunca foi usado para embasar denúncias à Justiça.

Outro lado

LAVA JATO | É importante registrar que o Intercept, distante das melhores práticas de jornalismo, não encaminhou as supostas mensagens em que se baseia a reportagem, o que prejudica a compreensão das questões enviadas, o direito de resposta e a qualidade das informações a que o leitor tem acesso.

Registra-se ainda que tais mensagens, obtidas de forma criminosa, foram descontextualizadas ou alteradas ao longo dos últimos meses para produzir falsas acusações, que não correspondem à realidade, no contexto de um jornalismo de militância ou de teses que busca atacar a operação e seus integrantes.

De todo modo, em relação aos questionamentos apresentados, cumpre informar que o ex-presidente Lula está sendo investigado pelos crimes de peculato e lavagem de ativos, em razão da apropriação e ocultação de diversos bens públicos da Presidência da República que foram encontrados em cofre particular em banco, mantido em nome de Fabio Luis Lula da Silva e Marisa Letícia Lula da Silva, dentre os quais se encontravam, por exemplo, coroa, espadas e esculturas.

Em consequência da busca e apreensão e subsequente ação da Justiça e órgãos oficiais, 21 itens mantidos no cofre foram incorporados ao Patrimônio da Presidência da República.

A apuração é objeto dos autos 1.25.000.000119/2017-12 (convertido em procedimento eletrônico sob o nº: 1.25.000.001206/2020-84), que se encontram sob responsabilidade da Procuradoria da República em São Paulo, à qual devem ser direcionados os questionamentos.

LINKS

1. https://www.dw.com/pt-br/as-diferen%C3%A7as-entre-as-igrejas-protestante-e-cat%C3%B3lica/a-41133651
2. https://brasil.elpais.com/brasil/2016/03/15/opinion/1458059924_527135.html
3. http://g1.globo.com/pr/parana/noticia/2016/03/policia-deflagrada-nova-fase-da-lava-jato-na-casa-do-ex-presidente-lula.html
4. https://valor.globo.com/politica/noticia/2016/03/11/pf-apreende-presentes-recebidos-por-lula-depositados-em-cofre-do-bb.ghtml
5. https://g1.globo.com/pr/parana/noticia/2019/02/04/delegado-luciano-flores-assume-o-comando-da-policia-federal-no-parana.ghtml
6. https://theintercept.com/2018/05/12/policia-federal-a-lei-e-para-todos-so-que-nao/
7. http://revistaepoca.globo.com/Revista/Epoca/0,,EMI214549-15223,00-A+REAL+HISTORIA+DO+CRISTO+DE+LULA.html
8. https://epoca.globo.com/tempo/noticia/2016/03/pf-encontra-cofre-da-familia-de-lula.html

'UM TRANSATLÂNTICO'
O namoro entre a Lava Jato e a Rede Globo.

**RAFAEL MORO MARTINS • RAFAEL NEVES
LEANDRO DEMORI**

INÉDITA

DELTAN DALLAGNOL estava obcecado pelo poder da Rede Globo no segundo semestre de 2015. A força-tarefa da Lava Jato colecionava troféus: em junho, os procuradores chefiados por ele haviam conseguido a prisão dos presidentes das superpoderosas empreiteiras Odebrecht e Andrade Gutierrez, Marcelo Odebrecht e Otávio Marques de Azevedo. O ex-ministro José Dirceu, o principal articulador político do PT, havia sido preso em 3 de agosto. O procurador-chefe da Lava Jato sabia que era o momento de capitalizar as vitórias.

As conversas do Telegram revelam que a obsessão de Dallagnol pela Globo convivia com outra: o projeto das dez medidas de combate à corrupção. Para o procurador e seus aliados, a série de mudanças legislativas iria fechar a porta para novos casos de corrupção como o da Petrobras e era uma mudança fundamental para transformar o país. Se houvesse apoio da mais influente organização de mídia do país, o projeto ganharia tração. "a globo é, como Vc diz, um transatlântico... não só para mudar de direção, mas também para impulsionar kkkk", escreveu Dallagnol a um repórter da emissora em agosto daquele ano.

No final daquele mês, o Telegram de Dallagnol lançou uma notificação que iniciaria uma transformação na percepção do Brasil sobre o modelo de combate à corrupção defendido pela Lava Jato. Era uma mensagem de um colega de Ministério Público Federal chamado Daniel Azeredo, que se orgulhava de ter um "ótimo contato" com José Roberto Marinho, um dos filhos de Roberto Marinho, vice-presidente do Grupo Globo e presidente da Fundação Roberto Marinho.

Em um grupo do Telegram com apoiadores do projeto das dez medidas contra a corrupção, Azeredo comentou sobre um encontro com um dos chefões da Globo.

"Deltan, jantei na semana passada com o José Roberto Marinho (com quem tenho um ótimo contato desde a Rio +20) da Globo e conversei sobre a campanha e novas formas de aprofundarmos a divulgação. Falamos por alto em uma série no jornal nacional comparando os modelos de combate a corrupção de outros países e mostrando como as 10 medidas aproximaria o Brasil dos sistemas mais eficientes do mundo, mas há abertura para outras ideias. O diretor executivo de jornalismo da Globo está em contato conosco para conversar sobre o assunto. Vou fazer uma conversa inicial e colocá-lo em contato com você tudo bem?", escreveu o procurador em agosto de 2015, no grupo *Parceiros/MPF–10 Medidas*.

RIO +20
Reunião de chefes de Estado sobre o meio ambiente realizada em 2012 no Rio de Janeiro.

"Shou heim", vibrou Dallagnol.

Horas mais tarde, Azeredo usou o Telegram para disparar mensagens privadas alertando o colega:

25 DE AGOSTO DE 2015 – CHAT PESSOAL

DANIEL AZEREDO – 17:26:30 – Oi Deltan! Aqui é Daniel do Pará! Vc viu minha mensagem no grupo sobre o contato com a Globo? Precisaria do seu ok para avançarmos ...

DALLAGNOL – 22:37:40 – Respondi lá, shou!! Sensacional!!!! Bora!! Já tnha pedido pro ▓▓▓▓ e ele disse que apresentou um projeto ao JN

DALLAGNOL – 22:37:44 – Se vier ordem de cima, ele manda ver

DALLAGNOL – 22:37:56 – Ele está em férias agora mas já falei com ele depois da sua msg e ele é empolgado

AZEREDO – 23:02:20 – Maravilha!! O diretor fez contato hoje e pediu para trabalharmos com tempo essa série até para não parecer que a campanha é da globo ... Mas disse que já podemos fazer um levantamento de informações para passar a eles ... Vou mandar no Grupo da SCI tudo bem!?

DALLAGNOL – 23:13:00 – Claro, shou Daniel!!! Minha sugestão pro ▓▓▓▓ foi fazer no esquema "problema – soluçaõ"

Azeredo também compartilhou a informação no grupo *SCI/PGR* e recebeu um elogio do colega Rodrigo Leite Prado, do MPF de Minas Gerais: "Daniel, já disse e repito: vc é um jênil! Delirando um pouco, se a Globo comprar sua ideia, poderíamos oferecer algo que de que eles gostam muito: casos, divulgados pelas emissoras locais, em que a adoção das Medidas teria evitado a impunidade. Daria boas suítes com custo pífio para o MGTV, o PRTV etc, sobretudo como opção nos dias em que as notícias não estão sobrando...".

Até ali, Dallagnol e equipe privilegiavam a Globo sempre que possível. Em 3 de julho de 2015, por exemplo, enquanto o grupo comemorava mais um avanço nas investigações, o procurador pediu para os colegas segurarem a informação. "Não passem pra frente, vamos dar pro JN de amanhã em princípio...", disse no grupo *FT–MPF 2*, se referindo ao principal programa jornalístico da emissora, o Jornal Nacional.

Dallagnol queria repassar à Globo a descoberta, até ali restrita à força-tarefa, de que o ex-diretor da Petrobras Paulo Roberto Costa recebeu depósitos em contas na Suíça em datas próximas a telefonemas trocados entre Bernardo Freiburghaus, apontado como operador da Odebrecht, e Rogério Araújo, um executivo da empreiteira. O assunto permaneceu oculto no dia 3 de julho, mas voltou à tona entre os procuradores três dias depois:

> **ATHAYDE RIBEIRO COSTA**
> Procurador da República e membro da força-tarefa da Lava Jato.

6 DE JULHO DE 2015 – CHAT FT MPF CURITIBA 2

DALLAGNOL – 11:17:28 – Caros não juntem as info da Ode antes de conversarmos
DALLAGNOL – 11:17:45 – Moro vai esperar para info em HCs
DALLAGNOL – 11:17:53 – E estou falando com JN
ATHAYDE COSTA – 11:20:36 – Cf passou para o Estadao
COSTA – 11:21:39 – Brincadeirinha.....
COSTA – 11:22:36 – to tentando com a tim os extratos de 2009 tb
DALLAGNOL – 11:29:52 – Limite pra passar pro JN é17h

Mesmo antes de terminar essa conversa, Dallagnol já falava com o jornalista da Globo para tratar do repasse da informação exclusiva:

6 DE JULHO DE 2015 – CHAT PESSOAL

DALLAGNOL – 11:18:20 – Oi ▉▉▉▉▉, devo passar pra Vc ou pra ▉▉▉▉▉ aquele material?
DALLAGNOL – 11:18:28 – Ele deu uma melhorada até
DALLAGNOL – 11:18:48 – Pergunto pq ele me perguntou a respeito...
▉▉▉▉▉ – 11:19:40 – Oi dr deltan. Aquele o sr deve passar pra mim
▉▉▉▉▉ – 11:19:48 – Imagino que ele tenha ficado sabendo depois né
▉▉▉▉▉ – 11:20:00 – Obrigada por me contar
▉▉▉▉▉ – 11:20:40 – Ele te perguntou do material hoje ou na sexta?
▉▉▉▉▉ – 11:20:48 – Pq conversamos na quinta
DALLAGNOL – 11:21:23 – Sexta depois de eu te ligar, mandou uma msg
▉▉▉▉▉ – 11:21:47 – Então é pra mim mesmo, eu pedi primeiro , ele deve ter me ouvido conversar com a editora rs
DALLAGNOL – 11:21:59 – como nao falamos pra mais ninguém, imaginei que Vc falou...
▉▉▉▉▉ – 11:22:08 – Pois é! Eu não falei!
▉▉▉▉▉ – 11:22:32 – Mas tudo bem, fica entre nós
▉▉▉▉▉ – 11:22:40 – Posso passar ai ou quer definir um horário
DALLAGNOL – 11:23:08 – Vamos nos falando. Mas te passo hoje com certeza. Qual o limite de horário?
▉▉▉▉▉ – 11:23:28 – Umas 17h no máximo. Senão aperta o fechamento da matéria e pode não ir ao ar por conta disso
DALLAGNOL – 11:23:32 – Qdo for lá, queria entender melhor esse negócio do ▉▉▉▉▉...
DALLAGNOL – 11:23:40 – Ok
▉▉▉▉▉ – 11:23:44 – A gente conversa lá
DALLAGNOL – 11:30:15 – Pode passar 17h lá. Se ficar pronto antes, aviso
▉▉▉▉▉ – 11:30:35 – Combinado

A informação de Dallagnol realmente foi aproveitada pela Globo, que veiculou uma reportagem de quase dois minutos no Jornal Nacional daquela noite, 6 de julho. A matéria mostra trechos de um pedido do MPF para manter as prisões de Marcelo Odebrecht e dois executivos da empreiteira. O argumento eram as novas descobertas sobre as movimentações da empreiteira no exterior.

Esse documento já estava pronto desde o dia 2 de julho, mas ainda não tinha sido juntado aos autos da Justiça Federal do Paraná — ou seja, não estava público. A força-tarefa só anexou esse documento no processo às 20h19 do dia 6: onze minutos antes do início do Jornal Nacional daquela noite. Uma espécie de vazamento legalizado.

No dia 21, um repórter da emissora perguntou pelo Telegram se o coordenador da Lava Jato faria alguma denúncia na sexta-feira seguinte. Dallagnol abasteceu o jornalista. "Haverá denúncias sim[1], e não comente com ninguém mas te garanto que Vc não vai se arrepender. Venha. Mas não comente com ninguém. A ASSCOM vai informar jornalistas amanhã só, creio", adiantou. "Vc não sabe disso", acrescentou Dallagnol.

Três meses depois de alimentar jornalistas da emissora, o contato de Dallagnol com a cúpula da Globo finalmente avançaria.

HAVERÁ DENÚNCIAS SIM
Naquela sexta-feira, 24 de julho, foram feitas as primeiras acusações contra os empreiteiros da Odebrecht e Andrade Gutierrez

---

Novembro de 2015 foi mais um mês movimentado na Lava Jato. Sucessivas fases da operação prenderam o pecuarista José Carlos Bumlai[2], contumaz frequentador do Palácio do Planalto nos tempos de Lula presidente, o senador petista Delcídio Amaral[3] e o banqueiro André Esteves[4], do BTG Pactual. A Andrade Gutierrez[5], uma das maiores empreiteiras do país, fechou acordo de leniência.

Dallagnol, no entanto, seguia pensando em um encontro com um dos irmãos Marinho, que via como fundamental para as dez medidas contra a corrupção, projeto que passaria a ocupar cada vez mais o seu tempo — mais tarde, enquanto cogitava uma candidatura ao Senado em 2018, Dallagnol via o projeto como a plataforma da sua possível campanha, que nunca foi adiante.

No dia 7, ao conversar pelo Telegram com a procuradora Mônica Campos de Ré, ele revelou que finalmente havia conseguido um encontro com outro dos Marinho: João Roberto Marinho, presidente dos conselhos Editorial e Institucional do Grupo Globo e vice-presidente do Conselho de Administração. A conversa estava marcada para aproveitar uma viagem que Dallagnol faria ao Rio para defender seu projeto:

"Terei 2 eventos na FGV (em razão da representatividade do Joaquim Falcão), um encontro mais reservado com Roberto Marinho que foi feito de modo bem restrito (mantenha em sigilo por favor, para não expô-lo, mas torçamos que renda frutos), um evento na estácio de sá e o evento à noite na igreja..", digitou.

No dia seguinte, ainda em chat privado com a colega, Dallagnol lamentou que o encontro com Marinho lhe custaria cancelar um debate marcado em uma igreja evangélica. "Há muitos evangélicos no RJ. É mto importante ocupar esse espaço... só cancelei minha participação pq entendemos que agora estrategicamente o Marinho pode render mais". Dallagnol costumava pregar sobre corrupção em suas viagens pelo Brasil.

Mais tarde, Dallagnol recorreu à sua assessoria com outro pedido relacionado à Globo: "queria falar com Merval Pereira. Onde ele fica? SP ou RJ? Queria uma conversa sem objeto definido, para ele nos conhecer por uma conversa comigo. Vcs intermediam isso por favor?"

A resposta veio em tom de cautela:

> **MERVAL PEREIRA**
> Colunista de O Globo e GloboNews, e membro do Conselho Editorial do Grupo Globo.

9 DE NOVEMBRO DE 2015 – CHAT DD-▮▮▮▮▮

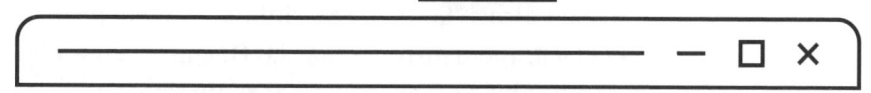

ASSESSOR 1 – 11:33:56 – Acho que ele fica no Rio, mas preciso confirmar. De qualquer forma, quer mesmo fazer contato com ele? Almoço com João Roberto Marinho, conversa com Merval... Não sei, talvez seja "aproximação" demais com a Globo.

ASSESSOR 3 – 11:35:00 – concordo. qual é o objetivo, exatamente, dr?

DALLAGNOL – 11:59:08 – Faz tempo que quero falar com Merval. Um sexto sentido. Não costumo seguir intuição, mas essa me acompanha há uns meses.

DALLAGNOL – 12:16:15 – ▮▮▮▮▮▮▮▮, Vc liga lá por favor e tenta conseguir um espaço?

Nos dias seguintes, o procurador solicitou uma lista de pedidos a fazer à cúpula da Globo no grupo de coordenadores do projeto das dez medidas no MPF:

"Caros, mantenham restrito por favor, mas almoçarei com João Roberto Marinho, responsável pela parte de programação da globo. Preciso saber o que exatamente pedir que seja realista é factível, na forma de duas ou três alternativas", escreveu.

Ao longo do mês, Dallagnol seguiu cobrando colegas a respeito do briefing para o encontro com Marinho. Ele disparou seguidas mensagens para dois grupos e um chat privado:

"▓▓▓▓▓▓▓▓, conseguiram pensar na pauta da minha conversa com o Roberto Marinho, na próxima semana?", enviou para o grupo *LJ comunic conexão CWB-BSB* em 19 de novembro. "Os pedidos que posso fazer e alternativas que posso colocar na mesa, para apoio da globo?", completou.

No grupo com os assessores de imprensa do MPF, recebeu dicas: "Sobre os Marinhos — o que pedir, é bem fácil: apoio institucional das Organizações Globo à campanha fora dos canais jornalísticos, ou seja, veiculação de VTs, talvez um um encarte ou anúncio no Globo, na Época... ;)", disse um assessor.

Os frutos

O ENCONTRO COM JOÃO ROBERTO MARINHO foi marcado para o dia 25 de novembro, quarta-feira, na casa de Joaquim Falcão[6], professor da Fundação Getúlio Vargas no Rio de Janeiro, que dirigiu a Fundação Roberto Marinho na década de 1990 e é tido como responsável pela criação do canal de televisão Futura.

Foi um dia cheio para Dallagnol. Pela manhã, Merval Pereira publicou um artigo[7] que já trazia resultados da sua aproximação com a empresa. O colunista (e membro do Conselho Editorial do Grupo Globo) levou para as páginas de O Globo um texto intitulado *Atrás da prova concreta*, no qual falava sobre como os procuradores discutiam nos bastidores a busca da Lava Jato por provas sólidas para denunciar Lula. O texto trazia aspas de procuradores anônimos e respostas para as críticas de que a operação demorava para avançar — e mencionava as dez medidas de combate à corrupção como forma de consolidar os avanços da Lava Jato.

Dallagnol comemorou o "fruto da conversa com Merval", como escreveu no Telegram a assessores, e mandou o link do artigo. "Já tinha lido. Percebi seu "discurso oculto" na hora... rsrs", respondeu um dos assessores.

No almoço, o procurador, enfim, teve o encontro com João Roberto Marinho. A costura de agendas foi feita por Falcão, segundo Dallagnol confessou a seus colegas, em tom casual, dois dias depois, pelo Telegram:

27 DE NOVEMBRO DE 2015 – CHAT FT MPF CURITIBA 2

DALLAGNOL – 12:42:27 – Caros esqueci de contar algo importante... Na correria, passou. Mas tem que ficar restrito. Almocei na quarta com João Roberto Marinho. É ele quem, segundo muitos, manda de fato na globo. Responsável pela área editorial do grupo. A pessoa que mais manda na área de comunicação no país. Quem marcou foi Joaquim Falcao. Para evitar repercussão negativa, foi na casa do Falcao. Falei do grupo, do trabalho e das medidas. Falei da guerra de comunicação que há no caso. Ele ouviu atentamente e deu seu apoio às 10 medidas. Vai abrir espaço de publicidade na globo gratuitamente.

ANDREY MENDONÇA – 13:04:03 – 👏👏👏👏👏 Parabens Deltinha!

JANUÁRIO PALUDO – 13:04:20 – Bah!!!

Menos de um mês depois do almoço secreto entre o executivo e Deltan Dallagnol, o jornal O Globo publicou o editorial *Combate à corrupção passa pelo fim da impunidade*[8]. Estava selado o alinhamento entre a Lava Jato e a família Marinho.

"Mais eficácia no combate à corrupção passa pela aprovação de punições mais duras. Esse é o princípio de um documento elaborado pelo Ministério Público Federal que será a base de um projeto de lei de origem popular, nos moldes do que se transformou na Lei da Ficha Limpa", afirmou O Globo no texto que reflete a opinião da empresa. "O documento consagra o pressuposto do fim da impunidade', prosseguiu a narrativa, que trazia uma declaração de Dallagnol: "A punição no Brasil é algo raro. As pessoas confiam que não serão pegas e que, se forem pegas, não serão punidas".

Ao ler o editorial de apoio, o procurador abriu o Telegram: "Conversa com o Marinho rendeu como não imaginaria", escreveu no grupo *FT MPF Curitiba 2*.

Dias depois, o Dallagnol revelou a Patricia Fehrmann, no grupo *MUDE – CHEGA DE CORRUPÇÃO*, que a conversa com Marinho também rendera espaço publicitário para a campanha das dez medidas contra a corrupção: "Não pode sair deste grupo, Pati, mas falei diretamente com João Roberto Marinho, que se comprometeu a abrir espaço. Não tenho garantia no papel, mas ele tinha se comprometido com dia 9 de dezembro (dia contra corrupção) e fez chover", escreveu.

As mensagens trocadas por Dallagnol com dezenas de pessoas revelam que o procurador e João Roberto Marinho se tornaram interlocutores a partir daquele almoço.

Os meses seguintes mostraram que a estratégia de recrutar o grupo de comunicação como aliado foi um sucesso e componente fundamental para a operação moldar a percepção pública e disseminar informações favoráveis. As críticas praticamente desapareceram.

Por anos, a Globo trabalhou com a operação Lava Jato numa parceria de benefício mútuo. O arquivo da Vaza Jato mostra que a força-tarefa antecipava informações para jornalistas da emissora e dava dicas sobre como achar detalhes quentes nas denúncias. A Globo usava os furos para atrair audiência e servia como uma plataforma para amplificar o ponto de vista dos procuradores. O espaço dado à defesa dos suspeitos e investigados viraria nota de rodapé, e minguava a esperada distância crítica que jornalistas precisam ter de suas fontes e de grupos políticos que são tema de suas reportagens.

A parceria da Globo com a Lava Jato foi fundamental para consolidar a imagem de heróis que procuradores e o ex-juiz e ex-ministro da Justiça Sergio Moro sustentaram por anos.

Quando os trechos de delações — algumas delas até hoje não homologadas pela Justiça — continham acusações contra políticos, ganhavam as manchetes da Globo, e da imprensa em geral, em letras garrafais. Mas, quando as acusações se provaram falsas ou não puderam ser comprovadas — como ocorreu com frequência —, não se noticiou o fim das suspeitas ou a absolvição de acusados com o mesmo destaque, com consequências desastrosas para a reputação dos envolvidos.

———

O almoço com João Roberto Marinho deixou Deltan Dallagnol ainda mais íntimo de profissionais da empresa. Em janeiro de 2016, ele antecipou voluntariamente uma informação a um repórter da emissora.

Na tarde do dia 28 daquele mês, o procurador Roberson Pozzobon anunciou aos colegas que havia acabado de tomar o depoimento de Fernando Moura. Era um delator da Lava Jato que havia dito[9], na colaboração, ter sido aconselhado pelo ex-ministro José Dirceu a fugir do país em 2005, na esteira do caso Mensalão. Em depoimento a Sergio Moro, no entanto, Moura voltou atrás[10] e negou ter recebido essa recomendação do petista.

O assunto estava na mira da imprensa nacional naquele dia porque os advogados de Moura tinham acabado de abandonar a defesa do cliente devido à contradição entre os testemunhos. Naquela tarde, Moura confessou aos procuradores, em depoimento gravado, ter mentido a Moro. Foi esse vídeo que Dallagnol ofereceu à Globo:

28 DE JANEIRO DE 2016 – CHAT PESSOAL

DALLAGNOL – 18:36:20 – O Moura disse que JD o orientou a ir para o exterior para proteger JD e o partido

▮▮▮▮ **– 18:37:00 –** Vixe...isso é muito bom!

▮▮▮▮ **– 18:37:28 –** Obrigado por me ligar! Falei com ela, ela está correndo prai. Abração!

DALLAGNOL – 19:14:09 – Mas destaca por favor a questão de ele ter se desmentido e ter alegado que foi ameaçado para ter mentido...

DALLAGNOL – 19:14:44 – Ele foi ouvido em procedimento de apuração de violação do acordo, instaurado por uma questão lógica, porque ele disse "A" e depois "não-A", o que deixa evidente que em um dos dois momentos ele mentiu

██████ – 19:31:00 – Boa! Tem toda razão! Falei pra ela. Abração!! E mais uma vez obrigado. PS. duque está fazendo delação?? 🙈 heheheh

██████ – 19:31:30 – Parabéns! Vcs vão conseguir esclarecer toda essa história!!

DALLAGNOL – 19:33:44 – 👍👍👍

Enquanto Dallagnol alertava o jornalista da Globo para a existência dos vídeos com a confissão do delator, eles eram anexados aos processos, para que já estivessem públicos quando a reportagem fosse ao ar: as gravações foram juntadas aos autos às 19h18 e apareceram[11] na edição do Jornal Nacional pouco mais de uma hora depois.

A aproximação de Dallagnol com a Globo fez o procurador se sentir à vontade até para pedir dicas aos jornalistas.

Uma dessas consultorias ocorreu em março de 2016.

No dia 4, a Avenida Washington Luís, acesso ao aeroporto de Congonhas, o segundo mais movimentado do país, quase parou. Habitualmente congestionada, a via concentrava protestos a favor e contra o ex-presidente Lula. As manifestações começaram cedo, por volta das 7h30, em frente à casa de Lula em São Bernardo do Campo — onde grupos ocupavam as duas pistas da avenida Prestes Maia. Congonhas se transformara no epicentro da política brasileira desde que Lula fora levado ali para depor, conduzido coercitivamente — isto é, sem a alternativa de se recusar a comparecer — por ordem do então juiz Sergio Moro.

Após três horas de depoimento, Lula saiu falando grosso e convocou uma entrevista[12] em que se comparou a uma cobra venenosa e prometeu vingança: "Se tentaram matar a jararaca, não bateram na cabeça, bateram no rabo". A temperatura também subiu em Brasília: havia mal-estar com as críticas de que a condução de Lula fora arbitrária.

Era a opinião, entre outros[13], do ministro Marco Aurélio Mello, do Supremo Tribunal Federal, e do advogado Alberto Toron, famoso criminalista que defendeu, na Lava Jato, nomes como o deputado Aécio Neves, o ex-presidente da Petrobras Aldemir Bendine, e Fernando Bittar, sócio de um dos filhos de Lula.

Incomodado com as críticas, Dallagnol acionou Vladimir Netto, repórter do Jornal Nacional e autor de um livro[14] sobre a Lava Jato que estava, então, às vésperas de ser lançado. Ambos conversavam com frequência pelo Telegram desde novembro de 2014, e a correspondência trocada no aplicativo, até abril de 2019, enche 35 páginas de livro. Aproveitando a intimidade, o procurador perguntou a opinião do jornalista sobre como agir naquela situação. Netto foi em frente — ainda que os Princípios Editoriais do Grupo Globo diga que "é altamente recomendável que a relação com a fonte, por mais próxima que seja, não se transforme em relação de amizade".

VLADIMIR NETTO
Durante toda a Vaza Jato, o Intercept omitiu o nome de personagens que não fossem "pessoas de interesse público" – ou seja, agentes públicos e privados com poder de decisão político ou econômico. Exceto, é claro, quando essas pessoas tivessem cometido crimes, ilegalidades ou desvios éticos. Por isso, o nome de jornalistas foi suprimido quando os profissionais tinham uma relação estritamente de trabalho com os procuradores. Neste caso, porém, decidimos publicar o nome do repórter por entendermos que ajudar funcionários públicos na confecção de uma nota para rebater publicamente a defesa de um réu é um desvio ético e nada tem a ver com a relação habitual entre o jornalista e a fonte.

4 DE MARÇO DE 2016 – CHAT PESSOAL

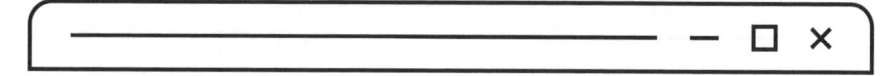

DALLAGNOL – 16:20:49 – Vc acha que temos que fazer nota sobre a condução coercitiva?

VLADIMIR NETTO – 16:23:36 – Não

NETTO – 16:24:02 – Pra q? Não vejo o q vcs poderiam ganhar com isso

NETTO – 16:24:18 – Rsrs entendi o recado Rsrs

NETTO – 16:25:02 – O CF foi muito bem na coletiva ao abordar esse ponto.

Mas o incômodo persistiu em Curitiba, e a discussão sobre soltar ou não uma nota tomou boa parte do dia seguinte, 5 de março, um sábado, no Telegram. Dallagnol e Carlos Fernando dos Santos Lima esboçaram propostas do que divulgar em defesa da ação da Lava Jato, mas a discussão se alongava.

No final da tarde, Dallagnol propôs ao grupo que voltassem a se aconselhar com Netto. O jornalista, afinal, cobria a Lava Jato para o principal telejornal da Globo. "A nota ficou excelente CF. Bem melhor do que a que tinha feito. Sou a favor. Deixa eu consultar o Vladimir Neto", postou, às 18h41. Minutos depois, às 18h48, enviou para o Telegram do repórter a nota que a força-tarefa pensava em divulgar.

Em seguida, voltou a se comunicar com os colegas.

CARLOS FERNANDO DOS SANTOS LIMA Então procurador da República e integrante da força-tarefa da Lava Jato.

5 DE MARÇO DE 2016 – CHAT FT MPF CURITIBA 3

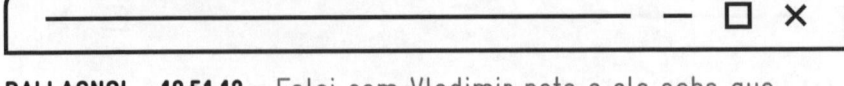

DALLAGNOL – 18:51:12 – Falei com Vladimir neto e ele acha que não valeria a pena pq so reaviva, a não ser que seja para soltar agora para não deixar Moro sozinho. Mas ele acha que teria que ser muuuuito serena pq estamos mais expostos do que o Moro na avaliação dele

JERUSA VIECILI – 18:51:22 – Os artigos do J e do Robinho estao sensacionais! Mas agora não é o momento.

DALLAGNOL – 18:51:34 – Teria que dizer que pedida por razões técnicas sem ficar bradando igualdade etc

DALLAGNOL – 18:51:56 – Mandei a nota para ele e espero as impressões dele

DALLAGNOL – 18:52:58 – Por mim, soltamos pq não deixo amigo apanhando sozinho rs. Independentemente de resultado, soltaria por solidariedade ao Moro

CARLOS FERNANDO DOS SANTOS LIMA – 18:53:14 – Concordo.

DALLAGNOL – 18:53:16 – Mas deixaria mais amena do que está

DALLAGNOL – 18:53:24 – O máximo possível

SANTOS LIMA – 18:53:27 – Sugestão?

LAURA TESSLER – 18:53:37 – Concordo contigo, Deltan, mas deixaria como está

SANTOS LIMA – 18:53:42 – Não adianta também soltar um picolé de chuchu.

DALLAGNOL – 18:53:59 – Kkkk

DALLAGNOL – 18:54:11 – Blz, assino embaixo

DALLAGNOL – 18:54:39 – Querem esperar as impressões do Vladimir Neto? Eh um cara ligado em imprensa e política

Minutos depois, Dallagnol comunicava a opinião do jornalista a respeito do texto: "Vladimir Neto achou ok o final atacando, mas achou realmente pra tirar o começo", escreveu, às 19h13. Em seguida, usou o Telegram para informar qual a decisão da força-tarefa e agradecer a ajuda. O jornalista lembrou-o que ainda havia tempo para que a nota fosse lida no Jornal Nacional.

5 DE MARÇO DE 2016 – CHAT PESSOAL

DALLAGNOL – 19:27:31 – Acabou ficando boa parte do começo, mas com base em seu olhar tiramos 2 itens inteiros. Acabou pesando a solidariedade à nota de hoje

DALLAGNOL – 19:27:41 – Obrigado Vladimir!

NETTO – 19:29:57 – De nada! Fico feliz em ajudar. Já soltaram a nota? Ainda dá tempo de sair no JN

DALLAGNOL – 20:04:17 – Soltamos

Em meados de março, Dallagnol comemorava a adesão da Globo à campanha das dez medidas: "Lu, os vídeos estão bombando, assim como divulgação em programas... ontem Faustão, hoje Ana Maria Braga...", escreveu para a promotora Luciana Asper.

Dias depois, Dallagnol escreveu a uma assessora de imprensa do MPF em Brasília para comunicar que falara com Marinho sobre a cobertura de "dois eventos" — um deles certamente a entrega do projeto de lei[15] das dez medidas contra a corrupção no Congresso, dali a uma semana: "███████, reservado: falei com o João Roberto Marinho, e ele falou que vão cobrir os 2 eventos. Agradeci o vídeo que está entrando no ar hoje". Naquele mesmo ano, Dallagnol começaria a cogitar sua candidatura ao Senado, incentivado por, entre outras pessoas, a promotora Luciana Asper, do Distrito Federal, voluntária[16] da campanha pelas dez medidas.

O vídeo[17] mencionado por Dallagnol é uma peça publicitária criada para uma campanha da Associação Nacional dos Procuradores da República, entidade de classe da categoria, intitulada *Juntos Contra a Corrupção*[18]. Conforme prometeu ao chefe da Lava Jato, a Globo veiculou a peça gratuitamente em sua programação.

Embora generosa (quase dois minutos) e totalmente favorável aos procuradores, a cobertura do evento do dia 29 de março, no Jornal Nacional[19], não agradou a Dallagnol. Assim, ele enviou mensagem a uma repórter da Globo, conforme encaminhou a uma assessora de comunicação do MPF:

30 DE MARÇO DE 2016 – CHAT COM ▓▓▓▓

DALLAGNOL – 10:21:32 – Oi ▓▓▓▓, tudo bem? Ontem foi um dia mágico. Pessoas vieram de todos os Estados, pagando de seus bolsos, para o momento cívico das 10 medidas. O auditório JFK para umas 400-500 pessoas nunca esteve tão cheio, com pessoas de pé. Após o evento, as pessoas puxaram o hino. Crianças foram e depois levaram cartinhas a deputados e senadores. Foi um momento histórico em que a sociedade civil saiu fortalecida, ganhou músculos, algo que nunca vi nessa proporção. Contudo, a matéria do JN não consegue alcançar um centésimo dessa dimensão humana. Você, com sua visão de mundo e qualidade profissional, seria nossa jornalista dos sonhos para retratar isso e levar aos telespectadores a emoção e o valor desse momento. Fica nosso pedido para considerar com especial carinho esse nosso convite. Estarei à sua disposição, assim como nosso time da SECOM e todos os vídeos do evento e de voluntários, para fazer isso acontecer e fazer as pessoas verem que elas são parte não só dos problemas, mas também das soluções no nosso país. Bjs e abs ao ▓▓▓▓!!

No dia seguinte, a assessora voltou com uma resposta positiva. O jornalista da Globo havia explicado por que não poderia fazer a reportagem, mas disse que produziria outra matéria sobre as dez medidas no Fantástico seguinte (publicada, de fato, no dia 10 de abril[20]).

A parceria entre Lava Jato e a Globo seguiria mesmo assim. Em setembro, a força-tarefa passou uma informação privilegiada para a equipe da emissora. Dessa vez, a iniciativa partiu do procurador Diogo Castor de Mattos, que procurou Dallagnol com um pedido recebido do Fantástico:

9 DE SETEMBRO DE 2016 – CHAT PESSOAL

DIOGO CASTOR DE MATTOS – 12:04:11 – prof, ████████ quer as info da rf do casorio da filha do cunha
CASTOR DE MATTOS – 12:04:14 – queria mandar
CASTOR DE MATTOS – 12:04:23 – o problema é que a investigação ta sobre em sigilo
CASTOR DE MATTOS – 12:04:33 – embora não tenha mais muito sentido
CASTOR DE MATTOS – 12:04:36 – oq acha?

Dallagnol não respondeu à pergunta, mas Castor de Mattos seguiu em frente com seu plano, e o vazamento foi parar no Fantástico do domingo seguinte, 11 de setembro. Uma reportagem de quase oito minutos mostrou trechos de um documento da Receita Federal que apontava suspeitas sobre o ex-presidente da Câmara dos Deputados, Eduardo Cunha, ligadas ao custeio do casamento da filha dele, Danielle Dytz da Cunha.

O documento, que era sigiloso, só seria tornado público mais de um mês depois, em 19 de outubro, quando Cunha foi preso.

Em 14 de setembro de 2016, a Lava Jato chegava a seu maior momento até então: numa entrevista coletiva[21] num hotel de luxo no Centro de Curitiba, os procuradores apresentaram a primeira denúncia contra o ex-presidente Luiz Inácio Lula da Silva.

A coletiva, que ficaria famosa pela esdrúxula apresentação em PowerPoint elaborada pelos procuradores, ainda era debatida dois dias depois no grupo *Filhos do Januario 1*. O chefe da Lava Jato tratou de trazer boas notícias que eram fruto do clima de colaboração entre a Globo e a operação e que implicariam um alvo preferencial dos procuradores — Lula:

16 DE SETEMBRO DE 2016 – CHAT FILHOS DO JANUARIO 1

DALLAGNOL – 22:02:03 – Tenho boas novidades. ▇▇▇▇ foi atrás do Rogério Manso. Ele ia falar pro fantástico, mas por medo do PT e recomendação da esposa voltou atrás. Está afinzão de depor pra nós. Vai confirmar tudo. Cerveró disse que ele cometeu crime sendo subordinado a Gabrielli, mas não era, era subordinado ao Dutra. Ildo Sauer, de esquerda, consultado pela ▇▇▇▇ e ex-diretor da Petrobras, disse que discorda da visão ideológica do RM, mas que se for corrupto isso o surpreenderá. O mesmo disse Adriano Pires. RM narrou que Janene, Correa e Pizzolati procurram ele dizendo: queremos a lista de todos os fornecedores e contratos pq PP vai fazer arrecadação. RM disse: NÃO e foi no Dutra. Dutra disse que ia falar com quem, quem, quem?? LULA!!!!

DALLAGNOL – 22:02:21 – Hoje RM trabalha numa empresa que fundou e foi comprada pela Ode

DALLAGNOL – 22:02:30 – Vantagem que é testemunha, não colaborador, e implica LULA!!

DALLAGNOL – 22:02:43 – Pode ser o depoimento a ir pro JN próxima semana e nos ajudar

DALLAGNOL – 22:03:03 – Quem se encarrega disso? Januário?? Megaurgente. Prioridade -1.

A proximidade e a bomba atômica

A ASSESSORA DE IMPRENSA de Rodrigo Janot estava aflita no começo da noite de 16 de maio de 2017, uma terça-feira. O então procurador-geral da República havia pedido aos assessores uma ligação urgente para o empresário João

Roberto Marinho. A assessora, no entanto, não tinha à mão o número do celular do empresário.

Ela passou a buscar quem poderia ter o número pessoal de Marinho na agenda de contatos. De súbito, um nome lhe veio à mente: Deltan Dallagnol.

A assessora disparou telefonemas para o celular do procurador-chefe da Lava Jato em Curitiba. Desligado. Decidiu acionar o assessor de imprensa do Ministério Público Federal, que utilizou o Telegram para avisar o chefe sobre a emergência:

16 DE MAIO DE 2017 – CHAT PESSOAL

ASSESSOR 2 – 19:18:11 – Dr., ▮▮▮▮▮▮ precisa falar urgente com você. Ela queria o contato do João Roberto Marinho. Ela te ligou mais cai na caixa postal.
ASSESSOR 2 – 19:18:40 – Pediu pra você respondê-la o quanto antes.
DALLAGNOL – 19:32:58 – Feito
DALLAGNOL – 19:33:07 – 👍👍

Dallagnol não perdeu tempo. Enviou diretamente a Janot o que ele precisava:

16 DE MAIO DE 2017 – CHAT PESSOAL

DALLAGNOL – 19:26:37 – ▮▮▮▮▮▮▮▮▮▮
DALLAGNOL – 19:26:43 – João Roberto Marinho
RODRIGO JANOT – 19:27:34 – Ok

No dia seguinte, no início da noite de quarta-feira, 17, o blog do jornalista Lauro Jardim publicou uma notícia que caiu como uma bomba atômica sobre Brasília: o empresário Joesley Batista, dono da JBS, gravara uma conversa com Michel Temer no Palácio da Alvorada[22].

Nela, o então presidente da República parece dar seu aval ao empresário para que seguisse pagando propinas a Eduardo Cunha, ex-deputado federal e colega de MDB, preso pela Lava Jato: "Tem que manter isso aí, viu?". O sentido da frase é até hoje controverso.

Naquele dia, a queda de Temer foi dada como certa — mas ele sobreviveria, moribundo, até o final de seu mandato tampão, após um discurso no dia seguinte, no qual disse: "Não renunciarei, repito, não renunciarei!". À noite, no grupo *Filhos do Januario 1*[23], a gravação de Joesley Batista naturalmente foi assunto entre os procuradores da Lava Jato. Foi então que Dallagnol se lembrou da pressa de Janot. E fez uma suposição:

"Por isso Janot me pediu o contato de Roberto Marinho ontem. Pra pedir pra não sair", escreveu ao grupo.

Na sua autobiografia, Rodrigo Janot conta uma história diferente.

O ex-procurador-geral escreve que vinha tratando diretamente com João Roberto Marinho dias antes da conversa ser publicada no blog de Lauro Jardim. Sua intenção era a mesma que Dallagnol identificou: evitar que o material vazasse antes que a Polícia Federal realizasse operações como a que prendeu Rodrigo da Rocha Loures, assessor de Michel Temer, com uma mala de dinheiro[24] em São Paulo.

Nas memórias de Janot, contudo, é João Roberto Marinho quem lhe telefona primeiro, enquanto o

> **FILHOS DO JANUARIO 1**
> Batizado em homenagem ao procurador Januário Paludo, acusado em dezembro de receber propina do doleiro Dario Messer.

ex-procurador estava em reunião no STF. Janot tentou retornar a chamada, sem sucesso. Mais tarde, naquele dia, Marinho ligou novamente para informar que o jornal decidira "soltar alguma coisinha". "Tive que desligar o telefone para não cruzar o marco civilizatório que deve presidir qualquer conversa entre dois adultos, mesmo que um deles, no caso eu, esteja espumando de raiva", ele escreveu, na página 191.

Cabe frisar que as memórias de Janot não são notórias pela precisão histórica. O ponto alto da biografia, onde o ex-procurador alega ter entrado armado no Supremo Tribunal Federal com a intenção de assassinar o ministro Gilmar Mendes, foi descrito depois por Janot como tendo ocorrido num dia em que ele sequer estava em Brasília[25].

Em 18 de maio de 2017, dois dias após a assessora de Rodrigo Janot pedir o contato a Deltan Dallagnol, o procurador Ângelo Goulart Villela[26] foi preso por ordem do ministro Luiz Edson Fachin, do Supremo Tribunal Federal, a pedido do próprio procurador-geral da República.

Soube-se, então, que a delação premiada de Joesley Batista não mandou pelos ares apenas Michel Temer e seu projeto de reeleição: revelou também que Villela recebera propina para passar informações sigilosas da operação *Greenfield*, que investigava fraudes em fundos de pensão de estatais. Villela foi denunciado e responde por esse caso no Tribunal Regional Federal da 1ª Região, o TRF1, desde dezembro de 2019. Em maio de 2020, o Conselho Superior do Ministério Público Federal aprovou a demissão do procurador.

Por ironia, ele era, à época, diretor[27] de Assuntos Legislativos da Associação Nacional dos Procuradores da República e, em junho de 2016, fora à Câmara dos

Deputados[28] defender as dez medidas contra a corrupção. Um dano considerável ao projeto de Dallagnol.

A boa relação de Dallagnol com a Globo desanuviou o ambiente. Naquela noite, ele acionou Janot pelo Telegram, propondo uma solução: uma reportagem favorável no Fantástico, mostrando um Ministério Público disposto a cortar na carne: "A ascom aqui também acha que seria bem positiva uma entrevista sua. Fica para Vc avaliar".

Pela manhã, Janot deu o aval: "Ok fala pra ela entrar em contato".

A reportagem[29] foi ao ar na edição seguinte do Fantástico, no dia 21 de maio. E cumpriu o prometido, limitando o problema a Villela. "Os investigadores da corrupção tinham um traidor entre eles", abria a narração.

O dano de imagem estava contornado.

Após a publicação da Vaza Jato, diversos órgãos de imprensa que por anos apoiaram a Lava Jato, como a Folha de S. Paulo e a Veja, reavaliaram essa adesão quase incondicional à operação. E reconheceram uma falha em manter a distância jornalística esperada.

No dia 6 de outubro de 2019, a ombudsman da Folha de S. Paulo publicou[30] uma análise sobre a cobertura da Lava Jato pelo jornal, com críticas por parte do diretor de redação, Sergio Dávila. O maior erro, segundo a própria Folha, foi ter publicado repetidamente vazamentos de trechos das delações premiadas firmadas pela Lava Jato.

Mesmo sendo a principal defensora de Moro na imprensa tradicional, a revista Veja escreveu um editorial[31] crítico ao ex-juiz quando publicou diálogos da Lava Jato em julho de 2019. "Poucos veículos de mídia celebraram tanto o trabalho do ex-juiz na luta contra a corrupção", dizia o texto. "Mas, ao contrário daqueles que fomentam o ódio ou se aproveitam dele, nossos compromissos não são com pessoas ou partidos. São com princípios e valores. Fomos implacáveis com os crimes cometidos por Lula e pelo PT, dedicando dezenas de capas ao assunto. No momento em que seu algoz cruzou a linha, não vamos fingir que não vimos", concluiu a revista.

Dois meses antes das revelações da Vaza Jato chegarem a público, João Roberto Marinho fez um discurso na cerimônia de entrega de um prêmio onde dizia que o papel da imprensa é ser fiscal das instituições. "A crítica nos questiona, muitas vezes nos agride. E na maior parte das vezes nos aprimora. A crítica mais frequente é que sempre buscamos o lado negativo do dia a dia. Isso decorre do papel que nos cabe de fiscal das instituições do Estado. É nosso papel revelar o que anda errado do dia a dia do governo, dos estados e das cidades", discursou o presidente dos conselhos[32] Editorial e Institucional do Grupo Globo, em 27 de março de 2019.

Mesmo depois da série de reportagens publicada pelo Intercept e seus parceiros, a Globo seguiu defendendo a operação originada em Curitiba e jamais fez autocrítica pública sobre sua cobertura.

Outro lado

VLADIMIR NETTO | Não. Não reconheço esses diálogos. Eles não aconteceram, não são verdadeiros. Nunca prestei 'consultoria informal' à Lava Jato ou a qualquer fonte. Não mantenho relação de amizade nem tenho 'intimidade' com nenhuma fonte. Sempre pautei minha atuação pela ética e profissionalismo.

É espantoso que o Intercept se ache no direito de violar o sigilo do que poderia ser uma relação entre jornalista e fonte. Os diálogos são falsos, mas se fossem verdadeiros, divulgá-los seria uma violação do sigilo de fonte, princípio constitucional caro ao jornalismo.

GLOBO | João Roberto Marinho é presidente do Conselho Editorial do Grupo Globo, função que exige dele ouvir os segmentos da sociedade sobre os temas em debate. Nada mais natural do que um encontro entre ele e um procurador da República que, naquele ano, percorreu o país em defesa do projeto. E que anteriormente já havia discutido o mesmo tema com a direção dos principais veículos de imprensa, como é público. A Globo é e será sempre contra a corrupção, não há surpresa nisso para ninguém. Essa postura não impediu que o jornal O Globo publicasse, em 2016, ao lado de editoriais seus a favor do projeto do MP, artigos de personalidades que eram contrárias àquelas ideias. Na cobertura da Lava Jato, a Globo não foi privilegiada. Nas milhares de reportagens que publicou sobre o tema, baseou-se em documentos públicos e, se deu furos, deve isso a uma equipe de profissionais ágeis, éticos, corretos, com fontes em todas as esferas de poder, no mundo jurídico (público e privado), e em todos os setores da sociedade. A Globo pratica o bom jornalismo. E se surpreende com o fato de o Intercept considerar natural fazer ilações falsas sobre outros veículos, numa ação que pode ser entendida como uma tentativa de quebrar um dos direitos mais fundamentais na democracia, garantido pela Constituição: o sigilo da fonte. Sobre as referências ao repórter Vladimir Netto, a Globo não tem por que duvidar da palavra do profissional, que diz que os diálogos não existiram. Por último, uma correção: para que uma informação correta entre no Jornal Nacional, basta que o telejornal esteja no ar.

LAVA JATO | É importante registrar que o Intercept, distante das melhores práticas de jornalismo, não encaminhou as supostas mensagens em que se baseia a reportagem, o que prejudica a compreensão das questões enviadas, o direito de resposta e a qualidade das informações a que o leitor tem acesso.

Registra-se ainda que tais mensagens, obtidas de forma criminosa, foram descontextualizadas ou alteradas ao longo dos últimos meses para produzir falsas acusações, que não correspondem à realidade, no contexto de um jornalismo de militância ou de teses que busca atacar a operação e seus integrantes.

De todo modo, em relação aos questionamentos apresentados, os procuradores que atuam na operação Lava Jato informam que tiveram, ao longo dos seis anos da operação, reuniões com integrantes do corpo editorial de diversos veículos de comunicação, que com frequência inclui um ou mais de seus sócios ou donos. Os encontros objetivaram promover a causa anticorrupção, o estímulo à cidadania e esclarecer dúvidas sobre os trabalhos da operação.

Do mesmo modo, os procuradores que atuam na operação tiveram contato por centenas de vezes com repórteres e colunistas dos mais variados veículos para prestar declarações, esclarecimentos e dirimir dúvidas, o que sempre ocorreu segundo as regras legais e éticas que regem a conduta de integrantes do Ministério Público.

A tese já externada por integrantes do Intercept de que a Lava Jato controlava a grande imprensa é de ingenuidade inadmissível diante da independência da grande imprensa e dos múltiplos fatores que influenciam suas posições, compreendendo-se apenas a partir do propósito intencional e militante de atacar a operação e de tentar minar seu apoio.

Tréplica do Intercept Brasil à Globo e a Vladimir Neto

AGRADECEMOS PELAS RESPOSTAS, que são mais uma evidência da autenticidade dos diálogos ao tratarem do encontro de João Roberto Marinho com o procurador Deltan Dallagnol em 2015, exatamente como relatado no arquivo da Vaza Jato.

Gostaríamos, no entanto, de apresentar alguns fatos para fins de clareza e respeito com a verdade:

1. A autenticidade dos diálogos publicados desde junho de 2019 pelo Intercept e por veículos parceiros (Folha de S. Paulo, UOL, El País, Reinaldo Azevedo, revista Veja, Agência Pública e BuzzFeed News) foi cuidadosamente verificada antes da publicação pela checagem de metadados e pelo confronto delas com fatos privados de conhecimento apenas

dos envolvidos (por exemplo, comentários sobre pedidos de jornalistas do Intercept à força-tarefa de Curitiba ou dos procuradores a respeito de matérias publicadas por nossos repórteres e de veículos parceiros).

2. Após a publicação, a autenticidade dos diálogos foi ratificada por procuradores da República[33], inclusive integrantes da Lava Jato[34], pelo ex-procurador-geral da República, Rodrigo Janot[35], pelo ex-presidente Michel Temer[36], pelo apresentador Fausto Silva, da TV Globo[37], e até mesmo pelo ex-juiz Sergio Moro[38]. A resposta enviada ao Intercept pela Rede Globo, confirmando o encontro com o procurador Dallagnol, é mais uma prova da veracidade dos diálogos.

3. A força-tarefa da Lava Jato no Ministério Público Federal do Paraná jamais questionou a autenticidade dos diálogos. Pelo contrário, em uma das notas[39] que divulgaram no dia da publicação das primeiras reportagens, 9 de junho de 2019, os procuradores afirmaram que suas mensagens haviam sido hackeadas e que "mantiveram, ao longo dos últimos cinco anos, discussões em grupos de mensagens, sobre diversos temas, alguns complexos". E disseram mais: "foram obtidas cópias de mensagens e arquivos trocados em relações privadas e de trabalho". Ou seja: atestaram que o material da Vaza Jato é autêntico. O portal UOL, que à época ainda não era parceiro nas reportagens, registrou[40].

4. Na única vez em que uma procuradora da República (Monique Cheker) tentou negar[41] a autenticidade

de uma mensagem, o Intercept provou cabalmente[42] como a havia identificado nos chats. Desmentida, a procuradora se calou[43].

5. A Polícia Federal prendeu suspeitos de hackearem telefones celulares de autoridades na operação *Spoofing*, e eles foram indiciados e denunciados à Justiça sob essa acusação. O principal acusado, Walter Delgatti Neto, disse à Polícia Federal[44] e à Folha de S. Paulo[45] que não modificou, adulterou ou editou mensagens a que teve acesso. À PF, inclusive, ele afirmou, em depoimento que faz parte do inquérito[46], acreditar "não ser possível fazer a edição das mensagens do Telegram em razão do formato utilizado pelo aplicativo".

6. Os arquivos que a Polícia Federal diz ter apreendido com alguns dos acusados estão custodiados na Justiça, sob os cuidados do STF e da 10ª Vara Federal de Brasília. Recentemente, o procurador da República Diogo Castor de Mattos, ex-integrante da força-tarefa, pediu e obteve acesso[47] às mensagens para inclusão em um processo judicial dele. Uma perícia realizada pela Polícia Federal[48] confirmou a Castor que as mensagens foram obtidas do telefone dele mesmo.

7. Todo esse conjunto de evidências afasta de uma vez por todas a possibilidade de acusar nossos jornalistas — e jornalistas de outras sete redações brasileiras e estrangeiras — de estarem forjando conversas. A discussão sobre a autenticidade dos diálogos, decorrido mais de um ano do início da série de reportagens, está superada.

8. Sobre o direito ao sigilo de fonte: ele é sagrado para o exercício do jornalismo e ordenado pela Constituição Federal, promulgada em 1988 sob as lembranças vívidas dos arbítrios da ditadura militar. O inciso XIV do artigo 5º da Constituição diz que é "resguardado o sigilo da fonte, quando necessário ao exercício profissional". O Intercept é defensor intransigente desse direito e dele se vale para jamais revelar suas fontes em situações em que isso se faz necessário — como no caso das mensagens da Vaza Jato.

9. Cabe, porém, entender de que se trata esse direito. Ele dá ao jornalista o direito de não revelar, quando pressionado por autoridades, quem lhe abasteceu com informações. Ou seja: o jornalista tem direito de manter em sigilo as próprias fontes. Mas não há obrigação de manter em sigilo as fontes de terceiros quando isso for de relevante interesse público. Caso um jornalista detecte relação antiética ou até mesmo ilegal de um colega com sua fonte, é dever desse jornalista levar essa informação a público.

10. O arquivo com as conversas de Telegram entregues ao Intercept, analisado por seus jornalistas e por jornalistas de veículos parceiros, contém dezenas de chats entre procuradores e repórteres. Trata-se, habitualmente, de conversas absolutamente pertinentes ao exercício do bom jornalismo — e que, justamente por isso, jamais serão trazidas a público por nossa redação. Em alguns casos, porém, a relação foi além disso e revela como setores da mídia cooperaram com uma operação que deveriam não apenas noticiar como também

fiscalizar — como é o caso do site O Antagonista, já objeto de reportagem[49]. São casos que o público tem direito de conhecer, não abarcados por sigilo de fonte, posto que a relação dos jornalistas com os procuradores nada tinha a ver com o exercício ético da profissão, mas com outra coisa.

11. Destacamos, por fim, que o repórter Vladimir Netto manteve pelo Telegram conversas com o procurador Deltan Dallagnol ao longo de anos, e que elas somam dezenas de laudas A4. A imensa maioria delas jamais virá a público, pois trata do exercício da profissão de repórter. Porém, quando um jornalista da mais importante emissora de televisão do país aceita editar uma nota à imprensa da operação que cobria (que caberia ser confeccionada e editada apenas pelos próprios procuradores e seus assessores), consideramos estar diante de material de visível interesse público.

LINKS

1. http://g1.globo.com/pr/parana/noticia/2015/07/executivos-da-odebrecht-e-andrade-gutierrez-sao-denunciados--justica.html
2. https://www1.folha.uol.com.br/poder/2015/11/1710224-pf--inicia-21-fase-da-operacao-lava-jato.shtml
3. https://www.nsctotal.com.br/noticias/preso-na-lava-jato--delcidio-amaral-foi-diretor-da-eletrosul-em-florianopolis

4. https://economia.uol.com.br/noticias/redacao/2015/11/25/preso-na-lava-jato-andre-esteves-e-o-13-mais-rico-do-brasil.htm
5. http://agenciabrasil.ebc.com.br/politica/noticia/2015-11/investigada-na-lava-jato-andrade-gutierrez-faz-acordo-e--vai-pagar-r-1
6. https://direitorio.fgv.br/corpo-docente/joaquim-falcao
7. https://blogs.oglobo.globo.com/merval-pereira/post/atras--da-prova-concreta.html
8. https://oglobo.globo.com/opiniao/combate-corrupcao--passa-pelo-fim-da-impunidade-18332816
9. https://www1.folha.uol.com.br/poder/2015/09/1685207-novo-delator-da-lava-jato-diz-que-recebia-mesada-de-r-100-mil-para-ficar-calado.shtml
10. https://www1.folha.uol.com.br/poder/2016/01/1733874-lobista-muda-versao-apresentada-em-delacao-e-favorece-jose-dirceu.shtml
11. https://globoplay.globo.com/v/4771383/
12. https://www.youtube.com/watch?v=z9i6fVGynzY
13. https://www1.folha.uol.com.br/poder/2016/03/1746437-conducao-coercitiva-de-lula-foi-decidida-para-evitar-tumulto--diz-moro.shtml
14. https://www.amazon.com.br/Lava-Jato-Vladimir-Netto/dp/8568377084
15. http://www.dezmedidas.mpf.mp.br/tramitacao-no-congresso
16. https://www.mpdft.mp.br/portal/index.php/comunicacao--menu/noticias/noticias-2016/noticias-2016-lista/8358-mp--entrega-assinaturas-da-campanha-10-medidas-contra-a--corrupcao-a-sociedade
17. https://www.youtube.com/watch?v=xN76W9P_W4A&feature=youtu.be
18. http://anpr.org.br/noticia/4504
19. http://g1.globo.com/politica/noticia/2016/03/mpf-entrega-2-milhoes-de-assinaturas-em-apoio-propostas-contra--corrupcao.html
20. https://globoplay.globo.com/v/4947292/
21. https://brasil.elpais.com/brasil/2016/09/14/politica/1473885781_336741.html

22. https://oglobo.globo.com/brasil/dono-da-jbs-grava-temer-dando-aval-para-compra-de-silencio-de-cunha-21353935
23. https://valor.globo.com/politica/noticia/2019/12/05/integrante-da-lava-jato-procurador-januario-paludo-e-alvo-de-investigacao-penal-no-stj.ghtml
24. https://g1.globo.com/politica/noticia/2019/10/24/apos-recurso-do-mp-justica-mantem-suspenso-processo-contra-rocha-loures-no-caso-da-mala.ghtml
25. https://congressoemfoco.uol.com.br/judiciario/janot-estava-fora-de-brasilia-na-data-em-que-disse-ter-quase-matado-gilmar/
26. https://www.conjur.com.br/2017-mai-18/procurador-republica-preso-repassar-informacoes-investigados
27. https://www.anpr.org.br/institucional/diretoria/26-2015-2017/23303-angelo-goulart-villela--prm-guarulhos-sp-
28. https://www.conjur.com.br/2017-mai-18/procurador-preso-foi-camara-defender-pacote-anticorrupcao-mpf
29. http://g1.globo.com/fantastico/noticia/2017/05/joesley-conta-como-infiltrou-traidor-entre-investigadores-da-corrupcao.html
30. https://www1.folha.uol.com.br/colunas/flavia-lima-ombudsman/2019/10/a-folha-faz-autocritica.shtml
31. https://veja.abril.com.br/politica/carta-ao-leitor-sobre-principios-e-valores/
32. http://memoria.oglobo.globo.com/perfis-e-depoimentos/joatildeo-roberto-marinho-9257568
33. https://www.conjur.com.br/2019-jun-30/procurador-confirma-veracidade-mensagens-criticas-moro
34. https://noticias.uol.com.br/politica/ultimas-noticias/2019/08/27/com-desculpa-a-lula-procuradora-confirma-veracidade-de-chats-da-lava-jato.htm
35. https://brasil.elpais.com/brasil/2019/09/30/economia/1569857428_539313.html
36. https://www1.folha.uol.com.br/poder/2019/09/conversas-de-lula-mantidas-sob-sigilo-pela-lava-jato-enfraquecem-tese-de-moro.shtml
37. https://veja.abril.com.br/brasil/em-dialogos-moro-revela-conselho-de-fausto-silva-a-lava-jato/

38. https://www.oantagonista.com/brasil/moro-pede-escusas-a-mbl-por-chama-los-de-tontos/
39. http://www.mpf.mp.br/pr/sala-de-imprensa/noticias-pr/forca-tarefa-informa-a-ocorrencia-de-ataque-criminoso-a-lava-jato
40. https://noticias.uol.com.br/politica/ultimas-noticias/2019/06/09/forca-tarefa-lava-jato-curitiba-mensagens-vazadas.htm
41. https://www.oantagonista.com/brasil/monique-nao-e-monique/
42. https://theintercept.com/2019/07/08/como-o-intercept-brasil-confirma-a-identidade-das-pessoas-que-aparecem-nos-chats-da-vazajato/
43. https://theintercept.com/2019/07/08/como-o-intercept-brasil-confirma-a-identidade-das-pessoas-que-aparecem-nos-chats-da-vazajato/
44. https://www1.folha.uol.com.br/poder/2019/07/hacker-diz-que-nao-editou-mensagens-e-que-manuela-fez-ponte-dele-com-intercept.shtml
45. https://www1.folha.uol.com.br/poder/2019/08/acessei-informacoes-de-grande-interesse-publico-diz-hacker-da-lava-jato.shtml
46. https://veja.abril.com.br/politica/leia-a-integra-do-depoimento-de-hacker-a-policia-federal/
47. https://blogs.oglobo.globo.com/bela-megale/post/defesa-de-lula-volta-pedir-ao-stf-acesso-mensagens-da-lava-jato-interceptadas-por-hackers.html
48. https://noticias.uol.com.br/colunas/reinaldo-azevedo/2020/08/05/lavajatismo-fachin-nega-a-lula-o-que-justica-liberou-a-procurador-flagrado.htm
49. https://theintercept.com/2020/01/20/lava-jato-antagonista-deltan-parceria/

COMO E POR QUE O INTERCEPT ESTÁ PUBLICANDO CHATS PRIVADOS SOBRE A LAVA JATO E SERGIO MORO

Série de reportagens mostra comportamentos antiéticos e transgressões que o Brasil e o mundo têm o direito de conhecer.

GLENN GREENWALD • BETSY REED • LEANDRO DEMORI
09 de junho de 2019
https://interc.pt/2Wy3K1R

INTERCEPT BRASIL PUBLICOU HOJE três reportagens explosivas mostrando discussões internas e atitudes altamente controversas, politizadas e legalmente duvidosas da força-tarefa da Lava Jato, coordenada pelo procurador renomado Deltan Dallagnol, em colaboração com o atual ministro da Justiça, Sergio Moro, celebrado mundialmente.

Produzidas a partir de arquivos enormes e inéditos — incluindo mensagens privadas, gravações em áudio, vídeos, fotos, documentos judiciais e outros itens — enviados por uma fonte anônima, as três reportagens revelam comportamentos antiéticos e transgressões que o Brasil e o mundo têm o direito de conhecer.

O material publicado hoje no Brasil também foi resumido em duas reportagens[1] em inglês publicadas no Intercept, bem como essa nota dos editores do The Intercept e do The Intercept Brasil.

Esse é apenas o começo do que pretendemos tornar uma investigação jornalística contínua das ações de Moro, do procurador Deltan Dallagnol e da força-tarefa da Lava Jato — além da conduta de inúmeros indivíduos que ainda detêm um enorme poder político e econômico dentro e fora do Brasil.

A importância dessas revelações se explica pelas consequências incomparáveis das ações da Lava Jato em todos esses anos de investigação. Esse escândalo generalizado envolve diversos oligarcas, lideranças políticas, os últimos presidentes[2] e até mesmo líderes internacionais acusados de corrupção[3].

O mais relevante: a Lava Jato foi a saga investigativa que levou à prisão o ex-presidente Lula no último ano. Uma vez sentenciado por Sergio Moro, sua condenação foi rapidamente confirmada em segunda instância, o tornando inelegível no momento em que todas as pesquisas mostravam que Lula — que terminou o segundo mandato, em 2010, com 87% de aprovação[4] — liderava a corrida eleitoral de 2018[5]. Sua exclusão da eleição, baseada na decisão de Moro, foi uma peça-chave para abrir um caminho para a vitória de Bolsonaro. A importância dessa reportagem aumentou ainda mais depois da nomeação de Moro para o Ministério da Justiça.

Moro e os procuradores da Lava Jato são figuras altamente controversas aqui e no mundo — tidos por muitos como heróis anticorrupção e acusados por tantos outros de serem ideólogos clandestinos de direita, disfarçados como homens da lei apolíticos. Seus críticos têm insistido que eles exploraram e abusaram de seus poderes na Justiça com o objetivo político de evitar que Lula retornasse à Presidência e destruir o PT. Moro e os procuradores têm negado, com a mesma veemência, qualquer aliança ou propósito político, dizendo que estão apenas tentando livrar o Brasil da corrupção.

Mas, até agora, os procuradores da Lava Jato e Moro têm realizado parte de seu trabalho em segredo, impedindo o público de avaliar a validade das acusações contra eles. É isso que torna esse acervo tão valioso do ponto de vista jornalístico: pela primeira vez, o público vai tomar conhecimento do que esses juízes e procuradores estavam dizendo e fazendo enquanto pensavam que ninguém estava ouvindo.

As reportagens de hoje mostram, entre outros elementos, que os procuradores da Lava Jato falavam abertamente sobre seu desejo de impedir a vitória eleitoral do PT[6] e tomaram atitudes para atingir esse objetivo; e que o juiz Sergio Moro colaborou de forma secreta e antiética[7] com os procuradores da operação para ajudar a montar a acusação contra Lula. Tudo isso apesar das sérias dúvidas internas sobre as provas[8] que fundamentaram essas acusações e enquanto o juiz continuava a fingir ser o árbitro neutro nesse jogo.

O único papel do The Intercept Brasil na obtenção desse material foi seu recebimento por meio de nossa fonte, que nos contatou há diversas semanas (bem antes da notícia da invasão do celular do ministro Moro, divulgada nesta semana[9], na qual o ministro afirmou que não houve "captação de conteúdo"[10]) e nos informou que já havia obtido todas as informações e estava ansiosa para repassá-las a jornalistas.

Informar à sociedade questões de interesse público e expor transgressões foram os princípios que nos guiaram durante essa investigação — e continuarão sendo, conforme continuarmos a noticiar a enorme quantidade de dados a que tivemos acesso.

O enorme volume do acervo, assim como o fato de que vários documentos incluem conversas privadas entre agentes públicos nos obrigam a tomar decisões jornalísticas sobre que informações deveriam ser noticiadas e publicadas e quais deveriam permanecer em sigilo.

Ao fazer esses julgamentos, empregamos o padrão usado por jornalistas em democracias ao redor do mundo: as informações que revelam transgressões ou engodos por parte dos poderosos devem ser noticiadas, mas as que são puramente privadas e infringiriam o direito legítimo à privacidade ou outros valores sociais devem ser preservadas.

A bem da verdade, ao produzir reportagens a partir desses arquivos, somos guiados pela mesma argumentação que levou boa parte da sociedade brasileira — aí incluídos alguns jornalistas, comentaristas políticos e ativistas — a aplaudir a publicidade determinada pelo então juiz Moro das conversas telefônicas privadas entre a presidente Dilma Rousseff e seu antecessor Luiz Inácio Lula da Silva[11] (em que discutiam a possibilidade do ex-presidente se tornar ministro da Casa Civil), logo reproduzidas por inúmeros veículos de mídia. A divulgação dessas ligações privadas foi crucial para virar a opinião do público contra o PT, ajudando a preparar o terreno para o impeachment de Dilma em 2016 e a prisão de Lula em 2018. O princípio invocado para justificar essa divulgação foi o mesmo a que estamos aderindo em nossas reportagens sobre esse acervo: o de que uma democracia é mais saudável quando ações de relevância levadas a cabo em segredo por figuras políticas poderosas são reveladas ao público.

Mas a divulgação feita por Moro e diversos veículos da imprensa dos diálogos privados entre Lula e Dilma incluíam não apenas revelações de interesse público, mas também comunicações privadas de Lula sem qualquer relevância para a sociedade — o que levou muitas pessoas a argumentarem que a divulgação tinha o propósito de constranger pessoalmente o ex-presidente. Ao contrário deles, o Intercept decidiu manter reservada qualquer comunicação ou informação relacionada a Moro, Dallagnol e outros indivíduos que seja de natureza puramente privada e, portanto, desprovida de real interesse público.

Nós tomamos medidas para garantir a segurança desse acervo fora do Brasil para que vários jornalistas possam acessá-lo, assegurando que nenhuma autoridade de qualquer país tenha a capacidade de impedir a publicação das informações.

Ao contrário do que tem como regra, o Intercept não solicitou comentários de procuradores e outros envolvidos nas reportagens para evitar que eles atuassem para impedir sua publicação e porque os documentos falam por si. Entramos em contato com as partes mencionadas imediatamente após publicarmos as matérias, que atualizaremos com os comentários assim que forem recebidos.

Tendo em vista o imenso poder dos envolvidos e o grau de sigilo com que eles operam — até agora —, a transparência é crucial para que o Brasil tenha um entendimento claro do que eles realmente fizeram. A liberdade de imprensa existe para jogar luz sobre aquilo que as figuras mais poderosas de nossa sociedade fazem às sombras.

LINKS

1. https://theintercept.com/2019/06/09/brazil-car-wash-prosecutors-workers-party-lula/; https://theintercept.com/2019/06/09/brazil-lula-operation-car-wash-sergio-moro/
2. https://g1.globo.com/jornal-nacional/noticia/2019/05/11/ex-presidente-michel-temer-passa-mais-um-dia-preso-na-superintendencia-da-pf.ghtml
3. https://brasil.elpais.com/brasil/2019/04/18/internacional/1555607298_009527.html
4. http://g1.globo.com/politica/noticia/2010/12/popularidade-de-lula-bate-recorde-e-chega-87-diz-ibope.html
5. https://www1.folha.uol.com.br/poder/2018/08/lula-lidera-intencoes-de-voto-seguido-por-bolsonaro-aponta-pesquisa-cnt.shtml
6. https://theintercept.com/2019/06/09/procuradores-tramaram-impedir-entrevista-lula/
7. https://theintercept.com/2019/06/09/chat-moro-deltan-telegram-lava-jato/
8. https://theintercept.com/2019/06/09/dallagnol-duvidas-triplex-lula-telegram-petrobras/
9. https://oglobo.globo.com/brasil/hacker-invade-celular-de-moro-pf-acionada-para-investigar-caso-23720160
10. https://g1.globo.com/sc/santa-catarina/noticia/2019/06/07/nao-houve-captacao-do-conteudo-diz-moro-sobre-celular-que-sofreu-tentativa-de-invasao.ghtml
11. http://g1.globo.com/pr/parana/noticia/2016/03/pf-libera-documento-que-mostra-ligacao-entre-lula-e-dilma.html

COMO O INTERCEPT BRASIL CONFIRMA A IDENTIDADE DAS PESSOAS QUE APARECEM NOS CHATS DA #VAZAJATO

A procuradora Monique Cheker negou que tinha participado de uma conversa que publicamos. Mas nós provamos: Monique é Monique.

RAFAEL MORO MARTINS • LEANDRO DEMORI
08 de julho de 2019
https://interc.pt/2JwxJxW

QUANDO PUBLICAMOS A PARTE 8 da série *As mensagens secretas da Lava Jato,* a procuradora Monique Cheker — citada na reportagem e consultada previamente por nós — reagiu enviando uma nota a um site que atua como porta-voz de Sergio Moro e da Lava Jato.

Ela tentou desqualificar a reportagem[1]. "Não reconheço os registros remetidos pelo The Intercept, com menção a minha pessoa, mas posso assegurar que possui dados errados e alterações de conteúdo", afirmou Cheker.

Uma acusação como essa é grave para qualquer jornalista. Fosse verdade o que alegou a procuradora, teríamos cometido um grande equívoco na apuração. Só que não. Quem está errada é ela.

Desde que recebemos os arquivos que deram origem à #VazaJato, nossa principal preocupação foi nos certificarmos da veracidade das mensagens. Temos perfeita compreensão da gravidade do conteúdo revelado nos diálogos que estamos reportando e que erros ou incorreções ferem a credibilidade do Intercept, das reportagens e inclusive a nossa.

Assim, passamos semanas obstinadamente buscando sinais que confirmassem a autenticidade das mensagens. Encontramos, em quantidade mais que suficiente: conversas de nossos repórteres com procuradores; menções a nós em outros diálogos que coincidem com datas em que procuramos a Lava Jato; referências a locais e endereços que conhecemos; discussões prévias sobre eventos a que sabemos que a força-tarefa compareceu; trocas de argumentos sobre processos à época em que eles eram julgados; comentários sobre noticiário do dia. Repórteres parceiros repetiram o procedimento, e o resultado foi o mesmo.

Os nomes dos interlocutores aparecem nos arquivos que recebemos como estão originalmente nos chats do aplicativo Telegram. Muitas vezes, eles estão sem sobrenome — justamente o caso de Monique. Por isso, é necessário investigar o sobrenome correto e acrescentá-lo ao texto (nos chats reproduzidos em artes, fazemos isso usando um pop-up sinalizado por um quadrado) para que você, nosso leitor, tenha uma informação precisa e entenda perfeitamente o contexto das conversas.

Essa busca é um processo exaustivo e frequentemente demorado, que repetimos cada vez que nos deparamos com o nome de um novo personagem.

No caso da procuradora Monique Cheker isso se deu da seguinte forma:

Para começar, buscamos em outras conversas sinais que possam trazer evidências sobre quem é a pessoa de que temos certeza sobre o sobrenome.

Fazendo isso, encontramos o seguinte diálogo de Cheker no chat privado dela com Deltan Dallagnol, datado de 9 de setembro do ano passado:

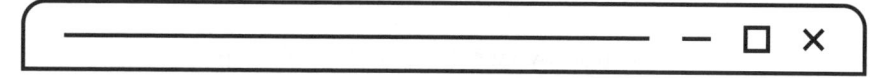

DELTAN – 00:17:33 – Mo, como faço a citação do artigo? Preciso dos dados da obra em que estará inserido. Vc me passa ou indica nome se estiver já online?

MONIQUE – 01:10:06 – Pela ABNT, faça a citação e coloque a informação "no prelo" após o nome do autor.

MONIQUE – 01:11:20 – [imagem não encontrada]

MONIQUE – 01:11:50 – O nome da coletânea será "Desafios contemporâneos do Sistema Acusatório"

Uma simples busca pelo nome do livro na internet nos levou ao site da Amazon[2]:

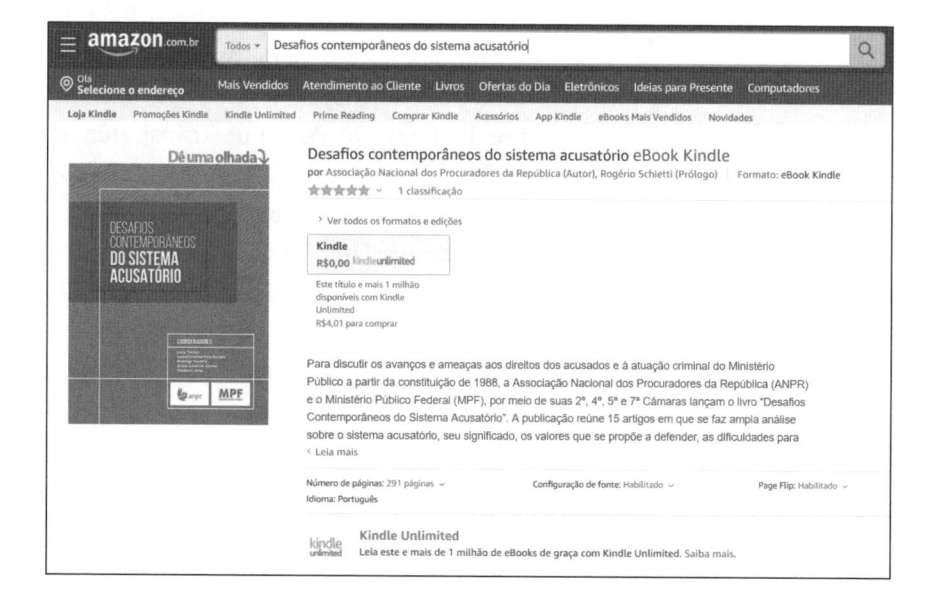

A pré-visualização do livro no site da Amazon permite que tenhamos acesso ao índice da publicação. Nele, como vemos abaixo, consta o nome de Cheker (e de nenhuma outra Monique), confirmando o que ela disse a Deltan. Ou, ao contrário do que escreveram os porta-vozes da Lava Jato, Monique é Monique:

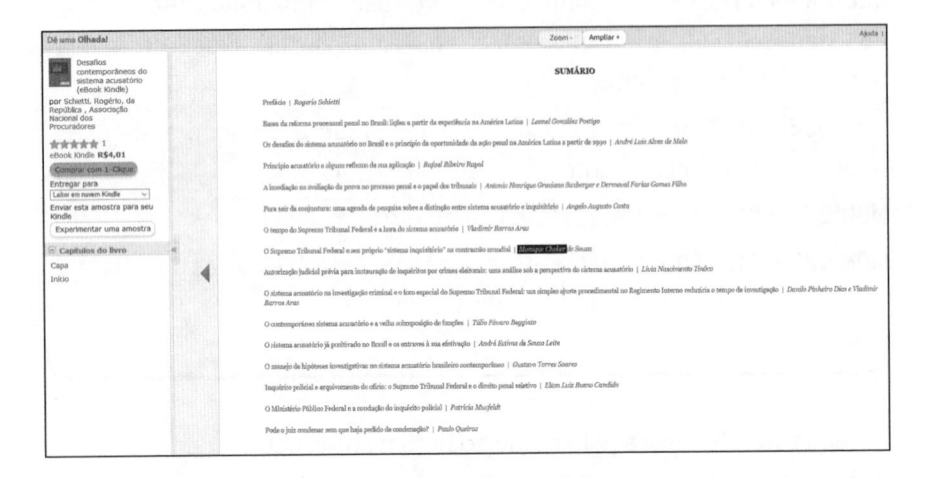

Já é conclusivo, certo? Certo, mas não o suficiente para nós. Queríamos ter certeza de que não haveria chance de estarmos errados. Assim, resolvemos consultar também a base de dados do Portal de Transparência do Ministério Público Federal[3]. O link se refere aos membros ativos em novembro de 2018, quando houve a conversa que reportamos. Uma simples busca nominal nele (se você estiver em seu computador, pode fazer isso teclando command+F, no Mac, ou ctrl+F, no Windows) revela que existe apenas uma procuradora chamada Monique no grupo: Monique Cheker.

Perfeito. Caso resolvido? Quase. E se por acaso a Monique que participa do grupo *BD* fosse uma procuradora aposentada? Para excluir essa possibilidade, consultamos também a lista[4] de membros inativos do

MPF em novembro de 2018. Qual o resultado? Nenhuma procuradora aposentada nas datas se chamava Monique. Concluímos, assim, acima de dúvida razoável, como gostam de dizer os juízes, que a Monique que aparece nas conversas é Monique Cheker.

Também encontramos em informações públicas o nome de um parente muito próximo de Cheker, citado por ela nos chats privados. É claro que jamais diremos de quem se trata para não expor uma pessoa que não é pública, mas isso foi útil para a confirmação da identidade da procuradora.

Quanto aos diálogos que publicamos, eles jamais são editados — você pode notar que as mensagens foram publicadas nas reportagens inclusive com eventuais erros de digitação cometidos pelos interlocutores.

Todo esse cuidado não quer dizer, claro, que sejamos imunes a erros. No caso de Cheker, a primeira versão da parte 8 trazia um erro sobre o local de trabalho dela. Em casos como esse, sempre fazemos a devida correção. É fácil saber quando elas foram necessárias: estão indicadas sempre ao final dos textos. Uma questão de transparência.

Felizmente, o rigor com que vimos trabalhando na #VazaJato fez com que erros fossem pontuais, e jamais alterassem a compreensão de uma reportagem. Tanto que jornalistas, como Reinaldo Azevedo e Mônica Bergamo, e veículos, como Bandnews FM, Folha de S. Paulo, Buzzfeed, El País e a revista Veja — para não falar (Ô louco, meu!) no apresentador Fausto Silva —, que tiveram acesso ao conteúdo dos arquivos ou confrontaram o que foi publicado com dados dos processos, notícias da época e sentenças judiciais chegaram à mesma conclusão que nós: as conversas são verídicas. É com elas que Moro, Dallagnol e os demais precisam se preocupar.

LINKS

1 https://theintercept.com/2019/06/29/chats-violacoes-moro-credibilidade-bolsonaro

2 https://www.amazon.com.br/Desafios-contempor%C3%A2neos-do-sistema-acusat%C3%B3rio-ebook/dp/B07HY7TLQT/ref=sr_1_1?__mk_pt_BR=%C3%85M%C3%85%C5%BD%C3%95%C3%91&keywords=Desafios+contempor%C3%A2neos+do+-Sistema+Acusat%C3%B3rio&qid=1562351049&s=gateway&s

3 http://www.transparencia.mpf.mp.br/conteudo/gestao-de-pessoas/quadro-de-membros/ativo/2018/quadro-de-membros_2018_Novembro.pdf?

4 http://www.transparencia.mpf.mp.br/conteudo/gestao-de-pessoas/quadro-de-membros/inativo/2018/quadro-de-membros_2018_Novembro.pdf?

AGRADECIMENTOS

―

A VAZA JATO É UMA INVESTIGAÇÃO JORNALÍSTICA sem precedentes na história do país. Esse trabalho só foi possível graças à dedicação de uma série de profissionais. Agradecemos às redações da Agência Pública, BuzzFeed News Brasil, El País, Folha de S. Paulo, UOL e Veja e ao jornalista Reinaldo Azevedo, pelas parcerias de apuração e publicação de reportagens.

Agradecemos também à Associação Brasileira de Imprensa, à Federação Nacional dos Jornalistas, ao Instituto Vladimir Herzog, à OAB, ao Sindicato dos Jornalistas de São Paulo e aos Centros Acadêmicos XI de Agosto, Vladimir Herzog e Lupe Cotrim.

Contribuíram de modo fundamental para a VJ (que é como chamamos a Vaza Jato na intimidade) as seguintes pessoas: Akil Harris, Alexandre de Santi, Ali Gharib, Amanda Audi, Ana Paula Carvalho, André Souza, Andrea Jones, Andrew Fishman, Ariel Zambelich, Betsy Reed, Bruna de Lara, Bruno Machado, Bruno Sousa, Cecília Olliveira, Charlotte Greensit, Christian Braga, Cora Currier, Danielle Prieto, David Bralow, Emílio Moreno, Glenn Greenwald, João Brizzi, João Filho, José Victor Cardo, Juliana Gonçalves, Kate Myers, Kay Murray, Lauren Feeney, Leandro Demori, Luiza Drable, Marianna Araujo, Maryam Saleh, Micah Lee, Miroslav Macala, Nara Shin, Nathalia Braga, Nayara Felizardo, Nikita Mazurov, Nilo Batista, Paula Bianchi, Paulo Victor Ribeiro, Peter Maass, Philipp Hubert, Rafael Borges, Rafael Fagundes, Rafael Moro Martins, Rafael Neves, Rafaela Espínola de Carvalho, Rashmee Kumar, Rodrigo Bento, Rodrigo Brandão, Roger Hodge, Rosana Pinheiro-Machado, Sílvia Lisboa, Soohee Cho, Taia Rocha, Tatiana Dias, Victor Pougy e Yann Cordeiro.

AS IMAGENS A SEGUIR foram feitas pelo fotógrafo Christian Braga na redação do Intercept Brasil enquanto a equipe trabalhava no dia 9 de junho de 2019 para publicar as primeiras matérias da Vaza Jato.

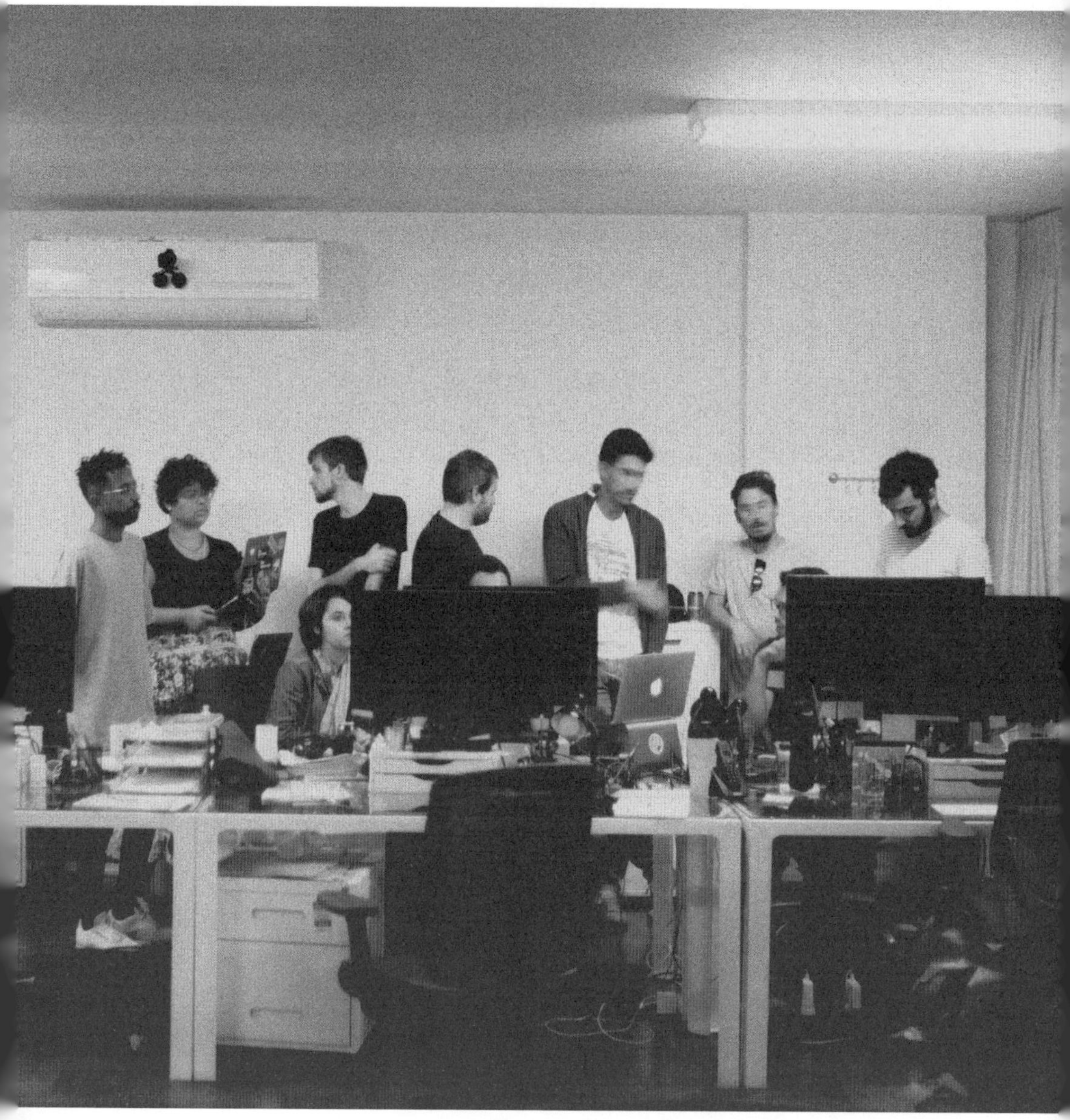

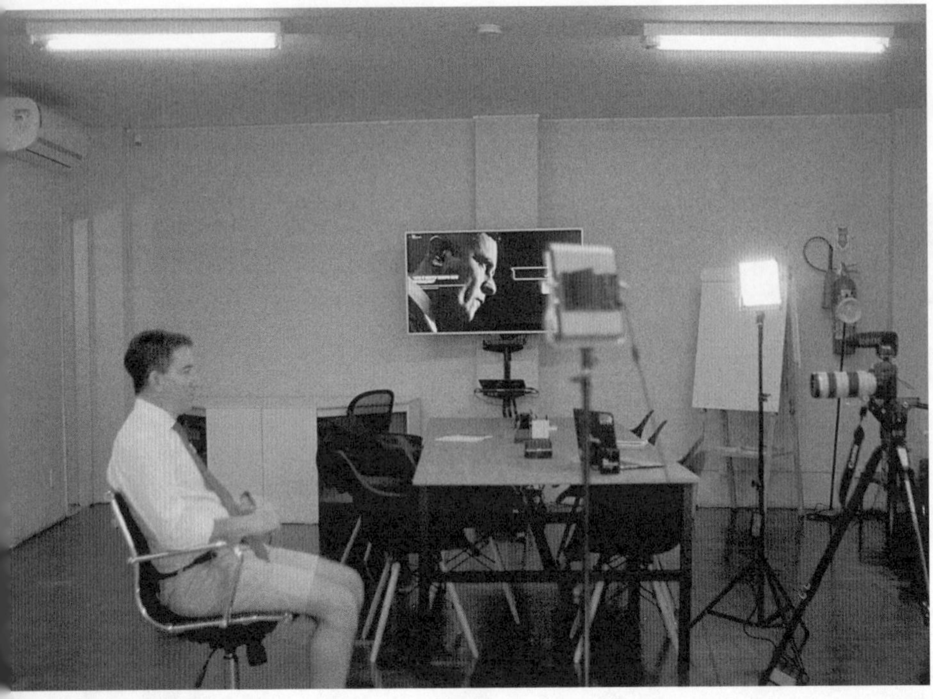

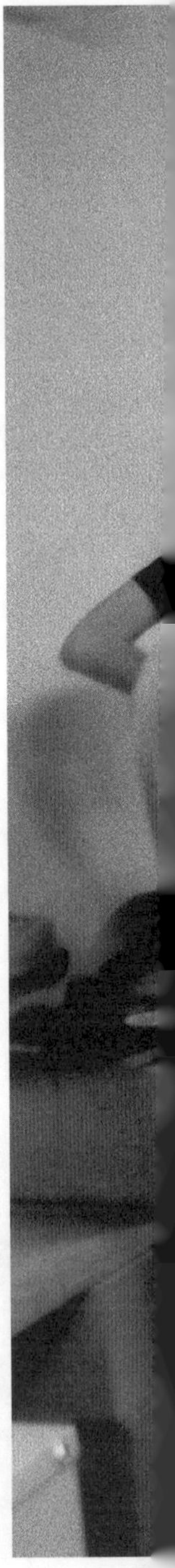

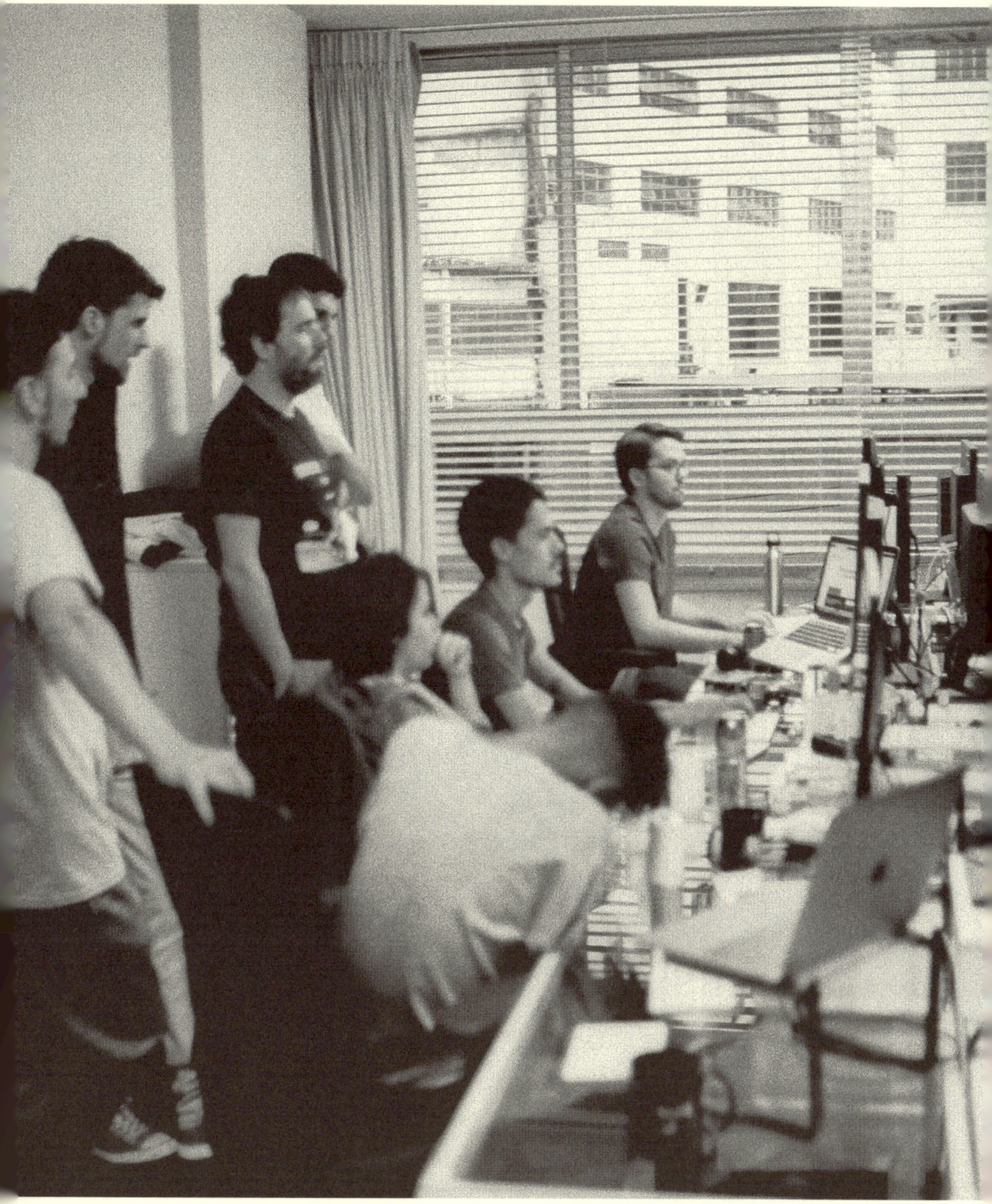

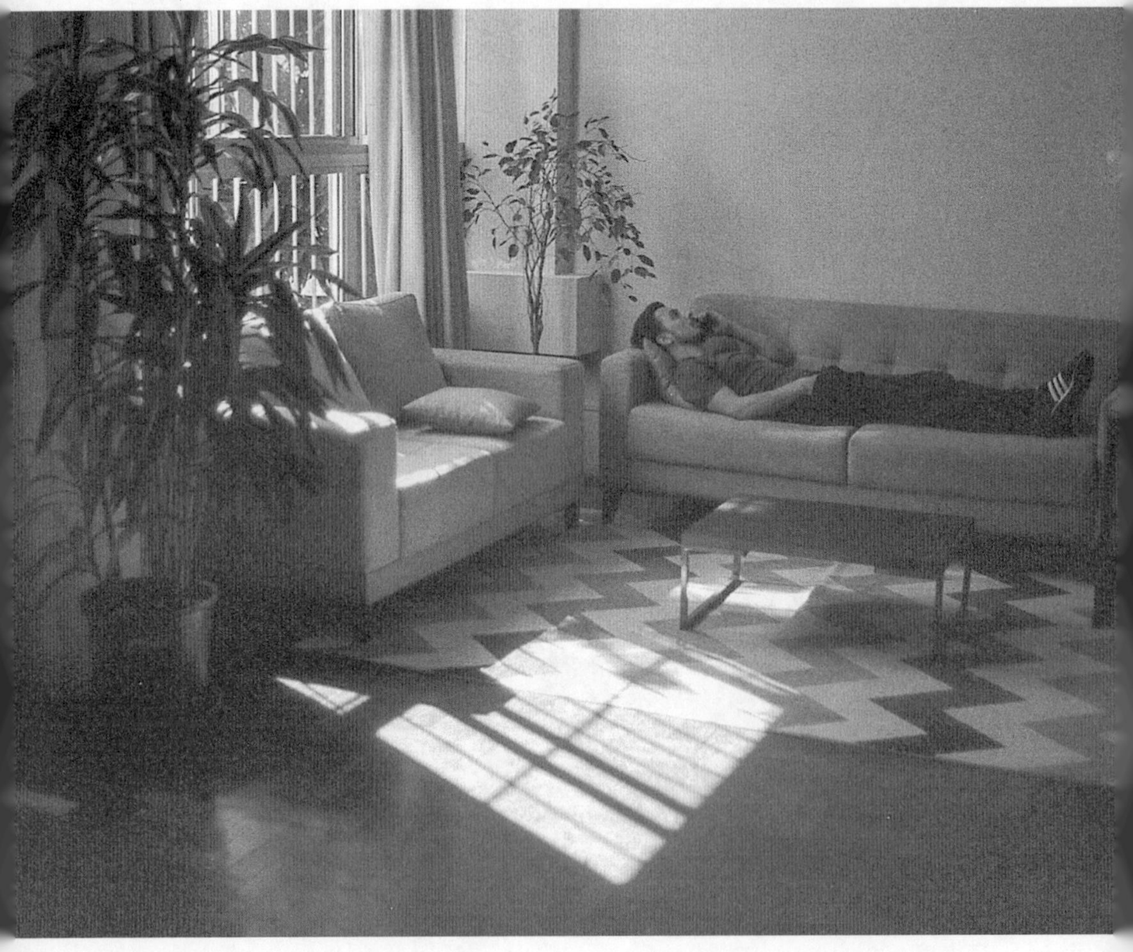

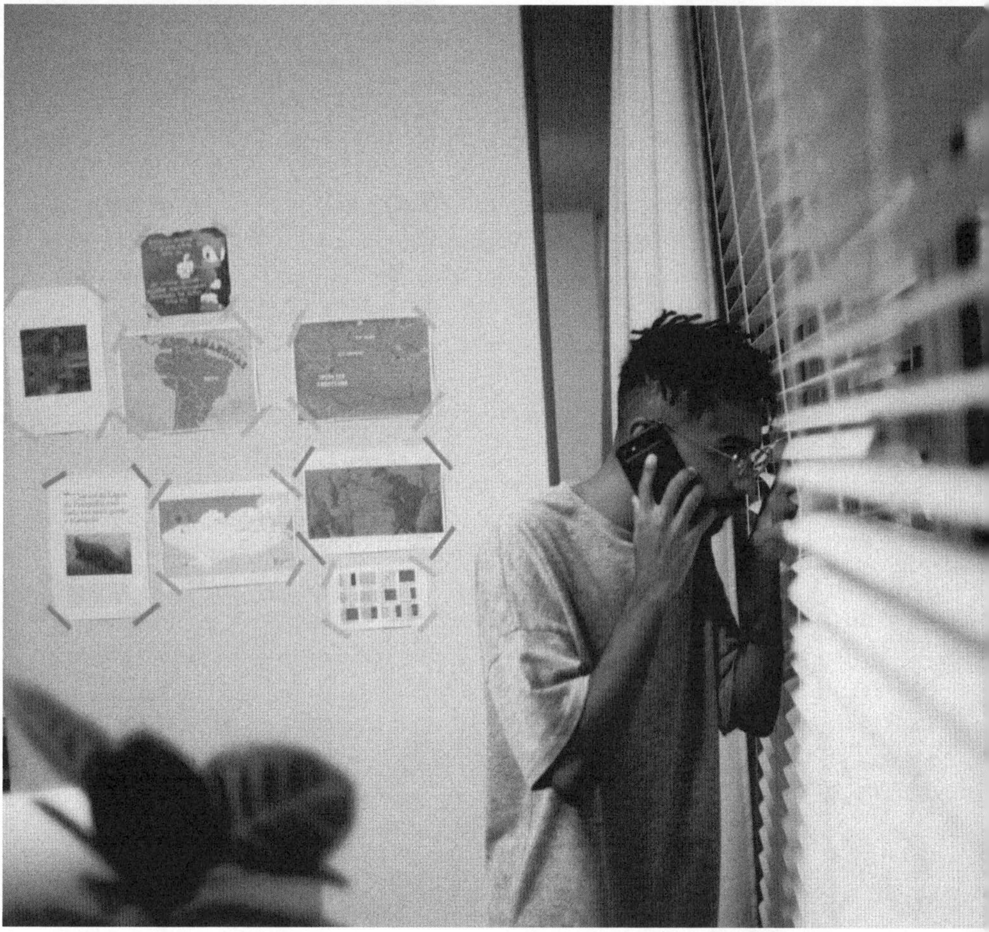

1ª EDIÇÃO	OUTUBRO 2020
IMPRESSÃO	ROTAPLAN
PAPEL MIOLO	PÓLEN SOFT 80G/M²
PAPEL CAPA	DUODESIGN 300G/M²
TIPOGRAFIA	GRAVUR E MALAGA